KB248576

진인진

한국사회의 변화를 돌아보다

진인진

지은이 (집필순)

이재열　서울대학교 사회학과 교수, 아시아연구소 학술연구부장,
　　　　한국사회과학자료원 원장

임현진　서울대학교 사회학과 명예교수, 아시아연구소 창립소장

박원호　서울대학교 정치외교학부 교수

최종호　민주연구원 연구위원

남은영　서울대학교 아시아연구소 선임연구원

김도균　경기연구원 연구위원

김한나　서울대학교 정치외교학부 박사과정 수료

김석호　서울대학교 사회학과 교수, 사회발전연구소 소장

한국사회의 변화를 돌아보다

초판 1쇄 발행 | 2018년 2월 5일
지 은 이 | 이재열, 임현진, 박원호, 최종호, 남은영, 김도균, 김한나, 김석호
발 행 인 | 김영진
발 행 처 | 진인진
편　　집 | 김민경
등　　록 | 제25100 - 2005 - 000003호
주　　소 | 경기도 과천시 별양상가 1로 18 614호(별양동 과천오피스텔)
전　　화 | 02 - 507 - 3077~8
팩　　스 | 02 - 507 - 3079
홈페이지 | http://www.zininzin.co.kr
이 메 일 | pub@zininzin.co.kr

ⓒ 진인진 2018
ISBN 978 - 89 - 6347 - 362 - 8 93300

*책값은 표지 뒤에 표시되어 있습니다.

*이 연구는 2014년도 서울대학교 아시아연구소의 아시아기초연구사업의 지원을 받아 수
　행되었음.

서문

개인의 일생, 사회의 역사, 그리고 사회구조. 이는 세상을 보는 세 개의 전망대다. 한국사회의 변화를 생애사의 관점, 역사의 관점, 구조적 관점에서 각각 풀어나갈 수 있다. 그러나 밀즈C. W. Mills가 역설했듯 세 개는 서로 연결되어 있다. 개인들의 생애사가 직조해낸 사회의 역사를 읽어내는 것, 개인의 실존에 제약을 가하는 사회구조를 밝히는 것, 사회변화의 궤적을 만들어낸 심층문법으로서의 구조를 포착하는 것, 그것은 미시와 거시 간, 구조와 행위 간 역동적 연관성을 드러낼 '방법에 대한 상상력'을 요구한다.

한국사회의 변화를 돌아보기 위해 이 책에서 택한 방법은 10년 간격으로 네 차례 반복된 단층촬영의 기록들을 잇는 전략이었다. 한국사회와 한국인의 사회의식에 대한 단층촬영은 1980년대 중반부터 시도됐다. 생생한 다큐멘터리 필름처럼 사람들의 응답을 기록한 조사데이터들이 서울대 아시아연구소 한국사회과학자료원에 소중하게 아카이브 되어 있기에 분석이 가능했다.

서울대 사회발전연구소에서 1986년에 조사한 '전환기 한국사회: 80년대 한국사회에 관한 국민의식조사'와 1996년의 '전환기 한국사회 국민의식과 가치관에 대한 조사' 그리고 2005년의 '광복 60년의 회고와 향후전망'이라는 조사의 토대 위에서 서울대 아시아연구소는 2015년 6월에 '광복 70주년 국민의식조사'를 실시하여 그 결과를 이전의 결과들과 비교분석하였다.

그동안 한국사회는 질풍노도와 같은 변화를 경험했다. 역사의 무대는 고도성장 1막에서 민주화 2막을 거쳐 역설의 시대라는 3막으로 이어졌다. 시기별 한국사회 변화의 방향이 뚜렷했고, 변화의 폭도 넓고 깊었다. 그 안에서 삶을 이어간 이들의 생애사도 흥미롭다. 어느 시대나 청년기의 열정은 이상주의에 닿아 있지만, 나이가 들면 신중해지는 법. 그래서 시대의 전환과 생애의 애환이 어우러지면서 386세대나 X세대 같은 독특한 정체성과 경험을 공유하는 세대들이 등장했다. 막이 오르고 내리는 동안 노년층은 퇴장하고, 새롭게 입장한 청년층이 그 빈자리를 메웠다. 30년 전 20대 청년은 20년 전 30대, 10년 전 40대를 거쳐, 이제는 60대 노년이 되었다.

비록 개인의 일생을 꿰뚫는 생애사의 끈을 추적할 수는 없었지만, 각 시기에 기록된 출생집단들의 특성들을 이어붙이면서, 필자들은 여러 시기를 관통하는 변화를 다각적으로 그리고 체계적으로 추적할 수 있었다. 이 책은 이러한 다각적이고 체계적인 추적의 산물이다. 단순한 일회성 조사결과가 아니라 출생집단cohort과 시기period, 그리고 나이듦aging이 맞물려 빚어낸 결과인 '한국사회의 변화'를 돌아본 것이다. 그만큼 결과도 흥미롭다.

서울대 아시아연구소의 아시아센서스 팀을 중심으로 연구진이 꾸려졌는데, 그 기획을 제안한 임현진을 필두로 하여, 박원호, 최종호, 김한나 등의 정치학자들과 이재열, 김석호, 남은영, 김도균 등의 사회학자들이 함께 연구를 설계하고 진행해 나갔다. 수차례의 회의를 거쳐 설문지를 설계하고, 연령과 시기, 그리고 출생집단을 연결하는 분석전략을 짰으며, 각자의 관심에 따라 주제를 정하였다. 설문조사가 끝난 후, 서울대 정치외교학부 박사과정의 김한나와 석사과정 정종흠은 기민하게 자료를 분석하여 그 결과를 연구진과 공유했으며, 남은영은 연구진행의 간사역을 맡아 연락과 조율에 필요한 궂은 일을 도맡아 전체 과정을 마무리하는데 크게 기여하였다.

이 연구는 2015년 서울대 아시아연구소의 기획과제로 진행되었다. 연구비를 지원한 아시아연구소와 강명구 전 소장께 감사드린다. 이 연구팀이 분석한 결과의 일부는 2015년 8월 10일부터 8월 12일까지 모두 세 차례에 걸쳐 조선일보에 광복 70년 국민의식조사 특집으로 게재되었다. 조사비용을 지원한 조선일보사와 조사기획과 분석과정에서 긴밀하게 협력한 홍영림 여론조사전문기자에게도 감사드린다.

아울러 이 책의 출간 과정이 여러 가지 이유로 늦어지게 되었음에도 불구하고 인내심을 가지고 기다려준 아시아연구소의 실무진과 진인진의 김영진 대표에게도 감사의 인사를 전한다.

2017년 12월

연구진을 대표하여 이재열 씀

목차

제1장

서론, 광복 70년 한국: 회고와 전망

임현진

Ⅰ. 머리말

최근 동북아지역에서 정치경제적 이해관계에 따른 미국, 중국, 일본, 러시아 사이의 역학구도가 바뀌고 있다. 어제의 패자가 오늘의 승자라면, 적과 동지는 수시로 바뀌고 있다. 마치 구舊한말의 아시아정세를 보는 것 같다. 북한은 핵무장과 미사일개발을 서두르면서 미국과의 협상을 압박하고 있고, 남한은 극동개발과 남북경협을 통해 북한을 끌어들이려 한다. 그러나 통미봉남通美封南아래 한국은 닭 쫓는 개처럼 어려운 처지에 놓여 있다. 통일한국을 위한 한반도의 미래가 순탄치 않다고 전망할 수 있다. 그러므로 한반도를 둘러싼 역사의 순환에서 교훈을 얻으려는 감계鑑戒가 필요하다. 지나간 잘못을 되새김함으로써 우리는 다시금 과오로부터 벗어나야 하기 때문이다.

세계를 돌아보면 한국만치 역동적 나라도 드물다. 길거리를 오가는 사람들은 활기에 넘쳐있다. 가정, 학교, 직장에서 사람들은 뛰다 못해 넘어지더라도 멈추지 않는다. 그러나 최근 한국은 마치 '러닝 머신'에 서 있는 것처럼 앞으로 나가지 못하고 있다. 일인당 국민소득 2만 불을 넘은지 10년이 됐다. 인구 5천만이 넘는 나라로 일인당소득 3만불에 달하는 30~50클럽에 가입을 눈앞에 두고 제자리를 맴돌고 있다.

해방 직후 한국은 선진국들이 자동차, 선박, 비행기 등을 만들었을 때 자전거조차 만들지 못했다. 오늘의 한국은 선박, 자동차, 반도체, 스마트폰, 석유화학 등 생산에서 세계 선두를 달리고 있다. 그러나 한국은 세계경제 규모 2위 중국과 3위 일본 사이에 끼어있다. 중진국 함정은 벗어났지만 겉모양은 선진국인데 행동은 후진국이라 할 일종의 '피터 팬' 증후도 보인다. 흥미롭게도 대학진학률은 세계 1위인데 성형수술률도 세계 1위다. 자살률도 세계 1위이고 산재율도 세계 1위다.

작금 한국은 난리다. 경제는 어렵고, 안보는 위태하다. 아시아를 둘러싼 미국과 중국의 쟁투와 미국과 일본의 밀월 사이에서 한국은 진퇴양난에 빠져 있다. 세월호 참사, 메르스 사태, 가습기 피해, AI 참사, 살충란·생리대 파동 에서 보듯 국민을 이끌어야 할 정부는 신뢰를 잃고 우왕좌왕하고 있다.

그간 한국은 후발後發 발전국으로서 산업화와 민주화를 동시에 이루어 왔다는 자부심을 가져왔다. 그러나 압축발전의 과정에서 전후좌우를 살피지 않고 오로지 앞만 보고 달려 왔다. 과정 보다 결과, 내실 보다 외형, 안전 보다 속도를 중시하는 적당주의, 형식주의, 편법주의가 나타났다. 이미 한국은 공동사회에서 이익사회로 바뀌었다. 경쟁과 효율을 강조하다 보니 협동과 연대가 약화되고 있다. 우리 사회에 도처에 불통, 불신, 불만, 불안이 보인다. 우리는 마음을 열고 서로 소통하면서 신뢰를 회복해야 한다. 더불어 살 수 있는 공동체를 복원하기 위해 사회적 자본을 키울 필요가 있다.

일찍이 후쿠야마F.Fukuyama는 세계에서 가장 신뢰도가 높은 나라로 독일,

중간 수준으로 미국, 그리고 가장 낮은 나라로 한국을 꼽는다. 기분에 거슬리지만, 왜 그럴까를 따져 볼 필요가 있다. 정부와 사회에 대한 신뢰가 약하기 때문이다. 우리의 경우 사적 신뢰도 낮지만, 공적 신뢰는 더욱 낮다. 바꾸어 얘기하면, 시민들이 서로 믿고 의지하지 못하기 때문에 협력하고 상생할 수 있는 토양을 만들어 주는 이른바 사회적 자본social capital이 취약하다. 하드파워와 소프트파워를 합친 한국의 국력은 상위권이지만 사회적 자본은 하위권이라는 모순을 지니고 있다. 결국 사회적 자본이다.

우리는 북유럽 스칸디나비아 국가들의 성장과 복지의 조화를 부러워한다. 그들이 오늘에 이른 것은 사회갈등을 겪으면서 복지국가를 향한 대화와 양보, 타협과 합의에 도달할 수 있었기 때문이다. 복지국가의 이상을 실현하기 위한 노동과 자본 사이의 좌우타협이 있었다면, 그 바탕은 바로 사회적 자본이다. 개방적 민족주의 아래 성장을 추진하면서 복지를 통해 사회안전망을 갖출 수 있었다. 상호 신뢰를 바탕으로 한 자유, 인권, 평등, 우애 등 보편적 가치를 공유함으로써 그들은 사회적 자본을 일구어 왔다.

최근 몇 해 동안 세계에서 가장 행복한 나라로 덴마크가 꼽혀 왔다. "타인을 믿는다"는 질문에 덴마크인은 89%가 화답하지만 한국인 46%만 동의한다. 갤럽의 국제조사에 의하면, 세계 148개 국 중 한국은 97위로 고용, 환경, 건강, 안전 등 삶의 질 등에서 스스로 불행하다고 느낀다. 우리는 혈연, 지연, 학연을 넘어 보다 개방적인 상호 신뢰의 협치 네트워크를 만들어야 한다. 우리도 물질적으로만 잘 사는 나라가 아니라 정신적으로도 행복한 국민이 되어야 할 것이다.

한국은 세계화라는 기회와 위협에 마주하고 있다. 얻은 것도 많지만 잃은 것도 많다. 문제는 성장과 배제가 동시에 일어나는 상극적 발전antagonistic development이다. 사회경제적 양극화를 가져오기 때문이다. 사회경제적 양극화는 단순히 빈부격차의 차원을 넘어 도시와 농촌, 대기업과 중소기업, 취업자와 실업자, 정규직과 비정규직, 그리고 남성과 여성 사이에 구조화되고 있다. 세계화가 명암이 교차하는 것은 부정하기 어렵지만, 이른바 '80대 20'의 사회가 남의 문제가 아닌 우리의 현실로 등장하고 있다. 이러한 모래시계형 사회가 가져올 위험은 '두개의 국민'으로의 분열이라는 최악의 시나리오다.

그러므로 우리는 해방 70년의 압축발전의 빛과 그림자를 미분하고 적분하여 미래 한 세기를 준비해야 한다. 전前근대, 근대, 탈脫근대의 시간적 중첩아래 이루어진 과過발전, 저低발전, 미未발전의 공간적 병존이라는 복합이행사회로서 한국을 보자. 이 와중에서 경제성장에 비한 사회복지의 지체, 도시화에 따른 농촌 공동체의 파괴, 난難개발에 따른 환경오염과 생태위기, 네트워크 사회의 도래에 따른 인간관계의 변화 등이 나타나고 있다. 집단주의와 개인주의, 권위주의와 평등주의, 명분주의와 실용주의, 귀속주의와 업적주의, 정의情誼주의와 합리주의 등 사회관계에서 서로 다른 조직원리가 충돌한다. 우리 사회에 만연되어 있는 집단 이기주의, 물질 만능주의, 반인륜적 행위, 생명 경시풍조 등이 그 표출이다.

저출산·고령화 추세가 이어진다면 한국의 인구는 2031년 5,296만명으로 정점에 오르고 2096년에 반 토막이 되고 2100년에는 2,200만명으로 줄어들 것이다. 2040년이 되면 한국 인구의 중위연령이 52세로 올라가고 25% 정도의 일하는 사람들이 65세 이상 노령자와 14세 이하 유년층을 먹여 살려야 한다. 결국 경제활동인구가 급감으로 인해 생산과 소비가 멈추는 인구절벽→재정절벽→국가절벽 시나리오를 가상할 수 있다.

생산가능인구는 내년부터 감소하기 시작하여 인구마이너스 시대를 마주하고 있다. 노동인구의 감소와 부양인구의 증가는 장기적으로 경제성장을 둔화시킬 것이다. 앞으로 10년 동안 세수보다 세출이 증가함으로 인해 정부의 재정적자가 눈덩이처럼 불어나게 되어 있다. 복지, 교육, 국방, 산업 등 세출수요는 늘어나게 되어 있지만 지금의 조세체계로는 이를 감당하기 어렵다. 2016년 현재 국가 1,000조, 기업 1,200조, 가계 1,300조 빚을 지고 있다. 국가부채의 경우 GDP 대비 50%를 넘어 있다.

오늘의 한국은 위로부터 성장에 따른 낙수효과trickle-down effect가 잘 이루어지지 않고 있다. 소득계층의 위와 아래 사이 격차가 늘어나고 허리를 차지하는 중산층도 줄어들고 있다. 그러므로 아래로부터 임금을 늘려 소비의 증가를 가져옴으로써 경기를 부양하는 분수효과fountain effect를 유도할 필요가 있다. 임금을 올리면 소비가 살아나고 이를 통해 투자와 고용을 늘릴 수 있는 것이다. 그러나 자칫하면 소비의 증대가 물가의 상승으로 이어져 오히려 내수를 압박하고 경기가 살아나기 어려울 수 있다. 특히 경제가 어려운데 고용의 다수를 차지하고 있는 중소기업의 경우 실질임금을 올리기가 쉽지 않다. 최저임금의 대폭적 인상으로 영세기업들이 허덕거리는데 임금마저 올린다면 중견기업도 힘들어할 것이다. 대기업의 정규직 임금은 이미 낮지 않다. 서임금에 시달리는 협력업체가 생존할 수 있도록 기존이 관행을 고쳐야 할 것이다. 그리고 이른바 소득주도 성장이 성공하기 위해서는 임금이 올라갈 수 있도록 부단한 기술혁신과 제도혁파가 뒷받침해 주어아 한다는 사실을 명심해야 한다.

미래 한 세기를 내다보면 한국이 가야 할 될 길은 경제성장과 사회복지 사이의 조화와 균형에 있다. 경제성장이라는 삶의 양도 중요하지만, 사회복지라는 삶의 질이 그에 못지않게 중요하다. 그리고 경제성장과 사회복지를 민주주의라는 협치協治의 방식으로 담아내야 한다. 우리는 오래전부터 이념, 지역, 계층, 세대, 성 사이의 갈등과 혼란을 겪고 있다. 이 중 가장 큰 고민은 점점 악화되고 있는 사회적 양극화다. 이는 비단 먹고 사는 문제가 아니다. 양극화 와중에서 빈부격차, 가족해체, 보혁대립, 지역주의, 세대갈등 등 사회문제가 심각한 정치균열로 나아갈 수 있다. 구舊빈곤층에 덧붙여 신新빈곤층을 껴안기 위해선 단순한 일자리 늘리기와 나누기론 부족하다. 전통적인 복지welfare를 '일하는 복지'workfare와 '배우는 복지'learnfare로 보완하려는 발본적 시도가 필요하다.

Ⅱ. 광복 70주년 국민의식조사를 통해서 본 한국사회의 변화

2015년은 광복 70주년이 되며, 동시에 을사보호조약 110주년, 그리고 한국전쟁 65주년, 4·19혁명 55주년, 한일국교정상화 50주년이 되는 해이다. 이와 같이 역사의 좌절과 도전으로 채색된 해에 향후 한국사회가 일류국가로 진입할 수 있는 방향을 희망적으로 제시하는 연구가 필요하다. 현재의 근시안적인 정권적 차원의 문제제기에서 탈피하여 21세기 메가트렌드 아래 미래지향적 발전방향을 제시할 수 있는 전망이 필요하다. 이 책은 지난 70년간 한국사회가 겪은 드라마틱한 변화를 회고하고 평가하되, 과거 10년, 20년 전과 비교한 사회의식의 변화를 추적하여 미래변화를 예측하기 위해 기획되었다.

연구의 문제의식은 크게 두 가지이다. 첫 번째 문제의식은 '무엇이 일류국가를 위한 조건인가'이다. 광복 70주년을 맞으며 우리는 '한국은 어디까지 왔나'를 되묻게 된다. 일류국가가 되는 것은 선진국이 된다는 것을 의미한다. 그러나 선진국의 의미는 매우 애매하고 막연하다. 선진국advanced countries은 후진국과 대비되는 상대적인 개념으로 선발국 영국과 프랑스, 후발국 독일, 일본, 미국, 그리고 후기-후발국 싱가포르 등을 포함할 수 있다. 따라서 이 연구에서는 선진국을 편의상 다음과 같이 정의하고 있다.

경제적으로는 더 높은 생산성을 올려서, 가능한 전체 국민들을 포괄하여 보다 높은 수준의 물질적 복지를 제공하는 것, 즉 '삶의 질'을 제고하는 국가이다. 정치적으로는 국민들의 실질적인 의사대변과 참여를 통해 민주적인 정치과정을 만들어 내는 국가를 의미한다. 사회적으로는 갈등conflict이나 해체disintegration와 대비되는 통합을 이룬 국가이다. 즉 집단이나 지역 간의 차이에서 발생하는 갈등과 그에 부수되는 폭력의 가능성을 줄이고 공동의 정체성을 제고하여 사회적 조화와 협력의 잠재력을 증대시키는 국가를 뜻한다. 문화적으로는 문화적 이질성heterogeneity과 대비된 통합을 추구하는 국가이다. 이는 사회의 다양한 집단이나 계층 간의 조화로운 상호작용과 유대감을 증진시키는 것을 의미한다.

이번 조사를 통해 10년 전인 2005년 광복 60주년에 실시한 조사에서는 '2010년에는 한국이 선진국이 된다'는 의견에 과반수에 가까운 45.1%가 찬성하였다. 그러나 2015년 광복 70주년 조사에서 '한국은 선진국이다'는 의견에는 26.5%만이 찬성하고 있다. 즉 현재 우리나라 국민 중 4명 중 1명 만이 '한국이 선진국'이라고 생각하고 있다. 우리 국민들의 인식 속에서 한국사회의 발전수준은 과거 10년 전 국민들이 기대했던 것에 훨씬 못 미치는 것으로 나타나고 있다.

그리고 10년 후 우리 사회에 대한 전반적인 예측에서는 '자유로운 발전사회'에 대한 기대가 압도적으로 높게 나타나고 있다. 하지만 구체적인 사안들에 대해서는 비관적 전망이 우세하다. 특히 빈부격차, 세대갈등, 저성장과 실업문제 악화 등을 크게 우려하고 있다. 경제안정과 청년실업 및 빈곤문제가 우리사회의 발등에 떨어진 불로 인식되고 있다.

두 번째 문제의식은 한국기업과 자본주의 정신이 어떻게 변화하고 있는지에 관한 것이다. 두 차례의 금융위기를 겪은 후, 우리경제는 초超저성장에 그칠 가능성이 높아 보인다. 국가의 생산성은 급격히 하락하고 출산력은 세계 최저수준이다. 청년들의 실업률은 급속히 높아지고 있으며 또한 매우 빠른 속도로 고령화하고 있어서 경제활력은 급속히 사라지고 있다.

이러한 상황에서 새로운 성장동력을 어디에서 어떻게 찾을 것인지, 그에 걸맞게 정부와 기업, 시민사회를 어떻게 혁신할 것인지에 대한 답을 찾아야 한다. 이에 대해 정책적이고 단기적인 처방에 관한 논의는 무성하지만 정작 가장 근본이 되는 이 시대에 대한 학술적 진단, 그리고 변화를 추동할 방향에 대한 깊이 있는 비판적 성찰은 부재하다. 즉 우리 국민의 역사관은 무엇인지, 그리고 어떠한 변화를 기대하고 있는지를 알아야 한다. 우리 국민은 정부의 복지책임, 소득결정의 공정성, 경쟁, 시장경제와 경제민주화 등에 대해 어떠한 인식을 가지고 있는지를 살펴보아야 할 것이다.

우리는 조사결과를 통해 국민들은 대체로 자본주의를 '물질적 풍요'나 '풍부한 기회' 등의 긍정적 이미지로 파악하고 있음을 알 수 있다. 대기업의 기여에 대해 긍정적인 평가를 하고 민간주도 경제에 대한 선호가 강한 것으로 나타나고 있다. 그러한 다른 한편으로 재벌규제를 지지하고 정리해고를 반대하는 등 기업이 사회적 책임을 다할 것을 기대하고 있다.

이 두 가지가 2015년 서울대학교 아시아연구소가 광복 70주년 국민의식 조사를 기획한 문제의식이다. 이 책에서는 그 결과들이 역대정권의 시대별 특성, 해방 이후 주요 사건경험, 한국사회 인식, 가족가치, 교육, 민족주의, 정치의식과 정치참여, 자본주의와 경제의식, 다문화, 가치관 등의 다양한 측면에서 설명되고 있다. 이 결과는 2015년 8월 조선일보의 광복 70주년 특집 기사로도 개제된 바 있다.

Ⅲ. 국민의식조사 개요

지난 70년 간의 사회변화를 추적하기 위해 서울대학교 아시아연구소에서는 2015년 6월에 〈광복 70주년 국민의식조사〉를 실시하였다. 전국을 모집단으로 하고 지역, 연령, 성별, 소득분포를 고려하여 할당표집을 하여 1,000명의 남녀 성인에 대해 면접조사를 실시하였다. 설문의 내용은 크게 ① 역대정권 시대별 특성에 대한 인식 ② 체험의 단층구조: 광복 70년 주요 사건 ③ 한국사회에 대한 인식 ④ 가족가치 ⑤ 사회의식과 가치관 ⑥ 교육 ⑦남북관계, 통일과 외교 ⑧ 정치의식, 차기대선 ⑨ 경제의식, 자본주의 ⑩ 직업, 계층관련 의식 ⑪ 다문화, 관용 등의 영역으로 구성되었다.

이러한 내용에 대하여 과거 서울대학교에서 실시되었던 사회조사 설문을 참고로 같은 문항을 사용함으로써 시계열분석이 가능하도록 하였다. 이로써 10년 전, 20년 전의 조사결과와 비교함으로써 그동안의 우리 사회의 변화를 추적할 수 있도록 하였다. 또한 같은 출생연도에 태어난 사람들의 의식이 시간이 흐름에 따라 어떻게 변화하고 있는지 추적하여 코호트별 비교분석을 실시하였다. 이 책에서 시계열 분석에 사용한 조사는 다음과 같다.

- 10년 전과의 비교
  · 2005 광복 60년의 회고와 향후 전망, 국민의식조사 서울대 사회발전연구소

- 20년 전과의 비교
  · 1996 한국대기업에 대한 국민이미지 현황과 개선방안, 서울대 사회발선
    연구소
  · 1996 전환기 한국사회 국민의식과 가치관에 관한 조사, 서울대 사회발전
    연구소

- 30년 전과의 비교
  · 1986 전환기의 한국사회:80년대 한국사회에 관한 국민의식조사, 서울대
    사회과학연구소
  · 1980 한국교육의 당면문제에 관한 조사연구, 서울대 사회과학연구소
  · 1979 80년대를 바라보는 한국인의 의식구조 조사연구, 서울대 사회과학
    연구소

이번 조사에서는 광복 70주년 한국사회의 변화를 추적하고 미래변화를 예측하기 위하여 몇 가지 주요한 키워드를 설정하였다. 그러한 척도를 통해 우리 사회가 얼마나 일류국가가 되었는지, 우리국민이 기대하고 있는 변화의 방향은 무엇인지를 측정하고 평가할 수 있다. 분석 키워드는 개방성 openness, 투명

성transparency, 신뢰성trust, 민주성democracy, 진취성progressiveness 등 이다.

개방성

개방성은 친숙한 것, 자국의 것 외에 타인과 낯선 것에 대하여 어느 정도 마음을 열고 있는가를 뜻하는 개념이다. 즉 외국의 선진문물과 문화를 수용하는 태도에 관한 것들이다. 외국의 문물과 외국인에 대한 태도, 시장개방에 대한 태도, 외국인과의 심리적 거리, 창의적 아이디어와 생각에 대한 수용성, 소수자에 대한 사회적 차별의식 등과 관련된다.

투명성

투명성은 사회의 모든 영역이 어떤 합리적인 기준을 중심으로 작동되고 있는가, 그렇다면 그 작동원리를 외부에서 관찰할 수 있는가의 정도를 의미한다. 사회의 시스템이 불투명하다면 거래비용이 많이 들고 예측가능성이 낮아진다. 사회 곳곳에 도사리고 있는 부정부패의 함정에 빠지거나 연고주의와 같은 패거리 행위로 인하여 '고비용 저효율'의 후진적 행태를 벗어나지 못하게 될 것이다.

신뢰성

신뢰가 정착되지 못한 국가와 사회는 국민적 역량을 모을 수 없으며 갈등과 일탈, 반목과 저항으로 얼룩지는 상황을 벗어나지 못한다. 신뢰가 결여된 국가에서는 사회적 갈등을 해결하는 데에 소요되는 비용이 너무나 커서 효율적 성장은 커녕 사회적 화합조차 이루어낼 수 없다. 사회적 신뢰를 제도적 신뢰와 일반적 신뢰로 구분하고 한국국민들이 어떤 신뢰의 공간에서 살아가고 있는지, 불신이 높다면 어떤 영역에서 특히 그러한지를 알아보고자 한다.

민주성

민주주의는 무엇을 결정하는 데에 드는 비용과 시간은 더 많이 들지만, 일단 합의에 도달하면 실행의 효율성은 보장된다. 민주주의는 대변성과 책임성으로 구성된다. 정해진 규칙에 입각해서 이익을 대변하고 대립을 풀어나가는 지혜야말로 일류국가의 덕목이다. 그러나 한국은 오랫동안 권위주의 문화에 길들여져 온 탓에 모든 사람의 합의에 의한 '합리적 권력'을 만들어내는 데에는 상대적으로 취약하다. 국가와 사회에 대한 신뢰 및 일상생활에서의 민주적 관계를 정착시키는 데에는 권위주의의 소멸이 중요하다고 판단된다. 한편 도덕적, 합리적 기준에 의하여 새롭게 형성되는 권위에 주목하여 한국인들이 권위주의 속에 살고 있는지 혹은 합리적 권위가 만들어지고 있는지에 대해 고찰하고자 한다.

진취성

진취성은 과거의 관습과 인식에 얽매이지 않고 변화하는 환경에 적극적으로 대처하고자 하는 미래지향적 가치관을 뜻한다. 진취성이 없이는 불확실성을 특징으로 하는 21세기에 도전할 수 없다. 물질적 풍요에만 매달리지 않고 정신적, 문화적 가치와 예술적, 심미적, 자아실현적 가치를 중시하는 태도로서의 탈물질주의_post-mterialism_는 21세기 일류국가가 갖추어야 할 덕목이다. 이는 새로운 발전의 원천인 문화자본과도 직결된다. 탈물질주의는 일과 여가에 대한 태도, 여성의 권리 및 환경보존, 정보화에 대한 수용능력 등과도 광범위하게 연결되고 있다.

Ⅳ. 책의 구성

이 책은 전반적인 책 소개가 이루어지는 서론과 서울대학교 아시아연구소의 〈광복 70주년 국민의식조사〉 내용에 따라 한국사회 변화의 주요 트렌드와 쟁점들을 설명하고 있는 일곱 개의 논문이 본문을 이루고 있다.

제2장 민족주의의 과거와 현재 외교, 안보, 통일 의식의 변화를 중심으로(박원호)

한국인에게 '민족'이라는 관념은 개인들이 몸담고 있는 정치 공동체에 대한 소속감을 넘어서 외국과 북한에 대한 관념, 그리고 외교와 안보에 대한 관점에 매우 심대한 영향을 미친다. 2장에서는 한국인의 민족주의가 일반이론에서 설명하는 인종적·집단적인 정체성에서, 보다 개인주의적이고 정치적인 속성을 지니게 되는 변화과정을 겪는다는 사실을 보여주고 있다. 이러한 민족주의적 정서의 변화상이 한국인이 바라보는 '세계'에 어떤 영향을 미쳤는지를 살핀다. 한국인들의 변화하는 민족주의가 북한을 바라보는 인식에 가져온 변화는 매우 드라마틱하다. 북한을 지원의 대상이나 협력의 대상으로 보는 인식은, 북한을 경계나 적대의 대상으로 보는 인식으로 바뀌어 온 것을 알 수 있으며, 이것은 전통적인 보수-진보의 이념성으로 설명되지 않는, 민족주의의 질적 변화에 기인한다. 요컨대, 한국인이 생각하는 '민족'에 북한이 어느덧 제외된 것이다. 주변국들에 대한 한국인의 인식은 비교적 변화하지 않았다는 점이 가장 눈에 띈다. 대일 감정이 최근 들어 상당히 악화된 것을 제외하고는 주변국들에 대한 호감도는 비교적 변화하지 않았으며, 한미동맹을 강화나 중국시장 강조 등 실용주의적 측면이 두드러지게 나타났다.

제3장 권위적 발전국가에서 실질적 복지국가로? 역대정권 이미지 비교 연구 (최종호)

3장에서는 한국인들은 역대정권을 어떤 국가 유형으로 인식하여 왔고 이러한 변화는 어디에서 비롯되었는지에 대한 맥락적 해석을 목적으로 하고 있다. 역대정권의 국가유형을 약탈국가, 권위주의적 발전국가, 절차적 민주주의 국가, 실질적 복지국가로 구분하여 과거 광복 60주년 조사와 비교를 통해 역대정권의 이미지가 어떻게 변해왔는지, 이러한 변화의 함의는 무엇인지 탐색하고 있다. 광복 60주년 조사와 70주년 조사 결과를 비교해 보았을 때, 김대중, 노무현 시대에 대한 국민의 인식은 극적으로 변화하였음을 확인할 수 있었다. 광복 60주년 조사에서는 김대중, 노무현 시대에 대한 부정적 평가가 높았던 반면, 70주년 조사에서는 긍정적 평가가 매우 높았고, 세대 코호트별 분석 결과도 이를 지지해주고 있다. 반면 광복 70주년 조사에서 이명박, 박근혜 정부에 대한 이미지는 이전의 진보정권 시대보다 낮은 것으로 나타났다.

제4 장 가족가치관의 변화 전통적 가족주의에서 선택적 가족주의로? (남은영)

4장에서는 광복 70주년을 맞이하여 지난 30여년 간 한국의 가족가치관의 변화를 고찰하였다. 기존의 연구들이 가족가치관의 변동에 대해 '전통적 가치관에서 근대적/개인주의적 가치관'으로의 변화로 설명하고 있는 것과는 달리 이 연구에서는 가족가치관의 변동에 대해 '전통적 가족주의에서 선택적 가족주의'로의 변화로 파악하고 있다. 가족가치가 급격히 변화하고 있지만 각 코호트별, 사회집단별로 가족가치의 차이가 매우 크게 나타나고 있기 때문에 한국사회의 변화의 과정 속에서 전통적 가족가치가 개인주의적 가족가치로 대체되었다기 보다는 두 가치가 갈등하며 경합하고 있다고 볼 수 있다. 이것은 가족가치관의 넓은 스펙트럼 속에서 어떤 한 개인은 특정한 생애 과정에서, 특정한 시기에, 어떤 국면에서 비전통적 가족가치를 선택할 수 있으며, 다른 경우에는 보다 전통적 가족가치를 선택할 수도 있음을 뜻한다. 지난 30여년 간의 가족가치관의 변화를 살펴보았을 때, 전반적으로 변화의 속도에 있어서 최근 매우 빠르게 변화한 가치는 '부모부양의 의무'의 약화, '여성의 자율적 사회적 지위에 대한 인정' 등이다. 코호트별로 분석했을 때, 전체 코호트에서 변화가 나타난 가치관은 이혼에 대한 부정적 인식의 감소와 부모부양의식의 약화가 대표적이다. 상대적으로 일부 코호트, 즉 젊은 코호트에서 변화가 두드러지는 가족가치는 '남아선호,' '엄마의 자녀양육의무,' '여성의 자율적 지위의 인정' 등에 관한 가치로 나타나고 있다.

이와같이 지난 30여 년간 가족가치관은 큰 변화를 겪었고, 특히 이러한 변화 속에서 세대 간의 차이가 두드러지게 나타나고 있다.

제5장 불안한 미래, 불공정한 사회(김도균)

광복 70주년을 맞아 실시한 이번 조사는 일자리 불안과 노후 불안이 증가하는 상황에서 사람들이 미래를 낙관하지 못하고 있다는 사실을 잘 보여주고 있다. 미래의 계층소속감에 대한 전망이 10년 전이나 20년 전에 비해 매우 조심스러워졌다는 사실이 이러한 현실을 잘 반영한다. 세대별로 보면 특히 사회진출을 앞둔 20대들과 은퇴를 앞둔 베이비붐 세대들이 미래를 어둡게 전망하고 있음을 알 수 있다. 반면 삶이 점점 더 불안정해지고 있는 만큼 공정한 소득분배에 대한 요구는 증가하고 있다. 임금격차는 지난 20여 년 동안 심각한 수준으로 벌어져 왔으며, 국제적인 기준으로 봤을 때도 우리나라의 임금불평등도는 매우 높은 수준이다. 이로 인해 소득의 공평한 분배라든지 공정한 경쟁, 기회의 평등에 대한 요구가 점점 강해지고 있다. 하지만 그렇다고 국민들이 시장경제 자체를 반대한다고 보기는 어렵다. 조사결과를 보면 오히려 복지에 대한 요구는 예전보다 약화된 반면, 민간주도 시장경제와 대기업의 기여도를 긍정하는 경향은 증가했음을 알 수 있다. 다만 시장경제를 옹호하는 가운데에서도 재벌규제나 공정한 경쟁에 대한 요구가 빠르게 증가했다. 시장경제를 중시하는 가운데 사회 안전망과 공정성을 갖추는 것이 앞으로의 중요한 시대적 과제임을 확인할 수 있다.

제6장 위축되는 정치참여(김한나)

이 장에서는 투표, 진정서 서명, 소비자 운동, 시위, 정치집회, 정치인 및 공무원 접촉, 기부모금, 언론기관 접촉, 인터넷 토론 참여 등과 같은 아홉 가지 정치참여 행동들을 중심으로 지난 10년 간의 추이를 살펴보고, 정치참여를 가능하게 하는 시민들의 심리적 기반에 어떠한 변화가 생겼는지 알아보고자 한다. 나아가 각 참여행동마다 필요한 시민들의 참여역량과 심리적 자원이 무엇인지 밝혀보고자 했다. 우선 투표 행위는 장기적인 시각으로 보았을 때, 1987년 직선제를 통한 13대 대통령 선출 이후로 한국에서 대통령 투표 참여율은 꾸준히 줄어들고 있으며 이러한 경향성은 국회의원 선거에서도 나타난다. 시민들의 참여가 저조해지는 오늘날, 그렇다면 누가 어떻게 참여하고 있을까? 참여의 심리적 조건을 살펴보니 우선 투표참여 모델의 경우 정치에 관심을 많이 가지는 사람일수록 투표에 더 적극적으로 참여하는 경향이 있었다. 특히 투표참여에 있어서 행동을 유발하는 심리적 조건은, 민주주의 사회에서 시민으로서 느끼는 효능감이 아니라 강력한 당파심이었다.

제7장 늘어나는 이주자, 불안한 기대(김석호)

본 장은 한국인들이 이주민 집단의 증가를 어떻게 평가하고 있는가를 살펴보고, 그 결과를 토대로 사회통합에 있어서의 함의를 도출하고자 하였다.

이를 위해 우선 한국사회 내 대표적인 이주민 집단인 결혼이주여성과 그 가족, 외국인 노동자, 외국국적동포 집단의 현황과 실태, 그리고 사회통합 관점에서의 도전에 대해 살펴보았다. 결혼이주여성과 그 가족의 규모는 꾸준히 증가해 왔다. 또한 다문화가족 자녀들의 증가세는 더 두드러질 것으로 보인다. 외국인 노동자 집단을 살펴보면, 고용허가제와 방문취업제로 입국한 외국인 노동자는 한국사회 내 전체 체류외국인 중 절대 다수를 차지한다. 외국인 노동자의 정주화는 빠른 속도로 진행되고 있으며, 이들이 한국사회와 맺는 관계도 피고용자와 고용주의 구도에서 같은 공간에서 생활하는 이웃으로 전환되고 있다. 외국국적 동포의 경우, 귀환이주가 본격적으로 시작된 지 20여 년 이상 지난 시점에서 중국동포는 거주비가 적게 드는 지역인 서울의 가리봉동과 대림동에서 자족적이고 촘촘한 사회연결망을 구축하고 있다. 그러나 이주민 공동체가 만들어지고 그들의 경제적 자립 수준이 높아진다고 해서 내국인과 함께 어우러져 살 수 있는 것은 아니다. 이주민 수용과 관련된 올바른 사회통합 정책을 성공적으로 이뤄내기 위해서는 우리사회 구성원들이 가지고 있는 이주민에 대한 편견을 해소할 수 있는 시민교육이 절실해 보인다. 시민성을 향상과 다문화 감수성 증진에 필요한 장기적 기획이 이제 시작되어야 한다.

제8장 결론, 풍요의 역설을 넘어서려(이재열)

한국은 광복 70년을 맞으며 경제성장과 민주화라는 세계사적으로 놀라운 성취를 이루었다. 그동안의 사회변화가 워낙이 압축적이다보니, 켜켜이 쌓인 변화과정에서 세대별 경험은 큰 차이를 보인다. 비동시적인 것들을 동시에 경험하는 것이다. 압축적 성장의 결과 시대적 사명은 정권마다 달랐다. 초기의 국가건설과 발전국가시기, 그리고 문민정부 이후의 민주화시기를 거치면서 평가는 조금씩 달라졌지만, 향후 민주적인 복지국가를 지향하는 국민들의 소망은 큰 변화가 없다. 성공이 가져온 위기는 풍요의 역설과 민주화의 역설로 요약된다. 경제적 성취에도 불구하고 계층적 자신감이 급속히 소멸되었으며, 증대되는 불평등으로 인해 금수저나 흙수저 논란처럼 닫혀가는 이동의 통로를 걱정하는 불안감이 커지고 있다. 중산층이 소멸된 서민사회가 된 것이다. 또한 경제성장 이후 사회적 연대의 기초인 가족과 공동체가 빠르게 해체되고 있다. 그리고 증가하는 노동시장의 이중구조는 사회적 위화감과 갈등의 잠재원으로 작동한다. 민주화의 역설은 절차적 민주주의가 확보되었음에도 불구하고 사회갈등은 더 커지고 제도권 정치가 제대로 작동하지 않음으로 해서 거버넌스의 수준이 문제되는 상황을 일컫는다. 사회는 복잡해지는데 반해 우리가 가진 문제해결 역량으로서의 민주주의의 수준, 포괄적으로는 제도의 수준이 선진국 수준에 한참 미치지 못하는 것이다. 이제 우리는 '성장사회'에서 '성숙사회'로 가는 문턱에 와 있는 것이다. 그리고 그 해답은 공공성을 제대로 확립하는데서 찾아진다.

Ⅴ. 맺음말

광복 70주년 국민의식 조사는 해방 70년 이후 한국사회의 변화를 살펴보기 위하여 기획되었다. 조사가 이루어진 주요한 분야는 역대정권 시대별 인식, 체험의 단층구조, 한국사회에 대한 인식, 가족가치관, 사회의식, 교육, 남북관계 및 통일, 외교, 대외관계, 정치의식, 경제의식, 직업과 계층관련 의식, 다문화와 관용 등을 포함하여 매우 포괄적이고 다양하다.

먼저 광복 70년의 시대별 인식에서 이승만 시대와 장면 시대는 약탈국가의 이미지로 가장 부정적으로 평가되고 있다. 이후 권위적 발전국가의 상징인 박정희 시대, 철권통치 이미지인 전두환 시대, 민주주의 신장에 기여한 김영삼 시대를 거치면서 절차적 민주주의가 이루어진 것으로 평가되고 있다. 자유도 확대되고 발전역량이 증가한 김대중 시대, 10년 전 조사에서 나타난 퇴보의 이미지가 발전이미지로 반전된 노무현시대에는 민주주의와 발전역량이 결합되어 실질적 복지국가의 문턱까지 진입을 경험한 것으로 나타난다. 그러나 최근 10년동안 이명박 시대는 자유는 후퇴하고 발전역량도 쇠퇴하였고 박근혜 시대는 이명박 시대보다 평가절하되어 이상적인 사회상에서 멀어진 것으로 인식되고 있다.

현대사의 가장 충격적인 체험이 무엇인지에 대해 민족적 충격과 개인적 충격, 이에 대한 세대별 인식을 알아보았다. '한국전쟁(1950)'은 가장 큰 민족적 충격으로 나타나고 '세월호 침몰(2014)'은 가장 큰 개인적 충격으로 나타난다. 10년 전 조사에서 개인의 충격적 체험은 '광주민주화운동(1995)'과 '외환위기(1997)'였으나 이번 조사에서는 '세월호 침몰(2014)', '외환위기(1997)', '천안함 사건과 연평도 포격(2010)'으로 변화했다. 전 세대에서 세월호 침몰과 외환위기의 충격을 공유하고 있는데 50대 이하 연령층은 천안함 사건과 연평도 포격을 공유하며, 50대 이상의 연령층은 1980년 광주민주화운동의 충격을 공유하고 있다. 그러나 60대 이상에서는 한국전쟁의 충격이 일생을 이끌어간 체험적 기억의 원천으로 자리잡고 있다. 전반적으로 볼 때, 한국전쟁의 충격은 점점 희미해져 가고 있는 반면, 세월호와 외환위기에 대한 충격은 거의 모든 세대에서 가장 크게 나타나고 있다.

한국사회에 대한 인식은 전반적으로 10년 후 '자유로운 발전사회'에 대한 기대가 압도적으로 높아서 낙관적 전망이 우세하지만 구체적인 사안들에 있어서, 특히 빈부격차, 세대갈등, 저성장과 실업문제 악화 등에 있어서는 비관적인 평가를 보이고 있다. 10년 전에 비해 한미동맹에 대한 요구가 강화되고 있으며 평준화 교육에 대한 요구도 강하게 나타나고 있다. 한국인으로서의 자긍심은 64%가 '자랑스럽다'고 응답하여 전체의 3명 중 2명이 자긍심을 느끼는 것으로 나타났고 과거보다 자긍심이 감소된 것으로 보인다. 이민의사는 30%로 과거에 비해 감소되었다.

기관신뢰는 과거에 비해 낮아지고 있는데, 상대적으로 비영리기관인 대학, 시민단체, 종교단체 등의 신뢰가 높으며 정당, 국회, 정부, 검찰, 청와대 등의 권력기관에 대한 신뢰는 낮게 나타났다. 대기업은 전체 기관 중에서 가장 신뢰가 높게 나타나고 있다.

한국사회의 사회집단 간의 갈등에 대한 인식으로, 갈등이 높게 인식되는 세 가지 영역은 정치갈등(여당과 야당), 이념갈등(보수와 진보), 계층갈등(빈곤층과 중상층)인 것으로 나타났다. 전반적으로 집단갈등은 감소한 것으로 인식되고 있으나 보수와 진보 간의 갈등은 증가한 것으로 인식된다.

가족가치는 지난 30여 년간 크게 변화하고 있는데 그 변화의 속도에 있어서 급격히 변화한 것으로 나타난 가치는 부모부양 의무의 약화, 여성의 자율적인 사회적 지위 인정 등이다. 점진적이지만 지속적으로 변화하고 있는 가치는 남아선호, 이혼에 대한 허용적 태도, 결혼의 필수성의 약화 등이다. 그러나 엄마의 어린 자녀 양육의무는 동의율이 높게 지속되고 있음을 볼 수 있다. 이상적인 자녀수는 2.26명으로 지난 30여년 동안 큰 변화가 없는 반면에 실질적인 출산자녀 수는 이것보다 약 1명 정도 적은 1.21명으로 나타났다. 즉 한국인들은 이상적인 자녀수보다 현실에서는 소자녀를 출산하고 있는데 이것은 가족가치와 결혼관의 변화, 만혼 및 비혼의 증가, 자녀양육을 위한 비용의 증가 등이 영향을 미쳤기 때문인 것으로 해석된다.

가치관의 변화와 관련하여 좀더 관용적이고 개인주의적인 방향으로의 변화가 나타나고 있다. 과거와 비교하여 혼전성관계, 혼외성관계, 동성애에 대한 '강한 반대' 의견이 감소하면서 점차 허용적인 방향으로의 변화가 나타나고 있다. 또한 개인주의적 사고가 급격히 증가했는데, 10년 전에는 집단주의적 사고가 우세했으나 현재는 개인주의적 사고에 대한 동의율이 2배 이상 높게 나타난다.

교육분야에 대해서는 상당한 문제점들이 표출되고 있다. 자녀의 조기유학 의사(자녀를 외국의 초, 중, 고등학교 유학보낼 의사)에 대해서는 과반수가 긍정적으로 응답했으나 과거에 비해서는 자녀를 조기유학 보낼 의사는 감소했다. 조기유학이 '취업에 유리하다'는 응답과 '그렇지 않다'는 응답은 반반으로 나뉘어져 동일한 수준으로 나타나는데, 20~30대와 교육수준이 높을수록 '유리하다'는 응답비율이 높다. 공교육에 대해서는 '만족하지 않는다'는 응답이 62%로 압도적으로 높으며 과거에 비해 공교육 불만족도가 증가했다. 교육기회의 평등을 위해 '교육 평준화를 강화'해야는 응답이 63%로 우세하게 나타난다. 30년 전에 비해 현재 졸업장의 가치는 평균적으로 66%로 평가절하되어 인식되고 있으며, 사회이동의 가능성에 대해서 약 70%가 '닫혀있다'고 응답하여 과거 사람들이 가지고 있었던 '교육을 통한 계층상승'의 희망은 사라지고 있다고 보여진다.

남북관계와 통일, 대외관계에서도 많은 변화를 보여주고 있다. 통일이 필요하다는 생각하는 인식이 줄어들고 '반반이다/필요하지 않다'는 인식이 증가하고 있다. 북한을 적대적 대상과 발전을 제약하는 경계대상이라는 인식이 증가하고 있으며 통일이 국가에게 이익이 될 것이라는 인식은 비슷한 수준이나 자신에게 이익이 되지 않을 것이라는 인식은 압도적으로 높다. 통일비용의 부담을 거부하는 응답도 높아지고, 비용을 부담하더라도 적은 액수만을 부담하겠다는 응답은 늘어나고 있다. 미국에 대해서는 전통적인 우방으로 인식하며 과거와 비교하여 호감도가 증가하였고 미래 유용성에 대한 인식도 증가했다. 그러나 러시아, 중국, 일본, 북한에 대한 호감도와 미래유용성은 감소한 것으로 나타난다.

정치의식과 관련하여 개헌의 찬반은 비슷한 수준인데, 개헌방향에 대해서는 분권형 대통령제, 중임제 개헌 순으로 선호도가 나타나고 있다. 정치적 관심도와 정치적 참여의사는 지속적으로 감소하였으며 참여경험도 낮아지고 정치적 효능감도 감소한 것으로 보여진다. 현 정권은 빈부격차 해소 등의 각 정책을 잘못하고 있다는 평가가 높다.

경제의식은 정부의 복지책임보다는 소득결정의 공평성을 선호하며 경쟁을 긍정적으로 보는 한편, 부유층의 자산형성과정이나 부의 세습에 대해서는 부정적인 인식을 가지고 있다. 시장경제와 경쟁이 정당하게 작동하지 않는 상황에서 재분배보다 공정한 경쟁과 경제민주화를 더 중요하게 생각하고 있음을 보여준다. 자본주의에 대해서도 대체로 물질적 풍요나 풍부한 기회 등의 긍정적 이미지로 파악하고 있다. 대기업의 기여에 대해서 긍정적이며 민간주도 경제에 대한 선호도 강하게 나타나고 있다. 그러나 재벌규제에 대해서 옹호하며 정리해고에 반대하는 등 기업이 사회적 책임을 다할 것을 바라고 있다. 10년 전에 비해 복지를 위한 증세에 대한 반대의견이 증가하고 있으며 보편적 복지를 선호하는 경향도 약화된 것으로 나타난다. 과세형평성은 10년 전에 비해 개선되고 있다고 인식하는 추세이지만 여전히 고소득자의 세금부담은 낮다고 보는 반면, 저소득자의 세금부담은 높다고 보는 견해가 지배적이다.

계층의식을 살펴보면, 중산층 귀속감은 대체로 하락하였으며 지난 20여 년 동안 모든 분야의 계층소속감이 하향이동을 하고 있다. 특히 소득이나 재산수준의 계층의식보다 문화수준과 사회적 지위에 대한 계층소속감의 하락이 상대적으로 크게 나타난다. 외환위기와 금융위기 등 두 차례에 걸친 경제위기는 한국 경제의 허리에 해당하는 1945~1975년 출생세대의 계층소속감을 크게 하락시키고 있음을 볼 수 있다.

이민자에 대한 태도는 과거에 비해 이민자 증가에 대한 부정적인 인식이 증가하고 있는 것으로 나타난다. 외국인 이민자의 수에 대한 의견은 '지금 수준이어야 한다'가 59%로 가장 많고 '줄어야 한다'도 4명 중 1명으로 나타난다.

이와같은 〈광복 70주년 국민의식조사〉 통해 나타난 한국사회의 변화는 과거에 비해 물질적으로 풍요로와졌지만 '민주주의 역량과 발전의 역량의 쇠퇴로 인한 양극화 및 빈부격차의 심화', '권력기관에 대한 신뢰의 하락과 시민의 정치적 효능감의 저하', '계층의식의 하락과 사회이동에 대한 희망의 상실', '공교육에 대한 불만족도 증가' 등으로 특징지어진다. 이와 함께 가치관의 변화도 두드러지는데, '집단주의에서 개인주의로의 변화', '전통적 가족주의의 해체', '이민자 증가에 대한 우려감' 등이다. 조사결과를 통하여 이러한 한국사회의 문제와 현안에 대해 공정한 경쟁과 기회의 평등, 교육평준화, 과세형평성의 확보 등이 시민들이 희망하는 바람직한 변화방향인 것으로 나타나고 있다. 이에 새로운 시대인식을 공유하는 정치적 리더십과 시민정치의 거버넌스가 긴요한 대안이 될 것으로 판단된다.

제2장

한국 민족주의의 과거와 현재
통일, 외교와 이민을 바라보는 시각의 변화

박원호

Ⅰ. 들어가며

한국의 민족주의는 사회과학 일반에서 연구되는 국가/민족정체성national identity[1]의 이론적 논의에서 일정하게 벗어나 있다. 한국에서 민족주의가 탄생하고 만들어진 과정의 역사 특수적인 상황이 아니더라도, 한국에서 근대 민족 국가의 건설 과정이 분단으로 이어지고 현재까지 남북한의 대립이 지속되고 있는 상황에서 한국의 민족주의는 매우 독특한 형태로 진화하였기 때문이다. 한국인에게 '민족'이라는 관념은 개인들이 몸담고 있는 정치공동체에 대한 소속감을 지나, 외국과 북한, 그리고 외교와 안보에 대한 관점에

---

1   nation을 '국가'로 번역할 것인지, 아니면 '민족'으로 번역할 것인지의 문제가 있지만 이 글에서는 national identity를 '민족정체성'으로 통일하기로 한다.

매우 심대한 영향을 미친다.

물론 정체성이라는 말자체가 함의하는 것처럼, 모든 공동체의 정체성을 구성하는 내용과 과정은 그 구성원들의 집합적 경험에 좌우될 수밖에 없다. 영국과 독일 국민들의 민족주의가 다른 것처럼, 그리고 미국과 러시아에서 사는 이들이 전유하는 정체성이 다른 것처럼 한국인들이 스스로를 정의하는 방식 또한 다를 수밖에 없을 것이다.

그러나 한국적 특수성을 강조하는 순간, 그 변화의 가능성과 장기적인 동학을 볼 수 있는 큰 그림을 놓치게 될 가능성이 높다. 왜냐하면 한국인의 민족주의라는 것은 불변의 사항이 아니라 환경과 상호작용하면서 바뀌는 것이기 때문이다. 이곳에서는 이러한 한국인의 민족주의, 혹은 그 변화를 보다 일반적인 이론적 프레임에 위치지우고, 이를 통하여 그 변화의 의미를 포착하고자 한다.

민족주의, 혹은 민족적 정체성은 본인이 소속된 정치적 공동체에 대한 질문이며, 이는 필연적으로 공동체의 '외부'를 향한 태도를 결정할 수밖에 없다. 한국인이 살고 있는 공동체의 바깥 세상, 그 중에서도 가장 가까운 임계 영역에 위치하는 것은 북한이다. 북한의 존재는 어떤 의미에서 한국인의 민족주의와 가장 복잡한 관계를 가지는 대상일 것이다. 북한은 민족의 외부에 있기도 하며, 내부에 있기도 한, 그리고 공동체에 대한 현존하는 위협으로 존재하는 대상이기 때문이다.

한국인들이 북한에 대한 태도가 비교적 최근에 많이 바뀌었으며, 북한에 대해 상대적으로 경계와 대립이 강조되는 '보수적' 방향으로, 특히 젊은 시민들을 중심으로 그 변화의 양상이 두드러진다는 점은 알려져 있었다. 또한 이러한 변화는 천안함이나 연평도 포격, 핵실험 등의 비교적 최근 벌어진 일련의 대립에 기인하는 바가 클 것이다(박명규 외 2010). 그러나, 이러한 변화가 왜 특정한 인구집단에만 두드러지게 나타나는지를 설명하려면 그것은 이

전부터 누적되어온 '민족'에 대한 의식이 어떤 방식으로 바뀌었는지를 살펴보아야 할 것이다.

이러한 민족주의적 감수성은 당연히 북한에 비하면 더 먼 외부 세계, 즉 주변국들을 바라보는 인식과 대외 정책에 대한 선호에도 영향을 미칠 것이다. 한반도가 복잡한 국제정세 속에서 생존하는 길을 모색하는 과정에서 민족주의적 정서가 구성되고 단련되었던 것처럼, 민족공동체에 대한 의식이 거시적으로 변화하는 것이 어떻게 주변국들에 대한 인식과 대외정책에 영향을 미치는지 여기서 살펴볼 것이다.

마지막으로, 비교적 최근에 두드러진 이슈는 한국으로 이주해온 이민자들을 어떻게 바라볼 것인가 하는 문제이다. 이곳에서는 한국인들이 지니는 민족정체성과 그 인종적·문화적 차원이 어떤 관련을 가지는지 살필 것이다. 눈앞에 다가온 인구절벽으로 인해, 다문화사회는 선택의 문제가 아니라 피할 수 없는 현실이 되었다. 한국인들은 이러한 '이방인'들을 어떻게 받아들일지를 결정하는 것은 민족주의적 정서라는 필터를 거칠 수밖에 없다.

본 연구는 서울대학교 아시아연구소가 수행한 『광복 70주년』 조사연구를 기반으로 『광복 60주년』과 『광복 50주년』을 비교함으로써 시계열적 변화를 포착하고자 하였다. 또한 『한국종합사회조사』와 『통일의식조사』 등의 정기적 조사 시리즈 자료 또한 참고하였다.

Ⅱ. 이론적 논의

민족주의 문헌의 방대함과 비체계성을 보았을 때, 단순화의 우려가 있으나, 그 핵심적 내용을 본 장의 목적에 맞게 요약하자면 다음과 같다. 우선 첫째, 민족주의, 혹은 민족적 정체성이라는 것은 지극히 근대적 현상이며, 근대 민족국가nation-state의 핵심적 요소이다. 다시 말해, 그것은 근본적으로 매우 정치적인 정서로서, 정치공동체를 구성하는 소속원들이 지니게 되고, 재생산함으로써 공동체가 지속되는 측면이 존재한다.

그러나, 근대 이전부터 '한국〔조선〕인'을 규정짓는 특정한 정체성이 공유되고 있었다면, 현재의 한국인들이 지니는 정체성과는 어떻게 다른가? 요컨대, 조선의 집단적 정치 동원시스템에서는 볼 수 없었던 근대국가로서의 대한민국이 지니는 민족주의의 '근대성'은 무엇인가?

흥미롭게도 문헌에서는 민족주의의 비서구적 전근대적 표현은 매우 '문화적'인 것으로 평가한다(Kohn 2005). 다시 말해, 인종적, 생래적, 문화적인 뿌리를 지니는 민족주의가 존재한다면, 이와는 대조적으로 정치적, 시민권적 뿌리를 지니는 민족주의도 존재할 수 있다는 것이다(Greenfeld 1992). 이 양자는 일치할 수도, 하지 않을 수도 있으며 또한 반드시 전자가 후자에 의해 대체되는 것이 아니라 얼마든지 공존할 수 있을 것이다.

우리에게 있어서 핵심적인 질문은, 북한이라는 체제와 북한 주민들을 어떻게 인식하는가 하는 문제가 이 두 가지 민족주의적 성향과 어떤 관계를 지니는가 하는 물음이다. 왜냐하면, 인종적 민족주의의 경우에는 그것이 북한 주민들을 '민족'의 내부에 포함하겠지만, 정치적 민족주의의 눈으로 보았을 때 북한의 정치체제는 다만 이웃나라에 지나지 않기 때문이다. 한국인들의 민족주의, 그 현재를 정의하는 것은 이렇듯 이론적 긴장 위에 서 있을 수 밖에 없다.

둘째, 민족주의는 또한 근대적 자본주의가 기능하기 위한 핵심적인 요소로 이해된다. 국내 시장을 통합하고 산업을 편성하며 노동을 동원하기 위한 기제로서, 그리고 이후에는 세계 시장에서 국제자본주의 질서의 관철이 가능하도록 만들었던 것이 바로 민족주의라는 것이다(Gellner 1983; Hobsbawm 1990).

물론 이것만으로는 다분히 기능주의적인 설명에 그치며 특히 이전의 체제

—그것이 무엇이었던지—에서 현재의 자본주의의 체제로 어떻게 이행하였는지에 대한 질문이 남는다. 달리 말해, 민족주의가 지닌 근대적, 자본제적 새로움이란 무엇인가?

그린펠드(Greenfeld 1996)가 바라보는 근대의 민족주의가 지니는 가장 주요한 요소는 기존 체제의 계급적 차별과 사회구성체를 하나로 뭉그러뜨리는 '민족'이라는 새로운 주체의 사회통합적 가능성이다. 전근대적 사회에서 오히려 엘리트층을 지칭했던 'nation'이라는 말이 근대에서 '인민people'과 거의 동치가 되면서, 민족주의는 평등주의egalitarianism를 가져오게 되었다는 것이다. 물론 이것은 자본주의에 저항하는 계급적 평등주의가 아니라 스스로 자기 노동을 팔 권리가 있는 개인을 구성할 수 있는 길이 열렸다는 의미이기도 하다.

그런 의미에서 민족주의가 갈 수 있는 두 길, 독일과 이탈리아가 나아갔던 집단주의적 길이 있을 것이고, 영국과 미국이 나아갔던 개인주의의 길이 있을 것이다. 이러한 논의가 이곳에서 흥미로운 이유는, 그러한 가능성들이 민

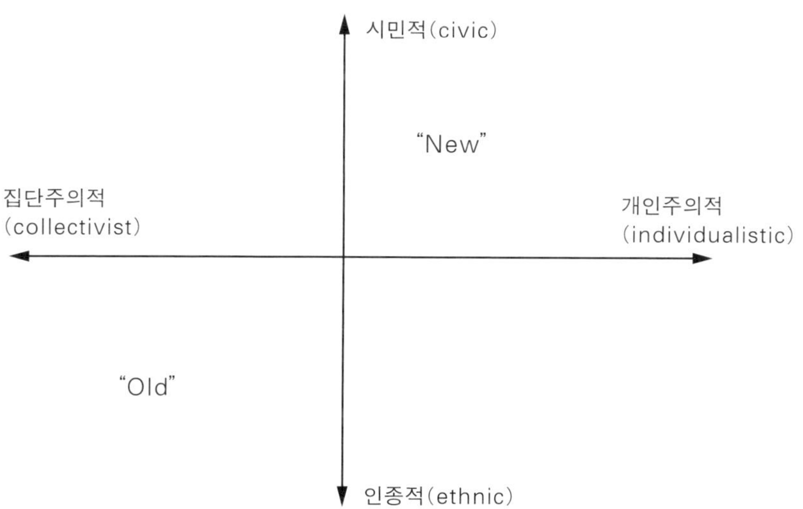

그림 1 민족주의의 '유형화'

족주의의 유형화를 가능하게 해주며, 또한 한국인의 민족주의가 어디서 어디로 움직이는지를 볼 수 있게 해주기 때문이다.

예컨대, 그림 1은 이러한 논의를 바탕으로 민족주의를 유형화해 본 것이다. 여기서 주의해야 할 점은 이것이 상이한 여러 민족주의들을 분류한다는 의미의 유형화라기 보다는 동일 시기 동일 공동체 내에서도 공존할 수 있는 민족주의의 여러 가능성을 적시했다는 점이다. 동시에 이것은 이후 절에서 경험적 자료를 통하여 한국인의 민족주의가 어떻게 변화하고 있는지를 보여줄 수 있는 지도이기도 하다.

이러한 이행의 내용을 한국적 맥락에서 좀 더 자세히 적자면 다음과 같다. 만약 한국의 민족주의가 위 그림의 3사분면 "Old"에서 1사분면 "New"로 이행하는 중이라는 가설이 성립한다면, "New"의 내용은 무엇으로 채워져야 할 것인가. 인종적이거나 문화적이지 않고 '시민적'이라는 것, 그리고 집단주의적이 아니라 개인주의적인 민족주의라는 것은 어떤 것인가. 그 한국적 의미를 요약하자면 다음과 같다.

개인주의

개인주의의 내용은 통일과 관련된 기존의 집단주의, 가족주의나 공동체주의의 극복을 의미한다. 기존 통일에 대한 지향이 "이산가족 찾기" 등으로 대표되는 근원적 공동체의 회복, 혹은 "민족적 울타리의 회복"이라는 규범적 차원에서 사고되었다면, 통일에 대한 개인주의적 시각은 자발적 개인들의 선택에 의한 통일정책의 수립과 지지라는 형식을 띠게 될 것이다.

시민주의

통일과 관련된 시민주의는 정치적 공동체를 시민들이 어떻게 내면화하는가와 관련이 있다. 예컨대, 정치적 공동체를 의식하며 그 공동체에 대해 느끼는 자긍심이나 신뢰 등을 예로 들 수 있을 것이다. 한국에서 2002년 월드컵이나 촛불 시위 등의 자발적 시민적 참여 등으로 표출되고 대표되었던 이러한 새로운 형태의 자긍심은, 북한과는 대별되는 남한의 정치, 경제, 문화적 성과들에 대한 적극적이고 긍정적 평가에 기인하며, 기존의 인종적 정체성과 대척점에 있는 시민적 정체성과 직결된다.

실용주의

통일과 관련된 실용주의의 내용은 기본적으로 "이익 중심의 정향self-interest orientation"을 지칭한다. 이러한 실용주의는 개인들에게 통일이 과연 어떠한 구체적인 도움이 되는가 하는 질문과 고려를 통해서야만 평가되고 승인될 수 있다는 함의를 지닌다.

현실주의

통일과 관련된 현실주의적 인식은 분단 고착화가 60년이 경과한 역사적 현실의 인성에서 시작한다. 이상주의적 관점에서 통일을 바라본다면, 통일은 분단 이전의 상황으로 되돌아가는 회복적 '재'통일re-unification이 될 수밖에 없지만, 현실주의적 관점은 남북한의 대치와 갈등이 누적된 현재적 상황을 출발선으로 삼는다.

이어지는 논의에서는 이상의 내용으로 정의된 민족적 정체성의 변화를 검토한다.

Ⅲ. 결과 및 분석

1. 집단주의에서 개인주의로

한국의 민족주의가 국가주의적·집단주의적 성격으로 시작되었다는 것은 주지의 사실이다. 한국의 민족주의는 일제의 침략에 대한 대응으로서의 수

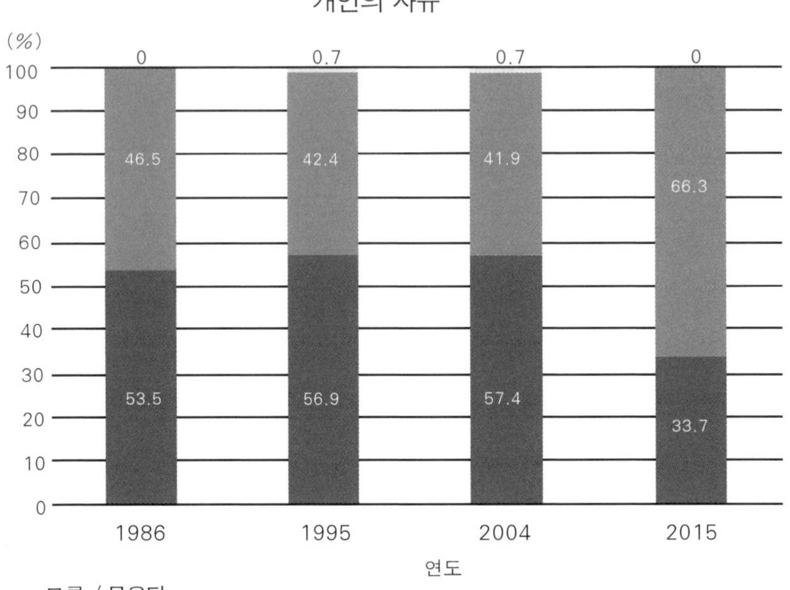

그림 2 집단주의에서 개인주의로

세적 민족주의였으며, 투쟁하지 않으면 생존할 수 없는 민족주의였을 것이다. 역설적으로 이러한 전투성이야말로 광복 이후, 그리고 산업화 시기 한국인들을 하나로 묶어주는 국가주의의 기반이기도 하였다.

이런 집단주의의 핵심적 내용은 물론 부분(개인)의 총합보다 더 큰 전체(국가/민족/사회)의 대의가 존재한다는 인식이라고 볼 수 있으며, "우리는 민족중흥의 역사적 사명을 띠고 이 땅에 태어났다…(『국민교육헌장』)"로 시작되는 국민교육헌장이 끊임없이 주입하고 재생산하려는 종류의 민족주의기도 하였다.

그림 2는 이러한 종류의 국가주의, 혹은 집단주의가 개인주의적 전망에 의해 밀려나가는 과정을 보여준다. 1986년에서 2004년에 이르기까지 한국

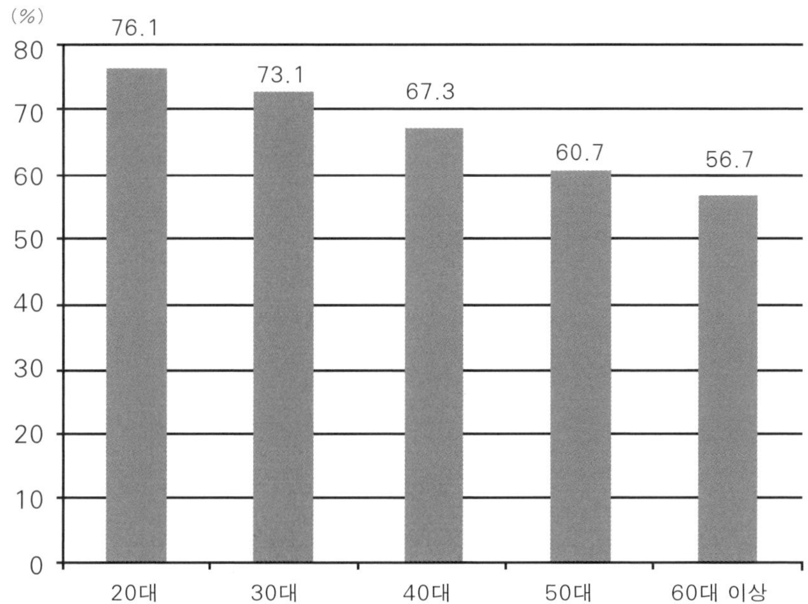

그림 3 연령별 개인주의 분포

의 집단주의적 민족주의는 응답자의 과반 이상을, 특히 2004년까지만 해도 60%에 육박할 정도로 지배하고 있었다.[2] 적어도 2004년까지만 하더라도 집단주의적 전망을 가진 응답자들이 절대과반을 지속적으로 유지하고 있었다면, 그것이 2015년에 와서는 급격하게 역전된다는 것을 볼 수 있다. 개인주의자들이 3분의 2에 육박하는 절대다수가 된 것이다.

그림 3은 이러한 개인주의가 2015년에 연령대별로 어떻게 분포하는지를 보인 것이다. 예측할 수 있는 것처럼, 한국인들의 개인주의, 특히 '전체를 위해 개인이 희생하는' 집단주의에 대한 반감은 낮은 연령층에서 매우 두드러졌으며, 고연령층에서도 과반을 넘은 57%에 육박한다. 다시 말해, 한국에

---

2 정확하게는 "국가"가 아닌 "사회"를 위한 개인의 희생에 대해 물은 문항이다. 물론 앞 절에 논의한 것처럼, 핵심은 국가이건 사회이건 집합적 전체를 개인보다 우선시하는가 여부일 것이다.

서 집단주의는 주변화된 것으로 보여진다.

그러나 앞 절에서도 살폈던 것처럼 집단주의의 약화와 개인주의의 강화가 반드시 민족주의의 쇠락을 의미하지는 않는다. 집단주의적 민족주의와 대별되는 개인주의적 민족주의, 혹은 인종적 민족주의와 대별되는 시민적 민족주의도 얼마든지 존재할 수 있기 때문이다(강원택 2011). 그런 면에서 그림 4는 개인주의자들이 동시에 민족주의자일 수 있다는 사실을 보여주는데, 2000년대에 조사한 내용을 살펴보면 한국 국민인 것을 "매우 자랑스럽게" 혹은 "다소 자랑스럽게" 생각하는 이들의 비중은 70%를 상회한다. 물론 2010년 조사가 약 86%로 상당히 높게 나타나 2015년의 71%와 대조되지만, 동일조사에서 절대과반이 집단주의에는 반대를 하면서 동시에 한국국민인 것을 자랑스럽게 생각하고 있다는 것이다. 이것은 한국에서 개인적 민족주의, 혹은 시민적 민족주의가 집단주의와는 다른 맥락에서 생겨나고 있음을 보여준다.

2005년이나 다른 조사의 트렌드와 비교해보았을 때, 특별히 국가자긍심이 낮아지고있다고 말하기는 힘들며, 특히 자긍심에 대한 조사가 일정하게 단기적 변동(예컨대 월드컵이나 선거결과)에 좌우된다는 것을 감안하더라도, 한국인들의 압도적 다수가 공동체에 대해 자긍심을 느낀다는 점은 부인할 수 없다.

2. 민족적 외연의 축소: 인종에서 시민으로

분단국가로서 한국이 처한 상황은 민족주의의 문제와 관련해서 매우 현실적인 문제를 제기한다. 북한 주민, 혹은 '동포'들은 한국인인가? 아마 민족주의의 인종적(그리고 제한된 의미에서 문화적)측면에서 바라보는 북한과 시민적 관점에서 바라보는 북한은 다를 수밖에 없을 것이다. 이들을 '북녘 동포',

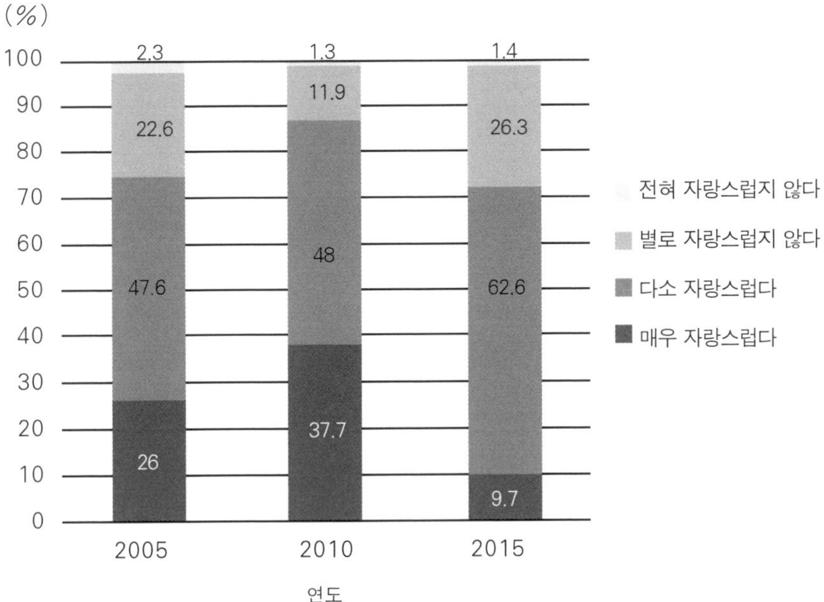

그림 4 한국인이 것이 자랑스럽다

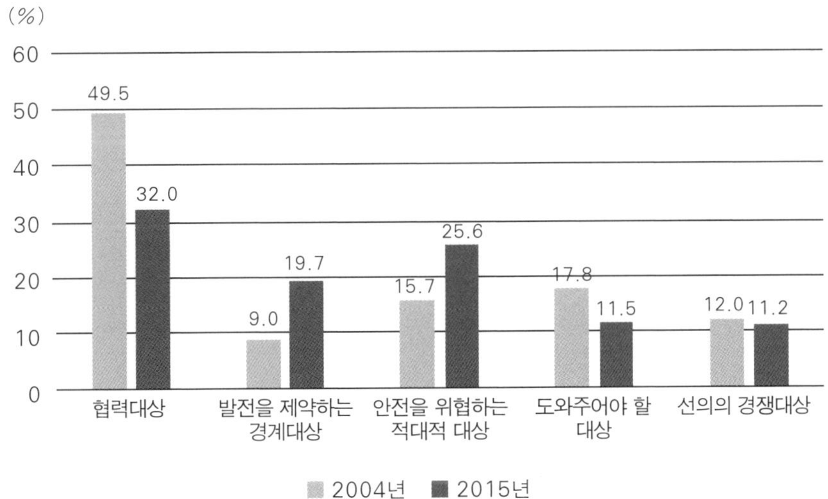

그림 5 대북인식의 변화

혹은 민족의 구성원으로 바라보는 시각이 전통적인 민족주의적 시각이라면, 시민적 민주주의의 시각에서 북한을 바라보는 관점은 북한을 상당히 성가신 '이웃 국가'로 바라볼 수밖에 없을 것이다. 그림 5는 북한을 바라보는 시각이 어떻게 바뀌었는지 2004년과 2015년 사이의 변화상을 요약해서 보여준다.

다른 무엇보다도 2004년에 거의 절반에 가까운 응답자들이 북한을 '협력 대상'이라고 대답했던 것과는 달리 2015년에는 32%만이 그렇다고 대답하였다. 여타의 긍정적 응답들(도와주어야 할 대상이나 선의의 경쟁대상)이 공히 감소한 반면, "발전을 제약하는 경계대상"이나 "안전을 위협하는 적대적 대상"이라는 응답은 모두 극적으로 증가하였다. 북한을 더 이상 "우리 민족"의 틀 안에서 생각하지 않게 된 것이다.

이러한 추세는 매우 일반적이며 여타의 다른 시점에서 수집된 자료에서도 공히 발견되는 현상이다. 그림 6에서 보여지는 것처럼 북한을 '지원대상'이나 '협력 대상'으로 생각하는 응답자의 비중은 2000년대 중후반이래로 끊임

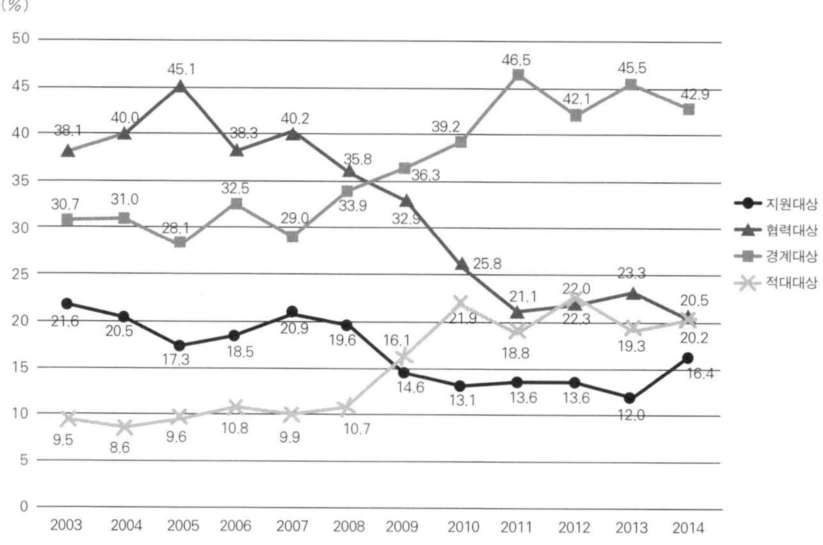

그림 6 대북 인식의 변화 추세: 2003~2014
자료: 성균관대학교 서베이리서치센터, 「한국종합사회조사, 2003~2014」

없이 감소하고 있는 반면, 북한을 '지원대상'이나 '경계대상'으로 생각하는 관점을 지닌 응답자의 비중은 역으로 증가하고 있다.

이러한 추세가 단기적 사건들, 예컨대 대북관계 경색 등의 이슈로 좌우된다고 볼 여지는 있다. 그러나 2010년에 발생한 천안함 사건이나 연평도 포격 등의 결정적 사건들 이전에 이러한 추세는 이미 진행되고 있었다는 사실을 지적할 수 있을 것이다. 요컨대, 민족주의의 내용이 바뀌고 있는 것이다.

대북 인식과 관련된 또다른 중요한 논점은, 그것이 통상적인 진보-보수의 이념적 성향과 매우 독립적으로 분포하며, 특히 북한에 대한 강경한 입장을 취하는 젊은 층의 주장이 눈에 띤다는 사실이다(박원호 2012). 한국에서 북한과 통일의 이슈는 전통적인 이념 성향의 지표였고, 지금도 여전히 '종북담론'을 중심으로 한 이념 갈등의 중요한 기준선이다. 그러나 비교적 최근 2, 30대들은 북한에 대한 태도에 있어서 중장년층들보다 더 강경한 입장을 보이기도 한다.

그림 7에 의하면 60대 이상의 응답자들이 북한을 '선의의 경쟁대상'이나 '도와주어야 할 대상'으로 생각하는 비중이 33%에 이르는 반면, 20대에서는 이 비중이 20%를 넘지 않는다는 사실을 알 수 있다. 북한을 '도와주어야 할 대상'이라는 온정적 민족주의, 혹은 북한을 민족공동체의 '내부'로 생각하는 인식은 지난 세대의 것으로 보인다. 다시 말해, 한국인이 생각하는 민족의 범위에 북한이 제외되기 시작했으며, 이것은 20대에서 50대에 이르기까지 광범위하게 퍼져있는 것으로 보인다.

동시에 보이는 것은 60대들과는 달리 청중장년층에서 드러나는 북한을 '협력대상'으로 바라보는 관점이다. 말하자면, 북한은 우리가 민족적 공동체의 일원으로 무조건적으로 '도와주어야 할 대상'은 아니지만, 필요하고 이익이 된다면 얼마든지 협력할 수 있는 이웃국가라는 인식이다. 이러한 관점은 이하의 실용주의와 직접 관련된다.

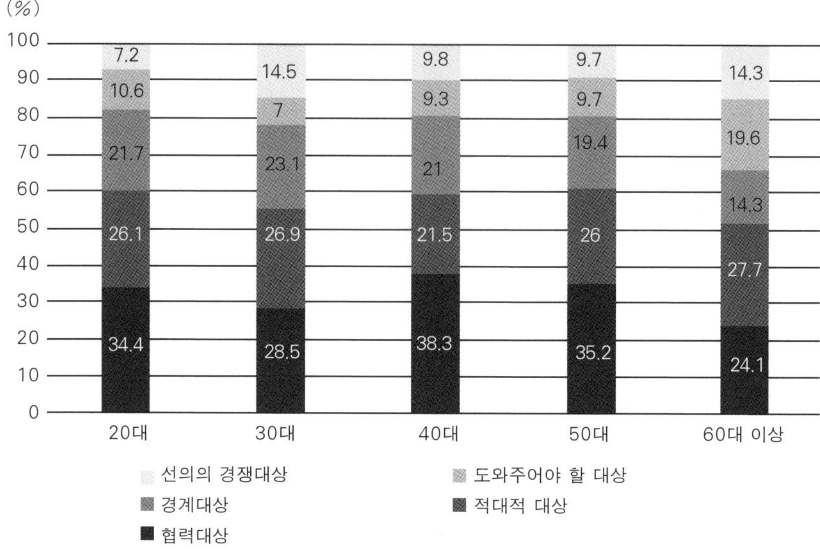

그림 7 연령대별 대북인식의 분포

3. 민족주의의 세속화: 실용주의

근대 세계로의 이행을 다루는 역사학적·사회과학적 연구들의 내놓는 흥미로운 주장 중 하나는 각국의 민족주의가 중세의 종교(기독교)를 대체하는 새로운 형태의 종교였다는 것이다(예컨대, Greenfeld 1996). 민족이라는 '상상의 공동체'(Anderson 1991)를 하나로 묶는 힘이 애초에 무엇이었건 간에, 그것이 이르는 종착역이 국가라는 경계를 공유하는 정치·경제적 공동체라는 점은 부인할 수 없는 사실이다. 한국의 특수성은 정치적으로나 문화적으로나 단일하던 기존의 공동체가 외적 요인으로 분단된 것에 있었고, 상이한 정치적 공동체로 살아온 광복 70년의 기간이 그러한 민족적 공동체의 '신화'를 앞 절에서 본 것처럼 너무나 쉽게 붕괴시킨데 있었다.

그러한 민족주의적 신화가 '통일의 당위성'이라는 측면에서 나타났다면, 그 대척점에 존재하는 것은 통일에 대한 실용주의적 태도이며, 이러한 변화

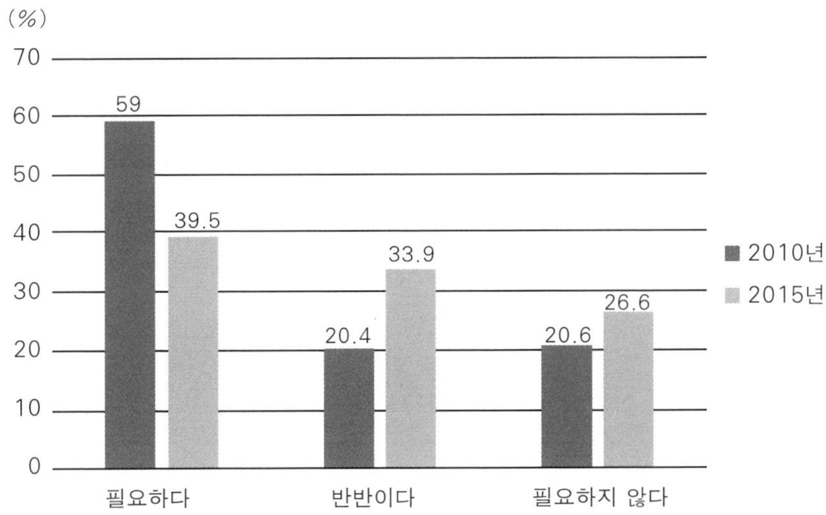

그림 8 통일의 당위성, 혹은 필요성

는 비교적 최근의 조사에서도 명백하게 드러난다. 그림 8에서 보여지는 것처럼 통일이 필요하다고 응답한 사람들의 비중은 2005년의 59%에서 2015년에는 40% 이하로 줄어들었으며 필요하지 않다고 생각하는 이들의 비중도 약 6%포인트 증가하였다.

그런 의미에서 우리는 이전의 문화적·인종적 민족주의가 지시하는 낭만적 통일의 당위성 자체에 대해 의문을 던지게 되는 사람들이 많아지는 시기를 살고 있는 셈이다. 이러한 변화는 특히 젊은 층을 중심으로 두드러진다. 다시 말해, 이러한 변화는 앞으로도 더 심화될 것이며 장기적인 트렌드로 자리잡을 것으로 보인다.

그림 9는 이러한 통일의 당위성에 대한 연령군별 반응을 보인 것인데, 가장 두드러지는 특징은 60대 이상의 고연령층이 통일이 반드시 필요하다고 응답한 사람이 거의 절반(48%)에 육박한 반면, 2,30대의 경우에는 그 비율이 30% 내외로 나타났다는 점이다. 20대의 34%는 통일이 필요하지 않다고

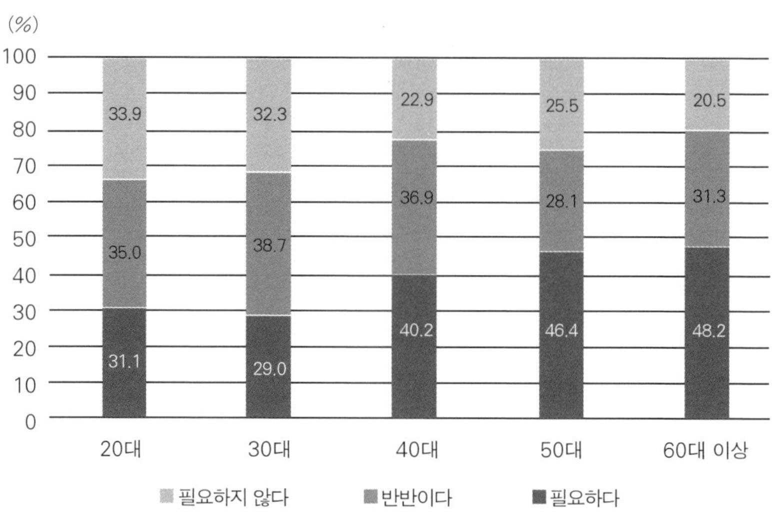

그림 9 연령별 통일의 필요성 인식

단언하고 있으며, 이 또한 60대 이상 노년층의 21%와 대비된다. 달리 이야기하자면 2,30대들은 기존의 낭만적 민족공동체의 회복이라는 의제를 받아들이지 않고 있으며, 그 이유는 이들의 민족공동체에 북한이 포함되어 있지 않기 때문이다.

통일에 대한 이러한 새로운 관념, 혹은 이 절에서 이름붙인 통일에 대한 실용주의는 '통일비용'이라는 담론으로 드러난다. 통일이 당위적으로 실현해야할 민족주의적 과제를 수행하는 것이라면, 그 자리에 '비용'에 대한 논의가 놓일 여지는 없다. 왜냐하면 어떤 비용을 감수하고서라도 통일은 파괴된 민족공동체를 복원하는 일이기 때문이다. 그러나, 만약 통일이 이러한 문화적/인종적 민족공동체의 회복이 아니라 상이한 정치공동체를 통합하는 것에 그치는 작업이라면 그 과정에서 발생하는 비용은 비용–편익 분석cost-benefit analysis의 대상이 된다.

이러한 비용–편익 분석에서 통일이 비용만을 발생시키는 것이 아니라 매우 유의미한 이익이 될 수도 있다는 조건하에서, 시민들은 통일의 필요성을 고려할 것이다. 표 1은 통일이 남한에 이익이 될 것인지를 어떻게 전망하는지에 따라 이들이 어떻게 통일의 필요성을 인식하는지를 표로 나타낸 것이다.

예컨대, 통일이 매우 이익이 될 것이라고 전망한 사람들이 그렇게 많지는 않았지만, 이들의 압도적 다수인 83%는 통일이 반드시 필요하다고 생각하였다. 통일이 전혀 이익이 되지 않을 것이라고 생각한 사람들의 경우도 그렇게 많지는 않았지만, 이들의 12%만이 통일이 필요하다고 응답하였다. 대다수의 사람들은 비교적 중립적인 입장으로 "다소 이익이 될 것"이거나 "별로 이익이 되지 않을 것"이라고 대답하였는데, 이런 미묘한 뉘앙스의 차이가 통일의 필요성이나 당위성을 인식하는데에는 매우 현격한 격차를 불러왔다.

물론 "통일은 대박"이라는 말처럼 일어나지도 않은 미래의 역사적 사건이 이익이 될 것인지를 단언적으로 전망하는 것처럼 어리석은 일은 없다. 그러나 이곳에서 지적하고자 하는 것은 이러한 비용-편익 분석의 논리구조가 통일이 필요성에 대한 담론을 매개하게 되었다는 사실이다.

표 1 통일 이익 전망과 통일 필요성

		통일 이익 전망				
		매우 이익이 될 것	다소 이익이 될 것	별로 이익이 되지 않을 것	전혀 이익이 되지않을 것	계
통일의 필요성	필요하다	59	210	118	8	395
		83.1%	50.48%	26.34%	12.31%	39.5%
	반반이다	7	152	165	15	339
		9.86%	36.54%	36.83%	23.08%	33.9%
	필요하지 않다	5	54	165	42	266
		7.04%	12.98%	36.83%	64.62%	26.6%
	합계	71	416	448	65	1,000
		100%	100%	100%	100%	100%

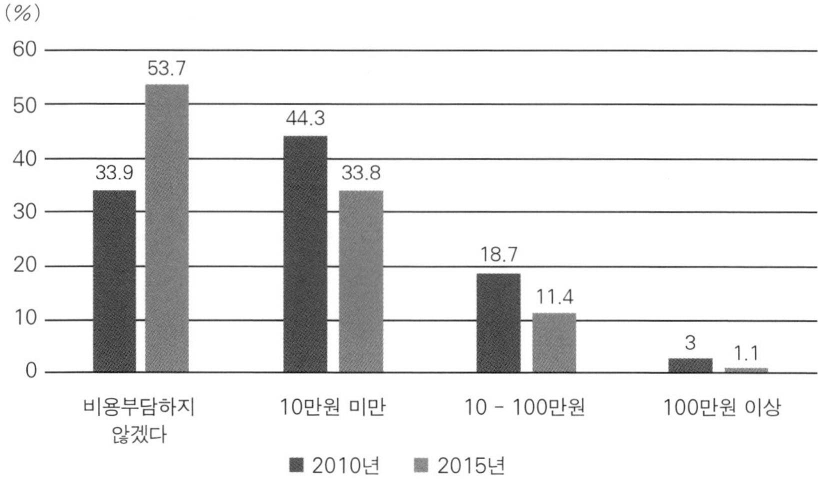

그림 10 통일비용 부담의사

정치공동체 차원에서의 '이익'은 매우 추상적이고 막연한 계산법을 바탕으로 이루어지지만, 본인의 가계경제에 눈을 돌리면 비용과 편익은 매우 구체적이 된다. 정치학의 선거연구 전통이 경제투표economic voting 문헌의 맥락에서 개인이 경제상황을 평가할 때 공동체 수준에서 고려하는지sociotropic 개인의 가정경제 수준에서 고려하는지pocketbook를 구분하는 것처럼, 통일의 잠재적 비용도 양자를 구분할 수 있을 것이다(예컨대 Kinder and Kiewiet 1979: Kramer 1971). 통일의 잠재적 편익은 먼 미래의 일이고 공동체 수준의 추상적이며 불확정적인 것인 반면, 통일의 비용은 '통일 펀드'처럼 매우 임박한 사안일 수 있다.

그림 10이 보이는 것은 응답자들로 하여금 구체적인 '통일 비용'을 얼마나 지불할 의향이 있는지를 물은 결과이다. 보장되지 않은 미래의, 공동체 수준의 잠재적인 편익에 지나지 않는 통일의 '이익'과 대비하여 개인 수준에서 구체적인 금액의 통일 비용을 얼마나 부담할지 의사를 묻는 것은 사실 '통일의 당위성'에 대해 얼마나 동의하고 있는지를 물어본 것이라 할 수 있다.

통일 비용을 부담하지 않겠다는 사람들은 2010년의 34%에서 2015년에는 54%로 증가하였으며, 반대로 10만원 미만이나 100만원 미만의 비용을 부담하겠다는 의사를 표시한 사람들은 매우 급격하게 줄어든 것을 볼 수 있다. 한국의 시민들이 고전적 민족주의적 당위성을 구체적인 액수를 가진 통일비용의 분담과 대비하는 상황이 주어졌을 때, 이제 이들의 압도적 다수는 조금의 비용도 부담하지 않겠다는 답변을 한 셈이며, 지난 5년 사이에 이러한 대답을 한 사람들의 비중도 가파르게 증가했다.

물론 통일에 대한 실용주의적 관점이 반드시 통일의 가능성을 낮추는 것은 아니라는 점을 주지해야 할 것이다. 왜냐하면, 통일의 편익이 현실적이고 구체적으로 드러나는 순간, 통일의 필요성을 지지하는 사람들의 숫자도 늘어날 것이기 때문이다. 그 편익을 구체화시키고 현실의 가능성으로 보여줄 수 있는 방법을 정책입안자들이 고민해야할 이유가 바로 여기에 있는 것이다.

4. 주변국들과 이주 외국인: 실용주의와 현실주의

앞서 밝힌 것처럼 한국의 민족주의는 외세와의 관계 속에서 형성되고 진화된 민족주의이다. 민족자결주의에 입각한 3·1운동에서부터 좌우대립이 심각했던 해방공간에까지 한국인의 민족주의는 외세와의 대결과 공조 관계에서 주조되고 단련된 것이다. 혹은 어쩌면, 사드 배치를 둘러싸고 미국과 중국이 벌이는 국제적 갈등의 틈바구니에서, 그리고 독도와 종군 '위안부'를 둘러싸고 벌어지는 반일反日의 공적 여론에서, 그리고 외국인 노동자를 바라보는 시선에서, 여전히 전통적인 민족주의가 강력하게 작동하고 있는 듯 보인다.

그림 11에서 보이는 것처럼, 2004년과 2015년에 측정된 주변국들에 대한 호감도는 약간의 변화는 있지만 그 순위가 바뀔 정도는 아니다. 미국이 전통적으로 가장 호감도가 높은 나라이며, 그 뒤를 중국과 러시아가 뒤따르고 있

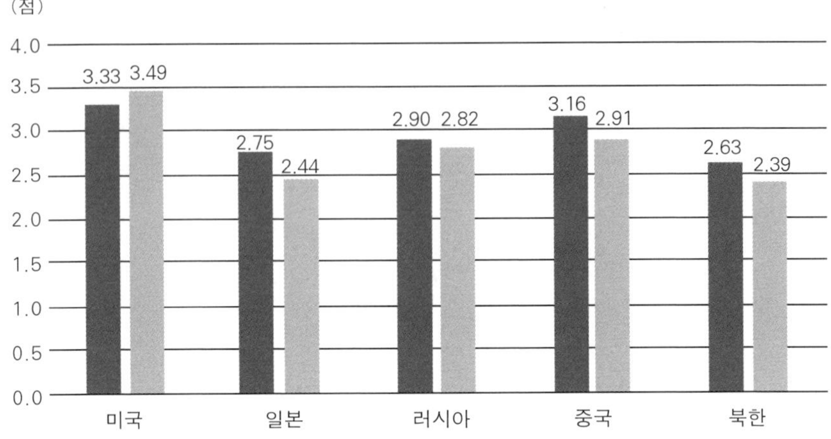

그림 11 주변국에 대한 호감도

다. 일본의 경우에는 최근 악화된 관계를 반영하는 상당한 하락이 눈에 띄지만, 적어도 북한보다는 호감도가 약간 높은 패턴을 유지하고 있다. 요컨대 외부 세계를 향한 한국인의 민족적 시각은 크게 변화하지 않은 것이다.

그러나, 지난 수십 년 동안 한국이 대외관계에 있어서 매우 드라마틱한 변화를 겪었다는 사실을 상기할 필요가 있다. 예컨대, 미국이라는 외부적 존재는 정부 수립과 전쟁을 함께 겪었던 혈맹이며 동시에 1980년대 학생운동의 주요 타겟인 '제국주의적 외세'이기도 하였다. 불과 10년 전 수행한 광복 60주년 설문에 "자주외교를 펼치고 미국에 대해서도 할 말을 해야 한다"[3]는 문항이 있을 정도로 미국에 대한 외교적·정치적 입장은 한국의 진보-보수를 가르는 지표이기도 하였다.

---

3 2004년에 수행된 「광복 60주년」 조사에서 응답자의 36%는 "한미외교를 돈독히 하고 군사적으로도 한미동맹이 강화되어야 한다"고 응답한 반면, 64%는 "자주외교를 펼치고 미국에 대해서도 할 말을 해야 한다"고 응답하였다.

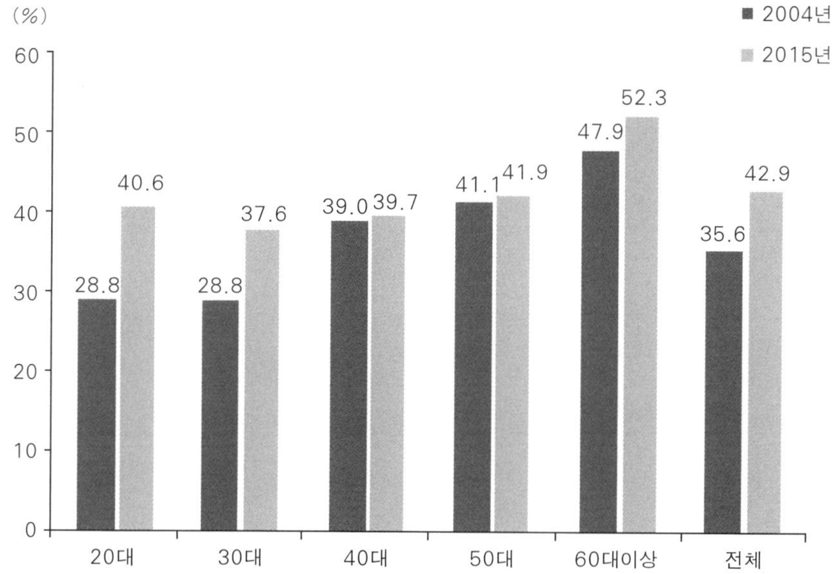

그림 12 한미동맹 강화에 대한 동의 여부

　그러한 반면, 이번 조사에 해당 문항을 수정할 수밖에 없었던 이유는 우리가 더 이상 '자주 외교'라는 말을 쓰지도 않고, 그 질문이 더 이상 유의미한 차원을 측정하지도 않게 되었기 때문이다. 자주 외교라는 말이 더 이상 쓰이지 않게 된 것은 외교의 자주권이 중요하지 않아서가 아니라, 그것이 '실리 외교' 혹은 '등거리 외교'라는 말로 대치되었기 때문이며, 한국인이 내면화하는 민족주의의 특성이 선험적 공동체가 아니라 실용주의적이고 현실주의적 공동체로 바뀌었기 때문이다. 그런 의미에서 비록 주변국에 대한 호감도가 지난 10년 사이에 많이 바뀌지 않은 것으로 보이더라도, 그 내용은 상당한 격변을 내포하고 있다고 생각할 수 있다.

　그림 12는 "한미동맹을 강화해야 한다"는 데 동의한 응답자의 비율을 연령별로 2004년과 2015년을 대비해서 보인 것이다. 앞서 언급한 것처럼 두 조사의 문항이 대안적으로 제시하는 의견이 "자주외교"에서 "등거리외교"로 바

뀌었기 때문에 2004년과 2015년을 직접적으로 비교하기는 어렵지만, 그 연령군 분포의 변화는 매우 흥미롭다.

무엇보다도 2004년에는 한미동맹 강화에 대한 의견이 젊은 층에서는 매우 낮게, 노년층에서는 상당히 높게 나타나는 전형적인 세대간 이념대립의 구조를 갖는다. 특히 2,30대에 있어서는 한미동맹강화에 대해서 30% 정도만이 찬성을 표명한 반면, 60대에 있어서는 거의 절반이 찬성의 의견을 표시하였고 그 격차는 약 20% 포인트에 육박하였다. 2015년에 와서는 이 격차가 매우 줄어들고, 심지어 20대가 3,40대 응답자들보다 더 한미동맹강화에 찬성하는 양상을 보인다.

이에 대한 해석은 비교적 간명하다. 미국이라는 대상을 한국인이라는 민족주의적 경계 바깥의 '외부적 존재'로 생각하는 추세가 2004년에 강했다면, 이제는 보다 미국에 대한 현실주의적인 입장을 지니게 되었다는 것이다. 지난 10여년 동안 급격하게 성장한 중국이라는 대안을 감안한다면, 그리고 대안적인 설문 문항이 이에 대한 매우 중립적 표현("등거리 외교")이었다는 사실을 감안한다면, 한국인의 민족주의가 지난 10여년 동안 그 현실주의적 성격을 매우 강화하는 방향으로 진화했다는 평가를 내릴 수 있다.

주변국이라는 명백한 '외부' 못지 않게, 지난 십 수년은 한국이라는 '내부'에 상당한 숫자의 이민자들이 정착한 기간이기도 하였다. 2000년대는 체류 외국인의 숫자가 급격하게 증가하기 시작한 기간이었으며 2003년에 70만을 넘지 않던 숫자가 2015년에 200만명에 육박했다(법무부 2016).

이민자에 대한 태도야말로 민족주의적 정체성에 대한 직접적인 테스트가 될 수 있을 것이다. 이민자들은 그들이 국적 취득 여부와 관계없이 생래적으로 다른 문화를 지닌 다른 '민족'이기 때문이다. 이들을 공동체의 구성원으로 어떻게 받아들일지 여부를 결정하는 것은 '민족정체성'을 어떻게 한국인들이 전유하고 있는지와 깊은 관련이 있을 수 밖에 없다.

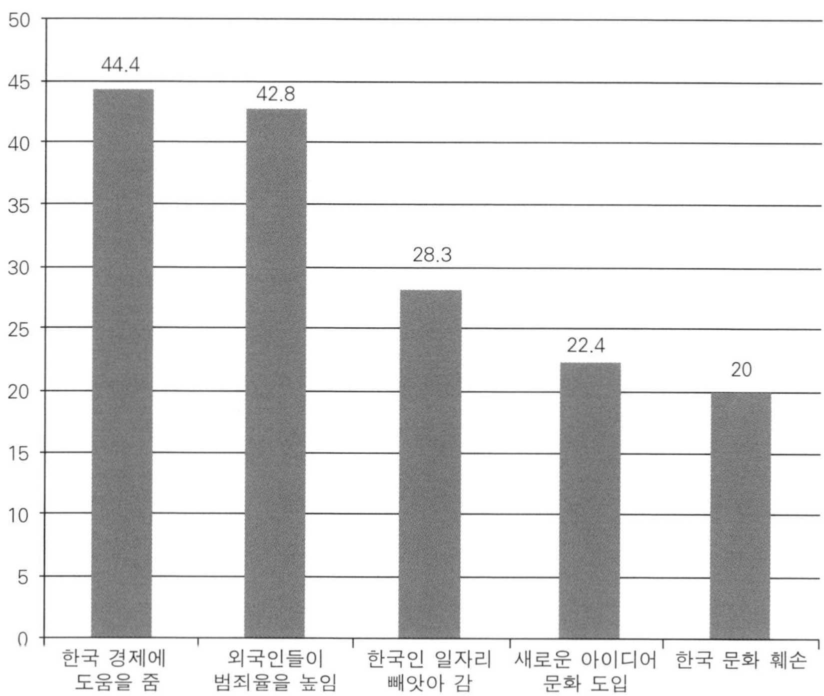

그림 13 외국인 이민자들에 대한 인식

그림 13은 2015년에 조사된 외국이민자에 대한 여러 태도들을 요약한 것이다. 이민자들이 한국경제에 도움을 준다는 견해에는 약 44%가 찬성한 반면, 이들이 범죄율을 높인다는 부정적 인식도 거의 비슷한 수준이었다. 일자리를 빼앗아 간다는 의견이 28%였고 한국문화를 훼손한다는 의견도 20%였으며 새로운 아이디어와 문화를 가져온다는 긍정적 견해는 22%였다.

이곳에서 강조하고 싶은 점은 이주 외국인과의 갈등을 경제적이고 실용적인 차원에서 생각하는 관점이 주조를 이루는 반면, 그 문화적 장단점에 대한 고려는 상대적으로 덜 중요하게 생각된다는 점이다. 요컨대, 이주 외국인의 문제는 보다 실용주의적 관점에서 사고되고 있다는 것이다.

물론 문화적·인종적인 차원에서 경제적·실용적 차원으로 갈등이 이전된

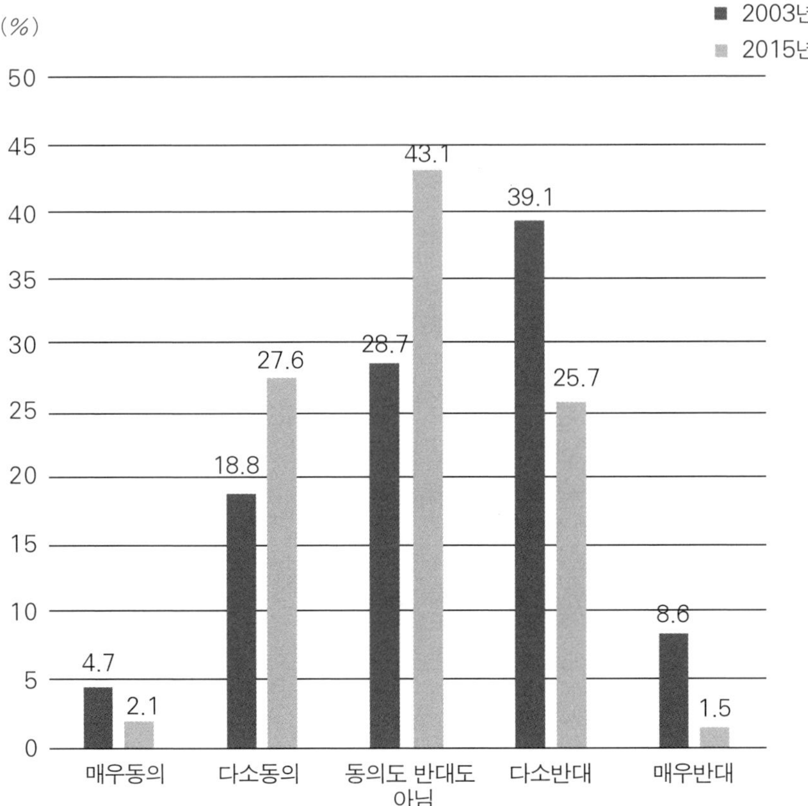

그림 14 "외국인 이민자들이 범죄율을 높인다"

다고 해서 그것이 반드시 갈등의 약화를 의미하는 것은 아니다. 보다 구체적
인 비용을 수반하는 갈등은 물적 기반을 가지기 때문이다. 그림 14에서 보
여지는 것처럼 2003년에 비해서 2015년의 갈등은 훨씬 심각한 것으로 보인
다. "외국인 이민자들이 범죄율을 높인다"는 견해에 대해 동의하는 의견이
30%에 이르렀으며 이것은 2003년의 23%보다 상당히 증가한 것이다. 그림
15의 잠재적인 갈등 양상은 이보다 더 심각하다. "이민자들은 한국인의 일
자리를 빼앗아 간다"는 견해에 대해 동의의 의견을 표시한 사람은 약 47%
에 달했으며, 이것은 2003년도의 37%에서 상당히 증가한 것이다. 이곳에서

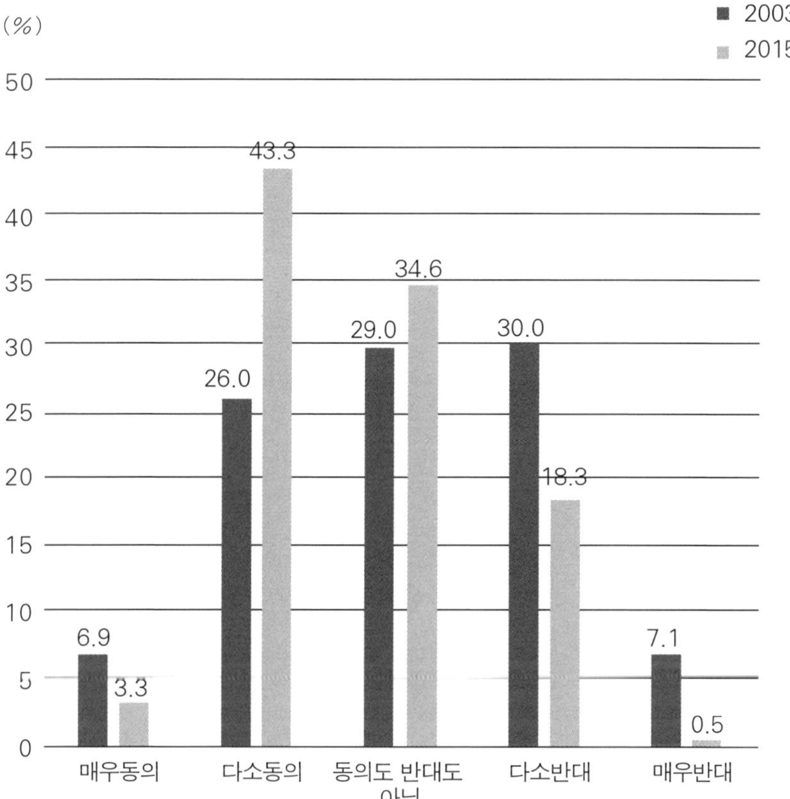

그림 15 "이민자들은 한국인의 일자리를 빼앗아 간다"

따로 결과를 보이지는 않겠지만 자료의 추가적 분석에 의하면 이러한 견해
들을 연령군으로 나누어보면, 청장년층에서 보다 더 갈등 양상이 심각한 것
으로 드러났다.

　이상의 갈등에 대해 판단을 내리는 것도, 그리고 그 해결책을 제시하는 것
도 이 글의 목적은 물론 아니다. 여기서 강조하고 싶은 점은 한국에서 벌어
지는 체류외국인과의 갈등이 일어나는 양상은 문화적인 차원에서 실용적 차
원으로 끊임없이 중심이동하고 있다는 점이며, 그 갈등이 바로 실용적인 차
원에서 일어나기 때문에 문화적 갈등 못지않게 심각할 수 있다는 점이다.

Ⅳ. 결론

한국의 전통적인 민족주의는 역사 특수성을 갖는다. 그것은 한국에서 민족주의가 탄생하고 진화한 과정이 외세강점과 분단과 대립의 역사 속에서 주조된 것이기 때문이다. 그러나 동시에 한국의 민족주의를 보다 일반적인 이론적 틀로 이해하는 것 또한 불가능한 것이 아니다. 어느 나라나 고유한 근대국가를 형성하는 역사적 경험 속에서 민족주의가 발견되고 만들어졌기 때문이다. 이러한 노력은 또한 한국의 민족주의가 거시적인 변화를 겪는 과정을 보다 일반적으로 포착하고 이해할 수 있게 도와주며, 나아가 미래의 변화상을 예측하는 데에도 도움을 줄 것이다.

이상으로 지난 수 십년 동안 한국인의 민족주의가 어떤 방식으로 변모해 왔는지에 주목하여, 그것이 어떻게 대중이 북한과 통일, 외국과 체류외국인을 바라보는 시각에 영향을 주었는지를 서술하였다. 지난 수십년 동안 한국인의 민족주의가 일반이론이 이야기하는 인종적·집단적인 정체성에서, 보다 개인주의적이고 정치적인 속성을 지니게 되는 변화 과정을 겪는다는 사실을 보였다. 한국의 민족주의는 보다 인종적ethnic이거나 문화적cultural 정체성에서, 보다 정치적이고 시민적civic 정체성으로, 그리고 보다 집단적collectivistic인 성격에서 개인주의적indivisualistic 성격을 띠는 방향으로 변모하고 있다는 것이다. 이러한 변화상은 지난 30년 간 축적된 자료의 시계열적 변화를 통해서 확인될 뿐 아니라, 세대간의 차이를 통해서도 확인된다.

이러한 변모는 한국인이 살고 있는 공동체의 '외부'를 바라보는 관점에 영향을 미치며, 보다 구체적으로는 북한과 통일 문제, 외국과 대외정책, 그리고 체류외국인과 이민정책을 바라보고 평가하는데 직접적인 영향을 미칠 것이다. 요컨대, 새로운 민족주의는 시민들을 보다 개인주의와 시민주의로, 그리고 현실주의와 실용주의적 방향으로 이끌고 있는 것으로 보인다.

한국인이 살고 있는 공동체의 바깥 세상, 그 중에서도 가장 가까운 임계 영역에 위치하는 것은 북한이며 그 존재는 어떤 의미에서 한국인의 민족주의와 가장 복잡한 관계를 가지는 대상일 것이다. 북한은 민족의 외부에 있기도 하며, 내부에 있기도 한, 그리고 공동체에 대한 현존하는 위협으로 존재하는 대상이기 때문이다. 한국인들의 변화하는 민족주의가 북한을 바라보는 인식에 가져온 변화는 매우 드라마틱하다. 북한을 지원의 대상이나 협력의 대상으로 보는 인식이 북한을 경계나 적대의 대상으로 보는 인식으로 바뀌어 온 것을 알 수 있으며, 이것은 전통적인 보수-진보의 이념성으로 설명되지 않는 민족주의의 질적 변화에 기인한다. 요컨대, 한국인이 생각하는 '민족'에 북한이 어느덧 제외된 것이다.

한국인의 민족주의가 더 먼 외부 세계, 즉 주변국들을 바라보는 인식과 대외 정책에 대한 선호에 미친 영향 또한 검토되었다. 가장 주요하게는, 주변국들에 대한 한국인의 인식은 한미동맹 강화 등의 실용주의적 측면이 두드러지게 나타났다. 또한, 국내 이민자에 대한 입장은 비교적 최근에 대두된 이슈인데, 이 경우에는 매우 명백한 형태로 한국인들이 인종적이거나 문화적 관점보다는 경제적이고 실용주의적 태도를 지니고 있는 것으로 평가된다.

한국인의 집단 정체성, 특히 민족주의 같은 거대한 사고의 틀이 짧은 시간에 갑자기 변화한다고 생각하기는 힘들다. 그러나, 그것이 담고 있는 내용들은 항상 점진적으로 바뀌고 있으며 때로는 특정한 방향성을 가지고 움직이고 있다는 사실이 이곳에서 확인되었다. 그러한 흐름을 사회과학적으로 포착하는 것은 긴 호흡과 연속성 있는 자료, 그리고 시간과 세대를 넘나드는 분석을 통해서만 가능할 것이다. 이 글이 보인 것은 그 변화의 큰 그림이었으며, 보다 세밀하고 전문적인 이후 연구들의 출발점이 될 수 있을 것이다.

참고문헌

강원택, 2011,『통일 이후의 한국 민주주의』, 파주: 나남.

박명규 외, 2016,『2015 통일의식조사』, 서울: 서울대학교 통일평화연구원.

박원호, 2012, "유권자의 정치이념과 정책선호, 그리고 후보자 선택," 박찬욱편,『2012년 국회의원선거 분석』, 파주: 나남, 35 – 62.

법무부, 2016,『출입국·외국인 정책 통계 연보』, 출입국·외국인 정책본부.

Anderson, Benedict., 1991, *Imagined Communities: Reflections on the Origin and Spread of Nationalism*, London: Verso.

Gellner, Ernest., 1983, *Nations and Nationalism*, Ithaca, New York: Cornell University Press.

Greenfeld, Liah., 1992, *Nationalism: Five Roads to Modernity*, Cambridge, Mass: Harvard University Press.

————., 1996, "Nationalism and Modernity," *Social Research* 63(1): 3 – 40.

Hobsbawm, E. J., 1992, *Nations and Nationalism since 1780: Programme, Myth, Reality*, 2nd ed, New York: Cambridge University Press.

Kinder, Donald R., and D. Roderick Kiewiet., 1979, "Economic Discontent and Political Behavior: The Role of Personal Grievances and Collective Economic Judgments in Congressional Voting," *American Journal of Political Science* 23(3): 495 – 527.

Kohn, Hans., 2005, *The Idea of Nationalism: A Study in Its Origins and Background*, New Brunswick, N.J: Routledge.

Kramer, Gerald H., 1971, "Short-Term Fluctuations in U.S. Voting Behavior, 1896 – 1964," *American Political Science Review* 65(1): 131 – 143.

제3장

권위주의적 발전국가에서 실질적 복지국가로?
역대정권 이미지 비교 연구

최종호

Ⅰ. 서론

2015년은 광복 70주년이며, 한국전쟁 발발 55년이 되는 해였다. 한국인들은 광복 이후 70년 간 모두 아홉 정권을 경험하였으며, 열 번째 정권인 박근혜 정부의 시대를 살고 있다. 주지하다시피 70년 간 한국인이 경험했거나 현재 경험하고 있는 역대 정권들은 나름의 독특한 특성을 보여주었다. 각 정권의 독특한 특성은 전 세계의 국제정치적 환경부터 한국의 사회경제적 환경, 그리고 집권한 대통령의 정치적 성향과 개인적 성격이 복합적으로 반영된 결과이다. 또한 각 정권의 독특한 특성은 광복 이후 70년 동안 한국 정치와 경제 그리고 사회 발전에 지대한 영향을 주었을 것이라 추론할 수 있다.

그렇다면 광복 70주년인 2015년 현재의 한국인들은 열 번의 역대 정권을 어떠한 이미지로 그려내고 있을까? 국민들이 떠올리는 역대 정권의 이미지는 개인적 경험도 반영되어 매우 다양하게 나타날 것이다. 예를 들어 박정희 시대의 이미지를 '경제적 발전'의 이미지로 그리는 국민도 있을 것이지만, '정치적 속박'의 이미지로 그리는 국민도 있다. 이 장의 목적은 2015년에 서울대학교 아시아연구소와 조선일보가 공동으로 실시한 '광복 70주년 국민인식조사(이하 광복 70주년 조사)'의 결과를 토대로 한국인들은 역대정권을 어떠한 이미지로 인식하고 있는지, 그리고 역대정권은 어떠한 국가 유형으로 구분될 수 있는지를 살펴보는 것이다. 또한 과거조사와의 비교와 세대 코호트 분석을 통해 역대정권의 이미지 변화는 어디에서 비롯되었는지를 맥락적으로 해석해보고자 하는 것이다.

이 장에서는 한국인들이 그려낸 역대 정권의 이미지를 통해 정치적 차원과 경제적 차원의 이미지를 교차시켜 역대 정권의 국가유형을 도출한다. 정치적 차원의 이미지는 자유와 속박이며, 경제적 차원의 이미지는 발전과 퇴보이다. 또한 여기에서는 광복 70주년 조사에서 나타난 정치와 경제의식의 조사결과를 바탕으로 역대정권의 이미지가 연령과 정당지지 성향, 그리고 지역별로 어떻게 다르게 나타나는지 탐색해본다. 이와 함께 서울대학교 사회발전연구소가 1995년에 실시한 '광복 50년 정치평가보고서(이하 광복 50주년 조사)'의 결과와 2004년에 실시된 '광복 60주년 국민의식조사(이하 광복 60주년 조사)'의 결과와 비교하여 지난 20년 동안 한국인들이 인식한 역대 정권 이미지가 어떻게 변화하여 왔는지를 살펴본다.[1] 그리고 광복 60주년 조사와 광복 70주년 조사의 세대 코호트별 정권 이미지의 변화도 함께 제시하고 그 함의를 도출한다.

'광복 70주년 국민인식조사'에서 나타난 한국인의 정치의식과 경제의식

---

[1] 광복 70주년 조사는 광복 50주년 조사와(1995년)과 광복 60주년 조사(2005년)에 행해진 조사결과와 호환성이 있도록 설문을 구성하여, 10년 전과 20년 전의 국민의식과 현재의 국민의식을 비교할 수 있도록 설계되었다.

결과를 요약하면 다음과 같다. 첫째, 정치의식 중 정치에 대한 관심도가 10년 전인 광복 60주년 조사결과에 비해 대폭 하락한 것으로 나타났다.[2] 이와 더불어 정치적인 참여의사는 지속적으로 낮아지는 경향을 보였다. 정치참여에 대한 경험도 과거에 비해 낮았으며, 정치적 효능감political efficacy[3] 역시 매우 낮아졌다. 이념적으로는 과거에 비해 중도의 이념적 성향을 가진 사람들이 늘어났고, 10년 전보다 보수적인 성향을 띠고 있는 것으로 조사되었다. 요컨대 광복 70주년 조사에서 나타난 한국인의 정치의식은 '탈정치'적이며 '보수화' 되었다는 것으로 이해할 수 있다.

둘째, 광복 70주년 조사에서 나타난 한국인의 경제의식은 다음과 같이 요약할 수 있다. 우선 소득에 있어서 노력에 따라 차이가 나야 한다는 견해가 소득결정이 공평해야 한다는 의견이 우세했다. 그러나 10년 전 조사보다는 소득 결정이 공평해야 한다는 의견이 크게 증가하였다.[4] 복지에 있어서는 여

2　광복 60주년 조사결과와 비교하였을 때 한국인의 정치관심도는 10년 전에 비해 매우 낮아졌다. 조사문항은 "○○님께서는 개인적으로 어느 정도 관심이 있으십니까?"이며, 응답자는 ① 매우 관심이 있다 ② 다소 관심이 있다 ③ 별로 관심이 없다 ④ 전혀 관심이 없다 중에서 선택하였다. 광복 60주년 조사에서는 45.5%가 관심이 있다(①+②)로 응답한 반면 광복 70주년 조사에서는 33.7%만이 이 관심이 있다고 응답하였다.

3　정치적 효능감(political efficacy)은 개인이 한 사회 내의 정치과정에서 발휘될 수 있는 자신의 영향력 및 권위 있는 정부활동에 대한 주관적인 신념을 의미한다. 정치적 효능감은 두 가지로 분류할 수 있는데 우선 시민들이 생각하기에 정부당국이 시민들의 요구에 잘 반응하며, 시민들이 참여하면 뭔가를 성취할 수 있다는 믿음을 가져야 한다. 이를 외적 정치효능감(external political efficacy)이라 한다. 또한 시민들은 자신들이 정치 결정을 이해하고 효과적으로 기여할 수 있는 능력이 있다고 믿어야 한다. 이것은 내적 정치효능감(internal political efficacy)이다(Lassen and Serritzlew 2011). 광복 70주년 조사에서 정치적 효능감은 정부가 하는 일에 대한 개인의 영향력 여부, 정부의 개인의 의견에 대한 관심여부, 한국이 당면하고 있는 중요한 정치문제를 알고 있는지 여부, 그리고 다른 사람들이 정치와 행정에 대해 잘 알고 있는지에 대한 여부등과 같은 질문을 통해 측정되었다.

4　'소득이 공평해야 한다'는 응답보다 '노력에 따라 차이가 나야 한다'는 응답이 여전히 높은 것으로 나타났다. 하지만 소득이 공평해야 한다는 응답은 10년 전에 비해 두 배가 증가했

전히 정부가 복지에 더 책임을 져야 한다는 견해가 우세했다.[5] 그러나 과거보다는 당사자가 각자의 생계에 책임을 져야 한다는 의견이 증가하는 경향을 보였다. 또한 경쟁 자체를 긍정적으로 바라보는 견해가 여전해 우세했지만, 경쟁에 대한 부정적 견해 역시 눈에 띄게 증가하였다. 또한 사유권 보장을 옹호하는 견해는 10년 전에 비해 증가한 가운데 부의 정당성에 대해서는 긍정적 견해와 부정적 견해가 팽팽히 맞서고 있었다. 마지막으로 자본주의에 대해서는 풍부한 기회와 물질적 풍요를 떠올리는 등 긍정적 이미지가 강했으며, 대기업의 기여에 대해서도 긍정적 측면이 민간주도 경제에 대한 선호가 강했다. 요약하면 광복 70주년 시점에서의 한국인의 경제의식은 보다 '경쟁적'이었고, '민간주도'적인 자본주의에 대한 선호도가 높은 것으로 나타났다.

심층적 분석을 위해서 이 장은 우선 광복 70주년 조사 중 역대 정권의 이미지를 묻는 문항에 대한 응답분포를 분석하여 역대 정권의 국가 유형을 도출해야 한다. 분석에 사용된 문항은 "○○님께서는 ○○○ 대통령 시대는 어떤 시대라고 생각하십니까? 보기 중에서 그렇다고 생각되는 것을 있는대로 모두 말씀해 주십시오"이며 보기는 ① 자유 ② 속박 ③ 발전 ④ 퇴보이다. 여기서 정치적 차원은 자유와 속박이며, 경제적 차원은 발전과 퇴보이다. 각각의 응답을 교차시켜 우리는 네 가지의 국가 유형을 구분해 낼 수 있다. 약탈국가predatory state, 권위적 발전국가authoritarian developmental state, 절차적 민주주의 국가procedure democracy, 실질적 복지국가substantial welfare state가 그것이다.

다(광복 60주년 조사 17.0% → 광복 70주년 조사 33.6%).

[5] '정부가 복지에 대해 책임을 져야 한다'는 응답은 10년 전에 79.5%에서 현재 59.5%로 감소했지만 여전히 '당사자가 각자의 생계에 책임을 져야 한다'는 응답은 10년 전에 비해 증가하였다.

이 장은 다음과 같은 순서에 따른다. 우선 다음 절에서는 광복 70주년 국민인식조사에서 나타난 열 개의 역대 정권의 이미지를 자세히 탐색한다. 3절에서는 역대 정권의 이미지가 정당지지와 거주지 그리고 연령에 따라 어떻게 다르게 나타나는지를 분석하고 그 함의를 제시한다. 4절에서는 광복 70주년 조사 결과를 과거조사 결과와 비교하여 역대정권의 이미지 변화가 어디에서 두드러지는지, 그 함의는 무엇인지 분석한다. 5절에서는 광복 60주년과 70주년의 조사결과에서 박정희, 김대중, 노무현 시대 세 시대의 세대 코호트 자료의 분석을 실시하여, 각 코호트가 세 시대를 어떻게 인식하고 있는지 살펴본다. 마지막 절은 결론이다.

Ⅱ. 총론 : 역대 정권 이미지를 통해 본 한국 국가유형의 변화

이 절에서는 역대 정권에 대한 이미지를 통해 나타난 국가유형과 그 변화를 살펴본다. 앞서 밝힌대로 광복 70주년 조사에서는 조사 대상자에게 역대 정권이 자유, 속박, 발전. 퇴보 중 어떠한 이미지를 갖고 있는지 응답하게 했다. 자유와 속박은 정치적 차원에서의 긍정과 부정의 이미지, 발전과 퇴보는 경제적 차원에서의 긍정과 부정의 이미지이다. 자유-속박의 정치적 차원과 발전-퇴보의 경제적 차원을 교차하면, 4개의 국가 유형, 즉 약탈국가, 권위적 발전국가, 절차적 민주주의 국가, 실질적 복지국가로 구분할 수 있다.

표 1은 정치적 차원과 경제적 차원의 이미지 응답을 통해 구분할 수 있는 국가 유형을 보여주고 있다. 표 1에서 보여주는 부호(+,-)는 자유 또는 발전이라고 응답한 긍정적 응답의 비율과 속박 또는 퇴보라고 응답한 부정적 응답의 비율을 계산한 후 긍정적 응답률에서 부정적 응답률을 뺀 순(net) 평가율의 부호이다.

경제적 차원		정치적 차원	
		속박	자유
	발전	권위주의적 발전국가(-,+)	실질적 복지국가(+,+)
	퇴보	약탈국가(-,-)	절차적 민주주의 국가(+,-)

* 주: 괄호 안 부호는 긍정적 응답률(자유, 발전)에서 부정적 응답률(퇴보, 속박)을 뺀 순평
가율의 부호를 의미함.

예를 들면, 국민들이 어떤 정권을 자유보다는 속박의 이미지로 더 높게 평가했다면 자유-속박의 순평가율의 부호는 마이너스(-)이다. 동시에 이 정권을 발전보다는 퇴보의 이미지로 평가했다면 경제적 차원에서 발전-퇴보의 순평가율은 마이너스(-)이다. 그렇다면, 이러한 이미지를 가진 역대 정권은 정치적 차원과 경제적 차원에서 모두 마이너스(-)이며, 약탈국가의 이미지로 평가할 수 있는 것이다(서울대학교 사회발전연구소 2005).

표 1에서 제시된 국가 유형 중 첫 번째 국가유형인 약탈국가는 자유-속박의 순평가율과 발전-퇴보의 순평가율이 모두 마이너스인 국가이다. 약탈국가는 정치적으로 자유를 억압하고, 국민경제의 성장을 저해하는 국가로 정의할 수 있다. 에반스(Evans 1995)는 발전국가와 상반되는 개념으로 약탈국가를 개념화했는데, 그에 의하면 약탈국가는 국민복지와 국민경제의 성장을 저해하는 약탈적 행위만을 일삼는 국가이며, 사회로부터 거대한 양의 투자 가능한 잉여를 추출하지만 그것을 경제혁신에 필요한 집합재로 공급하지 않는 국가이다. 두 번째 국가유형은 권위주의적 발전국가이다. 정치적 차원의 자유-속박의 순평가율이 마이너스(-)이지만 경제적 차원의 발전-퇴보의 순평가율은 플러스(+)인 국가라고 할 수 있다. 권위주의적 발전국가는 정치적 차원에서 국민의 자유를 억압하고 민주주의가 완전히 작동하지 못하게 하는 권위적인 경향을 띠고 있지만, 경제적 차원에서는 경제발전에 국가의 모든 역량을 투입하고, 실질적인 국민경제의 성장을 이루는 국가를 의미한다

(Johnson 1982; Amsden 1992; Evans 1995). 일반적으로 권위주의적 발전국가는 경제적 차원에서 '발전'을 강조한다. 즉, 국민의 정치적 권리는 제약하지만, 재산권과 같은 경제적 권리는 구축하고 유지할 수 있도록 하며, 이 권한이 침해당하지 않도록 한다. 또한 권위주의적 발전국가의 정부는 자율적인 시장개입을 통해 경쟁적인 민간부문을 유지할 수 있는 규칙을 채택할 수 있다(Evans 1995). 세 번째 국가유형인 절차적 민주주의 국가는 민주주의의 최소 정의, 즉, 선거경쟁이 주기적으로 공정하게 이루어지고, 그리고 형식적인 투표의 평등이 보장되는 국가(Schumpeter 1950)이지만 경제적인 발전역량은 뒤떨어지는 국가이다. 절차적 민주주의 국가에서는 사회에서 선거가 유일한 민주주의의 규칙으로 인정되고, 사회 내에서 민주적 관계가 일반화되지만(Przeworski 1991), 민주주의 발전을 지탱할 수 있을 만큼의 경제 성장을 동시에 이루지 못하고 있다. 마지막으로 실질적 복지국가는 정치적 차원과 경제적 차원의 순평가율이 모두 플러스(+)인 국가이다. 실질적 국민들의 실질적인 의사대변과 참여를 통해 민주적인 정치과정을 만들어내며, 경제적으로는 더 높은 생산성을 올리면서 발전을 지속하여, 가능한 전체국민을 포괄하여 이들에게 보다 높은 수준의 물질적인 복지를 제공하는 국가이다.

표 2는 광복 70주년 조사에서 나타난 역대정권에 대한 자유, 속박, 발전, 퇴보의 응답률, 자유-속박, 발전-퇴보의 순평가율 그리고 순평가율에 부호에 따라 구분한 역대 정권의 국가유형을 보여준다.

표 2에서 도출할 수 있는 함의는 다음과 같다. 첫째, 광복 이후 처음으로 등장했던 이승만 시대(1948~1960), 그리고 4·19 혁명 이후의 장면 시대(1960~1961)는 정치적 속박과 경제적 퇴보라는 부정적 이미지가 긍정적 이미지인 정치적 자유와 경제적 발전의 이미지를 압도하였다.

그 결과 두 시대는 한국인들에게 약탈국가의 이미지로 투영되고 있었다.

표 2 역대 정부 이미지(자유-속박, 발전-퇴보)의 응답률과 순평가율 그리고 국가유형

역대정권	자유	속박	발전	퇴보	자유-속박 순평가율	발전-퇴보 순평가율	국가유형
이승만 시대	30.9%	42.9%	16.9%	26.5%	-12.0	-9.6	약탈국가
장면 시대	20.1%	41.8%	15.8%	36.8%	-21.7	-21.0	약탈국가
박정희 시대	7.4%	45.3%	82.1%	2.6%	-37.9	71.2	권위주의적 발전국가
전두환 시대	2.8%	78.1%	33.9%	13.7%	-75.3	20.8	권위주의적 발전국가
노태우 시대	20.7%	34.2%	34.2%	40.5%	-16.8	-13.5	약탈국가
김영삼 시대	38.5%	15.3%	25.6%	41.5%	23.4	-15.9	절차적 민주주의 국가
김대중 시대	58.3%	8.1%	38.7%	19.9%	50.2	18.8	실질적 복지국가
노무현 시대	70.5%	4.7%	34.5%	18.5%	65.8	16.1	실질적 복지국가
이명박 시대	28.5%	15.6%	30.4%	47.9%	12.9	-17.5	절차적 민주주의 국가
박근혜 시대	32.2%	10.9%	28.0%	48.3%	21.3	-20.3	절차적 민주주의 국가
10년 후 전망	48.0%	4.8%	62.0%	11.1%	43.2	50.9	실질적 복지국가

이승만 시대의 자유-속박의 순평가율은 −12.0, 발전-퇴보의 순평가율은 9.6이었다. 4·19 혁명을 통해 집권하고, 불과 1년여 만에 5·16 군사쿠데타로 정권을 내줬던 장면 시대에 대한 이미지는 이승만 시대보다 더 좋지 않았다. 부정적 이미지(속박 41.8%, 퇴보 36.8%)를 떠올린 응답이 긍정적 응답(자유 20.1%, 발전 15.8%)보다 더 높았으며, 이 결과 자유-속박 순평가율은

-21.7, 발전-퇴보 순평가율은 -21.0로 이승만 시대보다 정치적 차원과 경제적 차원 모두에서 평가가 더욱 나빴다.

둘째, 한국인들은 역대정권 중 가장 집권기간이 길었던 박정희 시대(1961~1979)를 권위주의적 발전국가의 이미지로 평가하고 있었다. 집권기간 동안 권위적인 통치를 통해 산업화와 초고속 경제성장을 이루어 낸 이미지가 고스란히 반영된 결과라 할 수 있다. 우선 박정희 시대가 군사쿠테타를 통해 집권하고, 유신을 통해 사회 전반에 걸친 권위적 통치가 지속된 시기였기 때문에 정치적 차원에서는 속박의 이미지가 압도적으로 높았다(자유 7.4%, 속박 45.3%, 순평가율 -37.9). 하지만 국민들은 박정희 시대에 진행된 산업화와 경제성장에 대해서는 긍정적인 이미지를 떠올렸다(발전 82.1%, 퇴보 2.6%, 순평가율 71.2). 박정희 시대에 평가에는 '초고속 압축성장'으로 요약되는 경제적 차원에 대한 긍정적 평가와 유신으로 대표되는 독재의 그늘에 대한 부정적 평가가 여전히 공존하고 있음을 알 수 있다(백낙청 2005).

셋째, 한국인들은 박정희 시대를 이은 전두환 시대(1980~1988) 역시 권위주의적 발전국가로 인식하고 있었다. 정치적 차원의 부정적 응답인 '속박'으로 응답한 사람의 비율(78.1%)이 긍정적 응답인 '자유'의 이미지로 응답한 비율(2.8%)보다 압도적으로 높았고, 이 결과 자유-속박의 순평가율이 무려 -75.3이었다. 경제적 차원에서는 발전의 이미지를 떠올린 응답(33.9%)이 퇴보의 이미지로 응답한 비율(15.9%)보다 높았으며, 발전-퇴보의 순평가율은 20.8이었다. 요컨대 전두환 시대 역시 박정희 시대처럼 자유를 제약하는 철권통치의 이미지와 발전주의적 경제성장의 이미지를 함께 갖고 있음을 알 수 있다. 그러나 조사결과를 심층적으로 살펴보면 박정희 시대와 전두환 시대의 차이점을 발견할 수 있다. 박정희 시대에는 경제적 측면(발전-퇴보)에 대한 긍정적 평가가 압도적이었던 반면, 전두환 시대는 정치적 측면(자유-속박)의 부정적 평가가 압도적이었다. 이를 통해 한국인들은 전두환 시대를 박정희 시대보다 정치적 자유를 제약했고, 경제적 발전역량은 그보다 뒤떨어진 시대라고 평가하고 있다는 것을 알 수 있다(안병만 1998).

넷째, 민주화 이후 처음으로 등장한 정권이지만 전두환 시대의 권위주의적 유산을 이어받은 노태우 시대(1988~1992)의 이미지는 한국인에게 약탈 국가로 투영되었다. 속박(34.2%)과 퇴보(40.5%)라는 부정적 이미지가 자유(20.7%)와 발전(34.2%)의 긍정적 이미지보다 모두 높았고 순평가율은 자유-속박 −16.8, 발전-퇴보 −13.5였다. 주지하다시피 노태우 대통령은 1987년 한국의 민주화 직후에 민주적 선거로 당선된 대통령이다. 1988년 올림픽 등을 계기로 이전 시대인 전두환 시대보다 정치적 자유가 확산된 시대이며, 경제성장도 어느 정도 이루어진 시대이기 때문에(강원택 2012), 노태우 시대를 과거의 이승만, 장면 시대와 같은 유형으로 구분하기는 매우 어렵다.[6]

다섯째, 민주화 이후 최초의 문민정부를 표방하고 등장한 김영삼 시대(1993~1998)는 자유의 이미지로 평가하는 비율이 높은 것으로 조사되었다(자유 38.5%, 속박 15.3%, 자유-속박 순평가율 23.4). 그러나 경제적으로는 퇴보의 이미지를 떠올리는 부정적 평가가 더 높게 나타나서(발전 25.6%, 퇴보 41.5%, 발전-퇴보 순평가율 −15.9), 결과적으로는 절차적 민주주의 국가로 인식되고 있었다. 이 시대는 1961년 이후 최초의 문민정부라는 점, 그리고 금융실명제 등 사회 전반에 대한 개혁정책이 추진된 시대라는 점에서 정치적 차원에 대한 긍정적 평가가 높았던 것으로 추론할 수 있다. 그러나 사회 전반에 대한 개혁과 민주주의의 발전에도 불구하고, 1997년 외환위기의 충격

---

6 흥미롭게도 노태우 시대는 정치발전이나 경제성장등에서 쿠데타를 통해 정권을 잡은 박정희, 전두환 시대보다 국민들에게 매우 낮은 평가를 받고 있는 것으로 나타났다. 이는 노태우 대통령이 권위주의 정권의 일원이고, 불법 비자금 사태로 처벌된 이미지와 함께 유약하고 소극적인 리더십에 기인하는 것으로 보인다(강원택 2012).

적 경험이 한국인들의 뇌리에 각인되어 있었기 때문에(김형준 2007), 경제적 차원에서 퇴보의 이미지가 더 높게 평가되고 있는 것이라 해석할 수 있다.

여섯째, 2015년 한국인들은 민주화 시대 이후 최초로 정권교체를 이룬 김대중 시대(1998~2003)와 이어진 노무현 시대(2003~2008)는 정치적으로는 민주주의가 신장되고, 경제적으로도 발전역량이 높은 시대로 평가했다. 즉, 한국인들은 김대중 시대 이후부터 한국이 실질적 복지국가의 시기로 진입한 것으로 평가한 것이다. 우선 김대중 시대를 자유의 이미지로 평가한 응답은 58.3%로 속박의 이미지로 평가한 8.1%보다 월등하게 높았다(순평가율 50.2). 또한 발전의 이미지로 평가한 비율은 38.7%로 퇴보의 이미지로 평가한 19.9%보다 높았다(순평가율 18.8). 정치적 측면에서는 평화적 정권교체가 이루어지면서 민주주의의 공고화가 급속히 진행한 시대였음을 반증하고 있으며, 경제적 측면에서도 1997년 외환위기의 상황을 사회전반에 걸친 개혁을 통해서 비교적 빠르게 성장국면으로 진입시킨 측면 등이 평가빋은 것으로 보인다. 뒤를 이은 노무현 시대 역시 김대중 시대와 마찬가지로 자유와 발전의 이미지로 평가하는 응답이 속박과 퇴보의 이미지로 평가하는 응답보다 높았다. 특히 노무현 시대를 자유의 이미지로 보는 응답이 70.5%로 속박의 이미지로 보는 응답 4.7%에 비해 압도적으로 높았다(순평가율 65.8). 반면 경제적 차원에서 발전으로 평가한 응답은 34.6%, 퇴보로 평가한 응답은 18.5%(순평가율 16.1)로 정치적 차원의 긍정적 평가만큼 압도적이지는 않았다. 노무현 시대는 노무현 대통령 자신이 국민경선이라는 민주적 원칙을 통해 대통령 후보가 되고, 집권 당시 여소야대 국면에서의 탄핵의 과정을 거치면서 정치적 자유와 탈권위주의를 강조하는 행보를 자주 보여주었기 때문에(정해구 2005), 이 시대를 자유의 이미지로 떠올린 국민이 많았다. 그렇지만 이 시대를 거치면서 신자유주의적 정책이 광범위하게 실시되고, 이 결과 사회 양극화가 심화되었기 때문에(유종일 2007), 경제적 차원의 평가는 정치적 차원의 평가보다는 낮은 결과를 보인 것으로 추론할 수 있다. 요컨대, 한국인들은 김대중, 노무현 시대를 한국에서 민주주의가 성공적으로 안착된 시대로 인식하고 있으며, 경제적으로 아주 부정적이지 않았던 시기로 평가하고 있는 것으로 보인다.

일곱째, 최근의 보수정권 시대인 이명박 시대(2008~2013)와 박근혜 시대(2013~2018)에 대한 이미지는 매우 흥미로운 결과를 보여주고 있다. 이명박 시대의 이미지를 자유라고 응답한 비율은 28.5%, 속박의 이미지라고 응답한 비율은 15.6%이다(순평가율 12.9). 반면, 발전의 이미지로 응답한 결과는 30.4%로 퇴보의 이미지로 본 결과는 47.9%이다(순평가율 -17.9). 경제성장을 가장 중요한 정권의 목표로 설정한 이명박 정부의 경제적 차원에서의 평가가 매우 부정적이어서 이례적이다. 주지하다시피 이명박 정부는 '국민성공시대-실천하는 경제대통령'을 슬로건으로 하여, 747 정책[7] 공약을 통해 침체된 경제를 살리겠다는 의지를 보였다. 그러나 이명박 정부가 적극 추진한 신자유주의적 경제정책(출총제의 완전폐지, 법인세 인하, 4대강 사업 추진 등)이 실제적으로 효과적으로 실행되지 못했고(이준구 2013), 그 결과가 조사에 반영된 것으로 보인다. 박근혜 시대 역시 경제적 측면에서 평가가 부정적으로 나타났다. 자유-속박의 순평가율은 21.3으로 이명박 정부보다는 높지만 발전-퇴보의 순평가율은 -20.3으로 이명박 시대보다 조금 높은 수준으로 나타났다. 이전 시대인 이명박 시대보다 정치적 자유는 약간 신장되었지만, 발전역량은 매우 후퇴하였다는 것으로 해석할 수 있다. 이는 박근혜 정권 초기 한국경제에 대한 부정적 전망이 계속되었고, 박근혜 정부의 경제수행 능력 역시 집권 4년차에 들어선 시점에서 기대만큼 부응하지 못했다(정한울 2016)

───────

7   이명박 대통령은 2007년 대통령 후보시절 경제성장을 위한 747 공약을 내세워 집권에 성공하였는데 747은 연 7% 성장, 국민소득 4만달러, 7대강국 진입을 의미한다(임경석 2012).

는 것을 의미한다.

마지막으로, 한국인들은 10년 후인 2025년에는 실질적 복지국가로 진입할 것이라고 전망하고 있었다. 10년 후 대한민국의 이미지를 발전(62.0%)과 자유(48.0%)로 보는 긍정적 응답이 퇴보(11.1%), 속박(4.8%)으로 보는 부정적 응답을 월등히 앞섰다. 현재의 한국인들은 미래가 지금보다는 더 나아질 것이라는 긍정적인 전망을 하고 있는 것이다.

요약하면, 한국인들은 지난 70년 동안 등장한 열 개의 역대정권들에 대해 다양하게 평가하고 있고, 이 평가에는 지난 70년 간 한국인이 겪은 정치, 경제, 사회의 부침浮沈을 반영하고 있음을 알 수 있다. 특히 역대 정권의 이미지를 통해 한국의 국가 유형은 약탈국가에서 권위주의적 발전국가로, 그리고 다시 절차적 민주주의 국가에서 실질적 복지국가로 긍정적 방향으로 발전하고 있다는 것이다. 무엇보다도 중요한 점은 민주화 이후의 국가 유형은 절차적 민주주의 국가에서 실질적 복지국가의 경계에 위치하고 있으며, 권위주의적 발전국가나 약탈국가로의 후퇴는 일어나지 않았다는 것이다. 현재의 한국인들은 미래의 한국 국가유형이 민주주의와 발전역량이 결합된 실질적 복지국가로 변화할 것이라는 희망을 품고 있는 것이다.

Ⅲ. 정당지지, 거주지, 연령별에 따른 역대정권 이미지

이 절에서는 광복 70주년 국민인식 조사에서 나타난 역대정권 이미지가 지지정당별, 거주지별 그리고 연령별로 어떻게 다르게 나타나는지 분석한다. 여기에서는 박정희, 김영삼, 김대중, 노무현, 이명박, 박근혜 시대의 여섯 정권을 대상으로 살펴본다.[8] 우선 지지정당별로 어떻게 다르게 나타나는

---

8 이승만, 장면 시대는 실질적으로 경험한 세대가 많지 않고, 전두환, 노태우 시대는 박정희

지 살펴보자. 조사에서는 새누리당, 새정치민주연합(현 더불어민주당), 정의당, 기타정당, 그리고 무당파층으로 구분되었지만, 여기에서는 응답률이 낮았던 정의당과 기타정당을 제외하고 새누리당, 새정치민주연합, 그리고 무당파층만을 보기로 한다. 표 3은 역대 여섯 정권의 지지정당별 자유, 속박, 발전, 퇴보의 응답률을 보여주고 있다.

표 3 지지정당별 역대정권 이미지

역대정부	지지정당	정치적 차원		경제적 차원	
		자유	속박	발전	퇴보
박정희	새누리당	10.3%	38.2%	89.1%	0.8%
	새정치민주연합	8.5%	60.5%	72.6%	4.5%
	무당파	4.6%	42.6%	81.9%	2.8%
김영삼	새누리당	42.3%	12.0%	29.0%	40.1%
	새정치민주연합	38.1%	16.1%	28.3%	40.8%
	무당파	36.2%	17.9%	21.7%	41.6%
김대중	새누리당	48.5%	9.5%	33.4%	31.5%
	새정치민주연합	69.1%	4.5%	49.8%	9.0%
	무당파	61.2%	9.4%	37.0%	15.3%
노무현	새누리당	61.8%	7.5%	29.2%	29.5%
	새정치민주연합	75.8%	2.2%	43.9%	10.8%
	무당파	75.5%	2.8%	33.7%	13.0%
이명박	새누리당	30.6%	13.6%	43.7%	37.3%
	새정치민주연합	26.9%	21.1%	22.4%	52.9%
	무당파	28.1%	15.1%	24.0%	52.8%
박근혜	새누리당	38.4%	6.4%	47.9%	27.9%
	새정치민주연합	26.9%	15.7%	15.7%	66.8%
	무당파	30.1%	12.8%	18.1%	54.3%

시대의 특성과 비슷하기 때문에 분석에서 제외하였다.

일반적으로 유권자가 지지하는 정당 소속의 대통령에 대해서는 긍정적 평가가 높고, 지지하지 않는 정당 소속일 때 부정적 평가가 높을 것이라는 예측을 할 수 있다(조성대 외 2010). 즉, 현재 새누리당 지지층(보수정당 지지층)은 박정희, 김영삼, 이명박, 박근혜 정부에 대한 긍정적 평가가 높을 것이고, 새정치민주연합 지지층은 김대중, 노무현 정부에 대해 긍정적 평가가 높을 것이다. 광복 70주년의 조사 결과는 이러한 예측과 거의 일치한다. 새누리당 지지층은 김대중, 노무현 시대의 부정적 평가가 새정치민주연합 지지층보다 전반적으로 높았고, 반대로 새정치민주연합 지지층은 박정희, 김영삼, 이명박, 박근혜 정부에 부정적인 평가가 새누리당보다 전반적으로 높았다. 무당파층은 새누리당 지지층과 새정치민주연합 지지층의 중간정도의 수준을 보이고 있다.

흥미로운 점은 이명박, 박근혜 시대에 대한 경제적 차원(발전과 퇴보)의 평가가 지지정당에 따라 극단적으로 상반된 평가를 하고 있다는 것이다. 이명박 시대의 경우 새누리당 지지층은 43.7%가 발전의 이미지를 떠올린 반면, 새정치민주연합 지지층은 22.4%만이 발전을 떠올리고 있어 지지정당에 따라 20% 포인트 넘게 차이가 나고 있다. 퇴보의 이미지에 대한 응답 역시 새누리당 지지층이 37.3%인 반면 새정치민주연합 지지층은 52.9%로 약 15% 포인트가 높았다.

박근혜 시대의 경우에는 이 차이가 더욱 두드러지는데, 새누리당 지지층에서 47.9%가 발전의 이미지를 떠올렸지만, 새정치민주연합 지지층에서는 단지 15.7%만이 발전의 이미지를 떠올렸다. 반면 퇴보의 이미지로 평가한 응답은 새누리당 지지층이 27.9%였지만, 새정치민주연합 지지층은 두 배 이상인 66.8%였다. 이 결과 새누리당 지지층의 이명박 시대와 박근혜 시대의 발전-퇴보의 순평가율은 각각 6.4, 20.0으로 긍정적 평가가 더 높은 반면, 새정치민주연합 지지층에서는 각각 −31.9, −51.1로 부정적 평가가 더 높았다. 이는 최근의 한국 사회에서 보수와 진보 간 이념 갈등이 매우 심각하게 전개되고 있음을 보여준다.

다음으로 연령별로 역대 정권의 이미지가 어떻게 다르게 나타나고 있는지 살펴보자. 표 4는 20대부터 60대 이상까지 다섯 세대가 평가한 여섯 정권의 이미지를 보여주고 있다. 세대균열 가설에 따르면 연령대가 높을수록 보수정권에 대한 긍정적 평가가 높고, 부정적 평가는 낮을 것임을 예측할 수 있으며, 반대로 진보정권에 대해서는 연령대가 낮을수록 긍정적 평가가 높고, 부정적 평가가 낮다고 예측할 수 있는데(노환희 외 2013), 광복 70주년 조사에서도 이 같은 세대균열 가설을 지지하는 결과를 보여주고 있다.

표 4의 결과에서 도출되는 함의는 다음과 같다. 첫째, 박정희 시대를 자유의 이미지로 평가한 비율은 모든 연령대에서 낮게 나타났다. 그러나 연령이 높아질수록 자유의 이미지로 평가하는 비율이 소폭이지만 증가하고 있다(20대 4.4% → 60대 10.3%). 또한 박정희 시대를 속박의 이미지로 평가한 비율의 연령별 차이 역시 크게 나타난다. 20대는 53.3%가 속박의 이미지를 떠올린 반면 60대 이상에서는 15%포인트 이상 낮은 37.9%로 매우 큰 차이를 보이고 있다. 박정희 시대의 발전과 퇴보의 이미지 분포도 연령별로 두드러지게 다른 결과를 보여준다. 박정희 시대에 진행된 급속한 산업화와 경제성장의 이미지에 따라 모든 응답자가 압도적으로 발전의 이미지로 평가하고 있지만, 20대와 60대 이상을 비교하였을 때는 비록 소폭이지만 그 차이가 드러난다(발전 20대 79.4%, 60대 83.5%).

둘째, 김영삼 시대는 전 연령층에서 속박 혹은 퇴보라는 부정적 이미지로 평가하는 비율이 긍정적 이미지로 평가하는 비율보다 높게 나타났다. 이 시대는 세대균열 가설이 정확히 들어맞지는 않는다. 다만 40대와 50대 층에서 퇴보의 이미지로 평가하는 비율이 다른 연령층보다 약간 높다는 것이 특징적이다(40대 41.6%, 50대 44.9%).

표 4 연령별 역대정권의 이미지

역대정부	연령	정치적 차원		경제적 차원	
		자유	속박	발전	퇴보
박정희	20대	4.4%	53.3%	79.4%	1.3%
	30대	5.4%	47.8%	80.6%	2.0%
	40대	7.9%	43.5%	82.2%	3.3%
	50대	8.2%	45.9%	84.2%	2.7%
	60대	10.3%	37.9%	83.5%	3.9%
김영삼	20대	19.4%	36.7%	22.2%	37.8%
	30대	19.9%	37.1%	22.0%	37.6%
	40대	21.5%	37.4%	18.7%	41.6%
	50대	21.4%	31.6%	25.5%	44.9%
	60대	21.0%	29.0%	29.5%	40.2%
김대중	20대	61.1%	7.8%	37.2%	17.8%
	30대	61.8%	10.8%	36.6%	15.6%
	40대	58.9%	8.4%	40.7%	19.6%
	50대	56.1%	7.1%	41.3%	20.4%
	60대	54.5%	6.7%	37.5%	25.0%
노무현	20대	73.3%	4.4%	33.3%	11.1%
	30대	73.1%	4.8%	36.6%	17.7%
	40대	74.3%	3.7%	36.9%	17.8%
	50대	67.9%	4.6%	35.7%	20.4%
	60대	64.7%	5.8%	30.8%	24.1%
이명박	20대	29.4%	15.0%	28.3%	45.6%
	30대	28.6%	21.0%	27.4%	48.4%
	40대	28.5%	14.5%	29.0%	51.4%
	50대	26.3%	13.3%	28.6%	52.0%
	60대	29.5%	14.7%	37.5%	42.4%
박근혜	20대	28.9%	16.1%	18.3%	57.2%
	30대	28.0%	11.8%	21.5%	53.8%
	40대	35.5%	8.9%	24.3%	52.3%
	50대	35.2%	9.2%	30.1%	45.3%
	60대	32.6%	9.4%	42.9%	35.3%

이는 현재 40대와 50대가 외환위기 당시에는 20대와 30대였고, 외환위기의 직접적인 충격을 고스란히 받은 세대이기 때문인 것으로 보인다.

셋째, 최초로 평화적 정권교체를 통해 등장한 김대중 시대는 자유와 발전이라는 긍정적 이미지로 평가한 응답률이 전체적으로 높았다. 특히 진보정권에 대한 세대균열 가설의 예측대로 긍정적 이미지에 대한 응답은 연령대가 낮을수록 높아지고 있었다. 반면, 속박과 퇴보라는 부정적 이미지에 대한 연령별 응답분포는 특별한 패턴을 보이지 않고 있었다.

넷째, 노무현 시대는 이전 정권인 김대중 시대와 비슷한 패턴을 보인다. 즉, 노무현 시대에 대한 긍정적 평가는 연령대가 낮을수록 높아지고 있는 것을 볼 수 있다. 특히 김대중, 노무현 두 시대는 정치적인 차원에서의 긍정적 응답률의 연령별 격차가 가장 크게 나타나고 있다는 것이 특징적이다. 김대중 시대를 자유의 이미지로 떠올린 20대는 61.1%이었지만 60대는 54.4%로 응답하고 있다. 노무현 시대의 자유의 이미지로 떠올린 20대는 73.3%였지만, 60대 이상은 이보다 10% 포인트 정도 낮은 64.7%였다.

다섯째, 이명박 시대에 대한 연령별 응답률 격차는 크게 드러나지 않았다. 그러나, 특이한 점은 이명박 시대를 발전의 이미지로 떠올린 응답이 20대부터 50대까지가 20%대이지만, 60대 이상은 37.3%로 10% 포인트 이상의 차이를 보이고 있다는 것이다.

여섯째, 박근혜 시대는 경제적 차원인 발전-퇴보의 이미지에서 세대별 균열이 매우 크게 나타났다. 60대 이상의 연령층에서는 발전의 이미지로 응답률이 42.2%, 퇴보의 이미지로 평가한 비율은 35.3%여서 순평가율은 양(+)이다. 반면 20대 연령층에서는 발전의 이미지로 떠올린 응답율이 18.3%, 퇴보를 떠올린 응답률이 57.3%로 순평가율이 음(-)이다. 30대(발전 21.5%, 퇴보 53.8%), 40대(발전 23.4%, 퇴보 52.3%), 50대(발전 30.1%, 퇴보 45.3%)에서 역시 부정적 평가가 더 높았다.

다음으로 역대정권의 이미지가 거주지에 따라 어떻게 다르게 나타나고 있는지 살펴보자. 표 5는 전국 6대 권역 중 강원과 제주를 제외한 네 지역(수도권, 영남, 호남, 충청)에서의 역대정권 이미지를 보여주고 있다.[9] 우선 박정희 시대를 평가하는데 있어서 두드러진 점은 뚜렷한 지역 균열 현상이 드러나지 않고 있다는 것이다. 다만 박정희 전 대통령의 고향인 영남에서 자유의 이미지로 평가한 응답률이 다른 지역보다 다소 높았음을 알 수 있다. 그러나 박정희 정권을 제외한 다섯 정권에 대한 평가를 거주지별로 살펴보았을 때, 오래전부터 지속되어온 영남과 호남 간 균열 현상이 여전히 뚜렷하게 드러나고 있었다. 이 중 영호남 간 지역균열이 가장 두드러지게 나타나는 시대는 김대중 시대와 박근혜 시대이다. 김대중 시대를 퇴보의 이미지로 떠올린 사람들은 영남에서 가장 많았고(26.5%), 호남에서 가장 적었다(3.0%). 반면, 이 시대를 자유의 이미지로 떠올린 응답은 영남에서 가장 적었고(42.3%), 호남에서는 가장 많았으며(91.1%), 그 격차도 50% 포인트에 육박했다. 박근혜 시대에 대한 평가 역시 마찬가지다. 이 시대를 속박의 이미지로 떠올린 응답은 영남이 불과 7.7%였는데 반해 호남은 30.7%로 나타났다. 퇴보에 대한 이미지 역시 영남에서는 30.4%인 것에 반해 호남은 74.3%였고, 그 격차도 매우 컸다. 조사 결과만을 통해서 볼 때, 한국에서 지역균열은 김대중 시대나 현재의 박근혜 시대까지 변화하지 않고 있으며 오히려 확대되고 있는 것으로 보인다.

요컨대, 지지정당, 연령, 거주지별로 분석한 결과 여전히 이념, 연령, 지역이라는 핵심균열이 뚜렷하게 드러나고 있다는 것을 알 수 있다. 더불어 이 균열들은 과거 정권(박정희, 김영삼)보다는 최근의 진보정권(김대중, 노무현)과 보수정권(이명박, 박근혜) 평가에 더 크게 투영되고 있음을 알 수 있다.

---

9 거주지별 분석에서는 강원도와 제주도에 거주하는 사람들을 편의상 제외하였다. 인구분포별로 조사인원을 포함하였기에 강원도는 전체조사인원 1000명 중 3%(30명)이며, 제주도는 1.2%(12명)이기 때문이다.

표 5 거주지별 역대정권 이미지

역대정부	지역	정치적 차원		경제적 차원	
		자유	속박	발전	퇴보
박정희	수도권	3.4%	49.6%	78.5%	3.9%
	영남	13.1%	41.9%	86.5%	3.3%
	호남	9.9%	44.6%	82.2%	2.0%
	충청	8.7%	27.2%	86.4%	2.7%
김영삼	수도권	17.2%	38.9%	19.2%	38.1%
	영남	23.5%	10.7%	31.5%	38.8%
	호남	22.8%	29.2%	20.8%	38.6%
	충청	31.1%	42.6%	29.1%	45.6%
김대중	수도권	60.7%	7.1%	34.2%	18.2%
	영남	42.3%	15.4%	36.5%	26.5%
	호남	91.1%	0.1%	51.5%	3.0%
	충청	52.4%	3.9%	47.6%	18.4%
노무현	수도권	70.6%	2.6%	33.0%	18.6%
	영남	63.5%	9.6%	36.2%	19.6%
	호남	87.1%	5.0%	36.6%	5.9%
	충청	72.8%	3.9%	27.2%	22.3%
이명박	수도권	28.7%	11.9%	34.4%	44.3%
	영남	31.9%	18.5%	31.5%	43.5%
	호남	18.8%	24.8%	17.8%	60.4%
	충청	26.2%	12.6%	26.2%	51.5%
박근혜	수도권	33.2%	8.3%	25.9%	48.2%
	영남	37.7%	7.7%	43.1%	30.4%
	호남	15.8%	30.7%	6.9%	74.3%
	충청	29.1%	5.8%	20.4%	61.2%

Ⅳ. 역대정권의 이미지 변화: 과거조사와의 비교

이 절에서는 1995년 실시된 광복 50주년 조사와 2005년 실시된 광복 60주년 조사, 그리고 2015년 실시된 광복 70주년 조사에서 나타난 역대정권 이미지에 대한 결과를 비교하여, 20년 전과 10년 전 그리고, 현재의 한국인들이 생각하고 있는 역대 정권의 이미지의 변화를 살펴보고자 한다. 그리고 이 변화는 어디에서 비롯되는지 추론해보고자 한다.

광복 50주년과 60주년 조사에는 광복 70주년 조사와 동일하게 정치적 차원과 경제적 차원에서 역대정권의 이미지에 대해 묻는 문항이 포함되어 있다.[10] 광복 50주년 조사에서는 김영삼 시대까지의 조사결과가 포함되어 있고, 광복 60주년 조사에서는 노무현 시대까지의 조사결과가 포함되었다. 과거 두 조사와 광복 70주년 조사의 역대정권 이미지를 비교해 보면 광복 이후 한국의 국가가 어떤 경로를 통해 발전되어 왔는지를 추론할 수 있다. 세 조사의 결과에서 우리가 추론할 수 있는 점은 다음과 같다. 우선 한국인들은 국가형성의 초기 혼란기였던 이승만, 장면 시대의 '약탈국가'에서 출발해 박정희, 전두환 시대의 '권위주의적 발전국가' 시기, 그리고 정치적 민주화는 이루었으나 발전의 역동성은 소진된 '절차적 민주주의 국가'(김영삼 시대 이후)로 이행해 왔다고 인식하고 있었다. 조사결과에서 나타난 한국인의 인식은 광복 이후 대한민국을 어떻게 보는지에 대한 '역사적 평가'라 할 수 있을 것이다(조선일보 2005. 01. 01). 그러나 비교가 가능한 가장 최근의 시대인 김대중, 노무현 시기에 대한 국민들의 평가는 매우 극적으로 변화하였다는 것 역시 보여주고 있다(서울대학교 아시아연구소 2015).

10　광복 60주년 국민인식조사에서는 정치적 차원(자유-속박)과 경제적 차원(발전-퇴보)외에도 다른 차원들 (풍요-가난, 안정-혼란의 차원)도 함께 조사되어 좀 더 다양한 국가유형을 파악할 수 있다.

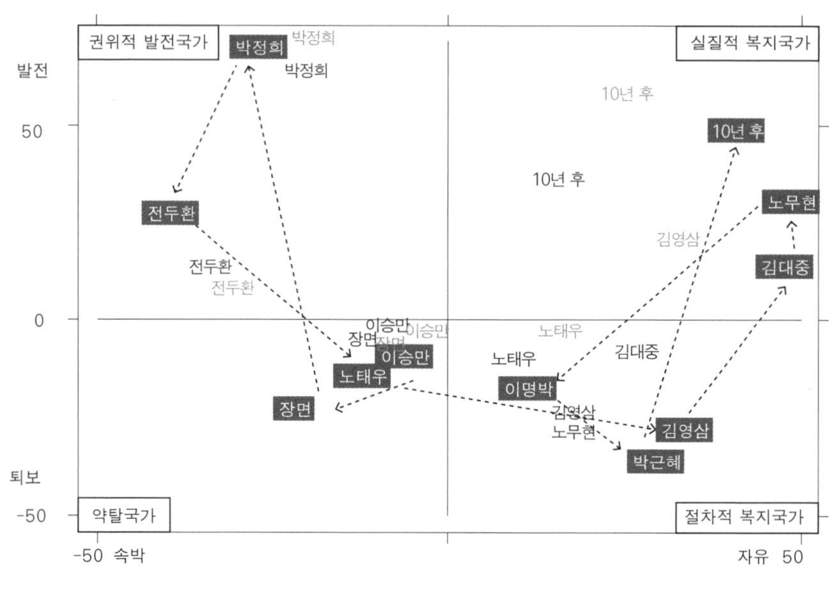

그림 1 역대 정권의 이미지 변화 (1995년, 2005년, 2015년)

그림 1은 광복 50주년 60주년, 70주년 조사에서 나타난 역대정권의 이미지가 어느 국가유형에 속하는지를 보여주고 있다. 그래프의 가로축은 정치적 차원인 자유-속박의 순평가율, 세로축은 경제적 차원인 발전-퇴보의 순평가율을 나타낸다. 자유-속박의 차원과 발전-퇴보의 차원을 교차하여 표 1에서 제시된 국가유형을 추출한 것이다. 그림 1이 제시하는 것처럼 이승만, 장면 시대는 세 조사에서 모두 약탈국가 유형으로 구분되었다. 그리고 박정희, 전두환 시대의 이미지는 세 조사에서 모두 권위주의적 발전국가의 이미지로 나타났다. 그러나 노태우 이후 시대에 대한 평가부터 과거조사와는 다르게 나타나고 있다. 우선 노태우 시대에 대해 광복 50주년과 60주년 조사의 응답자들은 발전역량은 뒤쳐져 있지만 상대적으로 자유로운 절차적 민주주의 국가 유형으로 평가했다. 그러나 광복 70주년 조사의 응답자들은 약탈

국가의 이미지로 평가하고 있다.

민주화 이후 등장한 김영삼, 김대중, 노무현 시대에 대한 이미지 역시 세 조사에서 매우 다르게 평가되고 있다. 우선 김영삼 시대를 살펴보면, 광복 50주년 조사에서는 정치적 차원과 경제적 차원에서 모두 긍정적 응답이 높았고, 따라서 그래프에서는 실질적 복지국가의 이미지로 투영되었다. 1995년은 김영삼 정부 3년차에 접어드는 시점으로, 당시 김영삼 정부의 정치개혁과 사회개혁에 대한 국민의 기대가 투영되어 있음을 알 수 있다. 그러나 광복 60주년과 70주년 조사에서는 경제적 차원의 순평가율이 마이너스(-)였고, 국가유형은 절차적 민주국가로 쇠퇴하였다. 광복 60주년 조사와 70주년 조사에서 경제적 차원의 인식이 부정적이었던 이유는 1997년 외환위기의 경험이 투영되었기 때문으로 추론할 수 있다.

진보정권 시대인 김대중 시대와 노무현 시대에 대한 평가 역시 과거조사의 결과와는 다르게 나타났다. 10년 전인 광복 60주년 조사에서 김대중 시대와 노무현 시대는 정치적으로 자유롭지만 경제적으로 퇴보한 이미지를 가지고 있는 절차적 민주주의 국가의 이미지였다. 그러나 광복 70주년 조사에서 한국인들은 이 두 시대를 정치적으로 자유롭고 경제적 발전 역량도 높았던 실질적 복지국가 시기로 평가하고 있다. 결과적으로 김영삼 시대는 과거에 투영된 이미지가 현재에 투영된 이미지보다 좋지 않은 반면, 김대중 시대와 노무현 시대는 현재에 투영된 이미지가 과거에 투영된 이미지보다 더 긍정적인 이미지로 각인되고 있는 것이다.

과거조사와의 비교를 통해 도출할 수 있는 핵심적인 특징은 조사 시점에서 집권하고 있는 정부의 평가는 다른 시대보다 부정적이라는 것이다. 광복 60주년 조사에서는 노무현 시대에 대한 평가가 부정적이었고, 광복 70주년 조사에서는 박근혜 시대에 대한 평가가 부정적이었다. 이렇듯 조사시점에 집권한 정부의 평가가 대체로 부정적인 이유는 무엇인가? 여기서는 노무현 시대와 박근혜 시대에 대한 평가를 예로 들어 당시 집권정부의 몇 가지 이유를 추론해 보고자 한다.

첫째, 2005년(광복 60주년)과 2015년(광복 70주년) 조사 시점에서의 정치적 환경과 사회경제적 상황의 변화가 역대정권 이미지에 영향을 주었을 것이다. 광복 60주년인 2005년은 노무현 정부의 집권 3년차로 임기 후반으로 들어가는 시기였고, 상대적으로 국정운영 지지도가 매우 하락한 상태였다. 또한 2004년 초반 노무현 대통령은 중립의무 및 헌법 위반을 이유로 대한민국 헌정 사상 최초로 대통령직 재임 중 탄핵 소추를 당해 대통령 직무가 정지되는 사태도 일어났다. 노무현 대통령은 탄핵 이후 실시된 17대 국회의원 총선거에서 여당인 열린우리당을 국회 과반수 의석으로 만들었지만, 2005년까지 탄핵과 대통령의 국정운영을 둘러싸고, 지역, 집단, 이념의 사회갈등이 폭발하였다. 또한 당시의 경제적 상황 역시 외환위기 이후 크게 나아지지 않은 상태였다. 구조조정의 여파로 인해 비정규직이 늘어나고, 경기침체로 인해 실업률 역시 증가하였으며, 저출산, 고령화가 심화되고 있는 상황이었다. 특히 경기침체로 인한 저성장 기조가 지속되어 2005년에는 1인당 국민소득 GDP이 8년째 2만달러 문턱을 넘지 못하던 때였다. 노무현 시대에 대한 경제적 차원에서의 부정적 평가는 이전 시대인 김대중 시대에 대한 평가에도 영향을 주었을 것이라 판단된다.

광복 70주년 조사에서 나타난 박근혜 시대에 대한 부정적 평가가 높은 이유도 비슷하게 추론할 수 있다. 2015년은 박근혜 정부 출범 3년차로 임기 후반으로 넘어가는 시기이다. 특히 2014년과 2015년에는 세월호 침몰과 메르스 사태에 부실대응, 국회와 청와대 갈등, 회전문 인사, 증세없는 복지확대를 포함한 대선 경제 공약의 실질적 파기 등의 정치적 행보는 박근혜 대통령과 여당인 새누리당의 지지도를 하락시켰다. 경제적으로도 가계부채 증가, 내수의 부진 등으로 경기 침체가 지속되었다. 총체적으로 비정규직 증

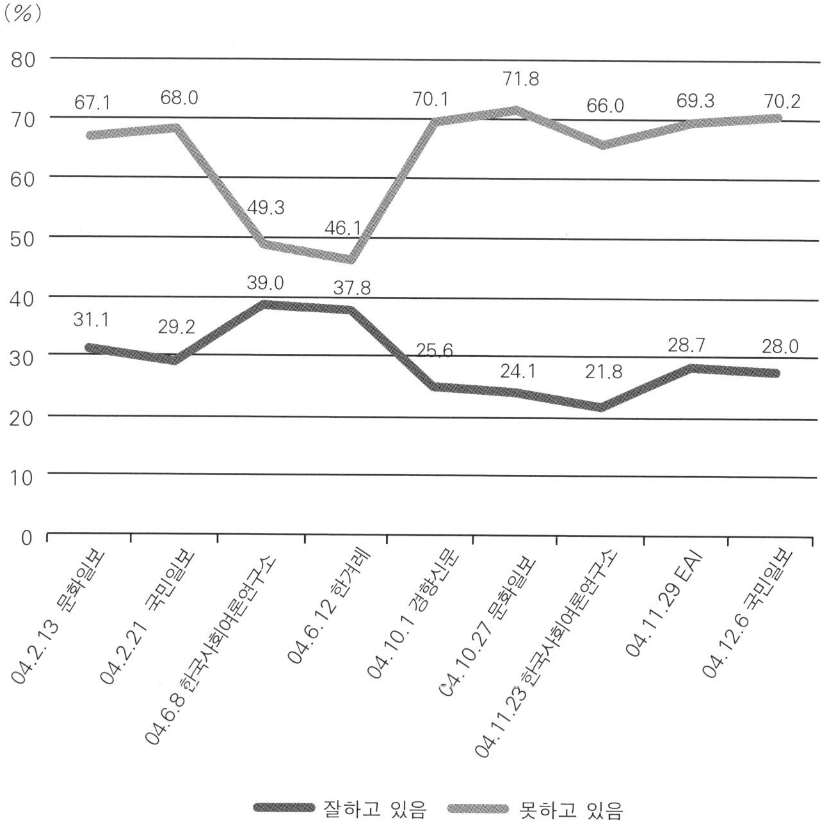

그림 2 노무현 대통령의 국정운영 지지도의 변화 추이(2004년)
자료: 다수의 언론사와 연구기관의 여론조사 결과
출처: 한국사회과학자료원 (www.kossda.or.kr)

가, 소득불평등이 악화되어 국민들의 경제적 어려움이 이전보다 심각한 것
으로 느끼고 있었다. 가계부채의 급속한 증가, 비정규직의 증가, 소득불평등
의 심화 등 실질적 복지국가로 도약하기 위해서 해결해야 할 문제들에 대해
박근혜 정부가 적극적이고 효율적인 대응을 하지 못했기 때문으로 볼 수 있
다(이철희 2015; 최종호 2016).

둘째, 당시의 대통령 리더십이 제대로 발휘하지 못했기 때문이라고 추론
할 수 있다. 그림 2는 2004년에 노무현 대통령의 국정운영 지지도 조사 결

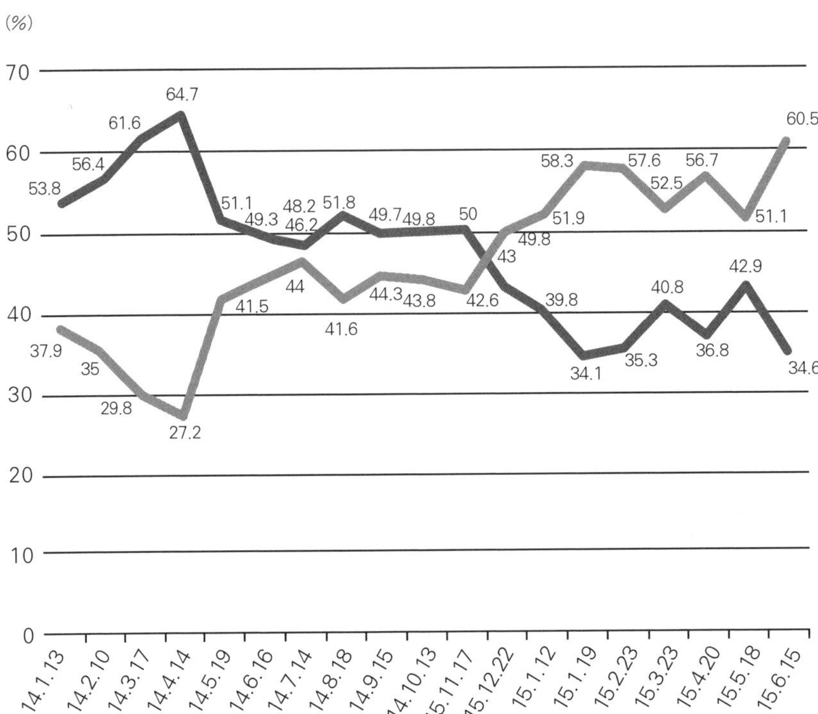

그림 3 박근혜 대통령 국정운영 지지도의 변화 추이(2014년~2015년 6월)
자료 : 리얼미터 정기 여론조사
출처 : 한국사회과학자료원(www.kossda.or.kr)

과이며, 그림 3은 2014년부터 2015년 6월까지의 박근혜 대통령의 국정운영 지지도 조사 결과이다. 그림 2에서 보듯이 2004년 내내 노무현 대통령이 국정운영을 잘하고 있다는 응답은 40%를 넘은 경우가 없다. 반면 국정운영을 못하고 있다는 응답은 거의 대부분의 조사에서 과반수이상으로 나타났다. 박근혜 대통령의 국정운영지지도를 보여주는 그림 3도 비슷하다. 집권 2년차인 2014년 초까지의 국정운영 지지도를 보면 '잘하고 있다'라는 평가가 '못하고 있다'라는 평가보다 높았다. 그러나 2014년 11월을 기점으로 부정적 응답이 더 높아졌다. 집권 2년차에 일어난 세월호 침몰 사건, 메르스 사

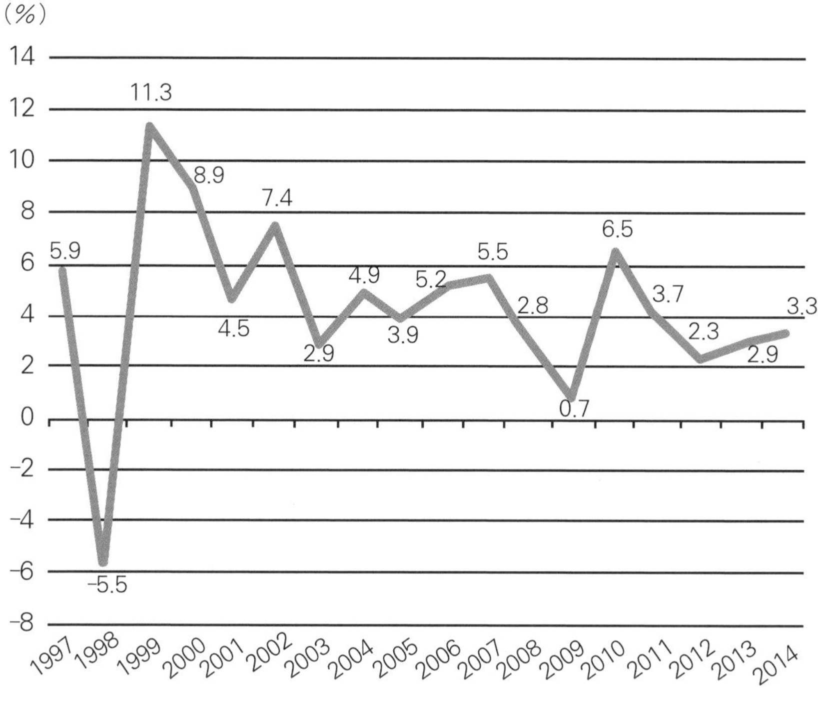

그림 4 한국의 경제성장률 변화 추이(1997~2014)
출처 : 통계청(kosis.kr)

태의 부실대응, 독단적 국정운영 등이 부정적 응답의 증가에 영향을 준 것으로 추론할 수 있다.

셋째, 광복 60주년과 70주년 시점 과거보다 훨씬 민주화된 사회이고, 따라서 국민은 사회에 민주적 원칙에 익숙해졌고, 경제적 상황이 나아지지 않는 상황에서 당시 집권하고 있던 정부의 경제성과에 대한 불만이 민주적으로 표출된 결과라고 할 수 있다. 노무현 시대의 한국인들은 민주주의가 우리동네의 유일한 게임only game in town된 사회라는 것을 인식하고 있었다(Przeworski 1991). 그러나 한국은 경기 침체의 고전을 면치 못하고 있는 상황이었다. 특히 노무현 정부는 당시 세계화의 급속한 확산으로 인해 나타난 사회양극화의 심화에 대해 효율적인 대책을 제시하지 못했다. 오히려 세계적으로 진행된 신자유주의 흐름에 적극적으로 동참하면서 경제의 안정적 성장을 이루고자 하였지만 발전국가 시기와 같은 높은 경제성장은 불가능한 시대에 접어들었다. 그림 4는 1997년 이후 2015년까지의 한국의 경제성장률의 추이를 보여준다. 노무현 시대인 2005년 이후에 한국경제는 꾸준히 3~5%정도의 성장률을 유지했지만, 과거의 고도성장기보다는 매우 낮은 성장률이었고 따라서 노무현 정부의 경제성과에 대해 부정적 평가가 높을 수밖에 없었다.

이명박 시대에 대한 경제적 차원의 평가 역시 부정적이었다. 이명박 정부는 경제성장에 집중하면서 친기업business friendly 정책을 통한 낙수효과trickle down를 주창하며 경제성장에 의지를 보였고 국민들도 이를 기대하며 지지를 보여주었다(최종호 외 2013). 그러나 이 시대의 오히려 경제성과는 노무현 시대보다 더 좋지 않았고, 사회 양극화가 더 심화되었다. 박근혜 시대에 대한 경제적 평가 역시 부정적인 이유도 앞선 두 시대(김대중, 노무현)의 경제성과보다 낮기 때문으로 추론할 수 있다.

넷째, 조사시점 당시(2005년과 2015년)에 자유 혹은 민주주의 수준이 좋지 않은 수준이었기 때문에 실제로 이러한 인식이 국민에게 투영되었을 수도 있다. 표 6은 2006년 이후에 측정된 한국의 민주주의 지수의 변화 추이를 보여주고 있다.[11]

11　민주주의 지수는 2006년부터 영국의 이코노미스트(Economist)지가 전 세계 167개국을 대상으로 각 국가의 민주주의 수준을 선거과정, 정부기능, 정치참여, 정치문화, 시민자유 등 5개 부분으로 나누어 측정한 지수이다. 2006년부터 2010년까지는 매 2년마다, 2011년부터 현재까지는 매년 조사가 이루어지고 있다.

표 6 한국의 민주주의 지수의 변화(2006~2015)

연도	순위	총점	선거 과정	정부 기능	정치 참여	정치 문화	시민 자유	정권 속성
2006	31	7.88	9.58	7.14	7.22	7.50	7.94	결함있는 민주주의
2008	28	8.01	9.58	7.50	7.22	7.50	8.24	완전한 민주주의
2010	20	8.11	9.17	7.86	7.22	7.50	8.82	완전한 민주주의
2011	22	8.06	9.17	7.86	7.22	7.50	8.53	완전한 민주주의
2012	20	8.13	9.17	8.21	7.22	7.50	8.53	완전한 민주주의
2013	21	8.06	9.17	7.86	7.22	7.50	8.53	완전한 민주주의
2014	21	8.06	9.17	7.86	7.22	7.50	8.53	완전한 민주주의
2015	22	7.97	8.75	7.86	7.22	7.50	8.53	결함있는 민주주의

출처 : Economist Intelligence Unit. 각년도.

민주주의 지수democracy index는 전 세계 167개 국가를 대상으로 선거과정, 정부기능, 정치참여, 정지문화 시민자유의 점수를 측정하여(10점 만점), 완전한 민주주의(총점 8.0 이상), 결함있는 민주주의(총점 6.0 이상), 권위주의와 민주주의의 혼합형(총점 4.0 이상), 권위주의(총점 4.0 이하)로 정권의 속성을 구분한다.

한국은 2006년 조사 시점에서는 결함있는 민주주의 국가flawed democracy로 시작했지만 2008년 완전한 민주주의 국가Full Democracy로 진입한 이후 2014년까지 이 지위를 유지했다. 그러나 2015년에 한국은 정권 속성 분류에서 최상위 그룹인 완전한 민주주의 국가 그룹에서 밀려나 결함있는 민주주의 국가로 쇠퇴하였다(Economist Intelligence Unit 2016). 광복 60주년 직후인 2006년에 결함있는 민주주의 국가의 지위였고, 2015년에도 결함있는 민주주의 국가였다는 것이 노무현 시대와 박근혜 시대의 부정적 평가가 투영되었을 가능성도 없지 않을 것이다.

Ⅴ. 박정희, 김대중, 노무현 시대의 코호트 분석

이 절에서는 광복 60주년 조사와 광복 70주년 조사에서 추출한 세대 코호트generation cohort별로 박정희, 김대중, 노무현 시대를 비교 분석한 결과를 제시한다. 코호트별 분석을 통해 각 코호트의 역대정권 인식이 10년전과 비교해 어떻게 변화했는지를 알 수 있다.

세대 코호트 분석은 광복 60주년 조사와 70주년 조사에서 10년 단위의 네 세대(코호트)의 응답결과를 비교하는 것이다. 예를 들면 2005년 광복 60주년 조사 당시 20대였던 세대(1975~1984년생)는 2015년에 30대가 되었기 때문에 광복 70주년 조사에서 응답한 30대 연령층의 조사결과와 비교하는 것이다. 조사결과에서는 네 세대 코호트를 추출할 수 있다. 네 세대 코호트는 2015년 현재 60대인 1945년부터 1954년생, 현재 50대인 1955년부터 1964년생, 현재 40대인 1965년부터 1974년생, 현재 30대인 1975년부터 1984년생이다. 네 코호트는 외환위기의 충격부터 최근의 세월호 침몰까지 최근 20년 간 일어났던 우리나라의 중요한 사건을 공유하였던 세대이기도 하다. 코호트 분석이 가능한 역대 정권은 이승만 시대부터 노무현 시대까지 이며, 여기에서는 분석이 가능한 역대 정권 중 권위주의적 발전국가의 이미지를 갖고 있는 박정희 시대와 민주화 이후인 김대중, 노무현 시대의 코호트 분석을 실시하였다. 우선 정치적 차원에서 자유-속박의 이미지의 세 정권의 코호트 분석결과(자유-속박의 순평가율)는 그림 5가 보여주고 있다. 요약하면, 광복 60주년 조사보다 광복 70주년 조사에서 박정희 시대에 대해 부정적으로 평가한 반면 김대중, 노무현 시대에 대해서는 긍정적으로 평가하고 있다는 것을 알 수 있다.

우선, 박정희 시대에 대한 평가는 전 코호트에 걸쳐 10년 전보다 자유-속박의 순평가율이 하락한 것으로 나타났다. 즉, 10년 전에 비해 박정희 시대

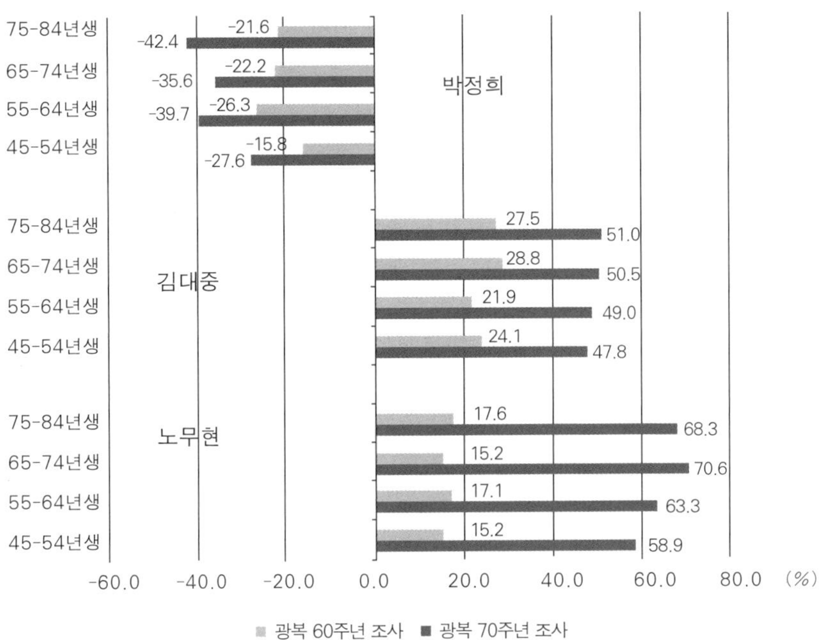

그림 5 자유-속박의 순평가율 코호트 분석(박정희, 김대중, 노무현 시대)

를 속박의 이미지로 보는 응답이 높아진 것이다. 특히 2005년 당시 20대였고 2015년 현재 30대인 1975~1984년생 코호트가 박정희 시대를 속박의 이미지로 평가하는 비율이 증가하였다. 이 시대를 좀 더 자세히 살펴보면, 전 코호트에서 이 시대를 자유의 이미지로 평가하는 비율이 소폭 증가한 것으로 나타났다. 반면, 속박의 이미지로 보는 비율은 이전 조사보다 높았다. 순평가율은 1975~1984년생 세대에서 가장 낮았고(-42.4), 1945~1954년생에서 가장 높았다(-15.8). 결과적으로 2005년 보다 박정희 시대를 평가하는데 있어서 속박의 이미지를 강하게 연상하고 있는 것으로 나타났다. 박정희 세대를 긍정적으로 평가해온 1945~1954년생도 과거에 비해 속박의 이미지로 보는 응답이 높아졌다는 것 역시 흥미로운 점이다.

김대중 시대와 노무현 시대는 전 코호트에 걸쳐 자유-속박 이미지의 순

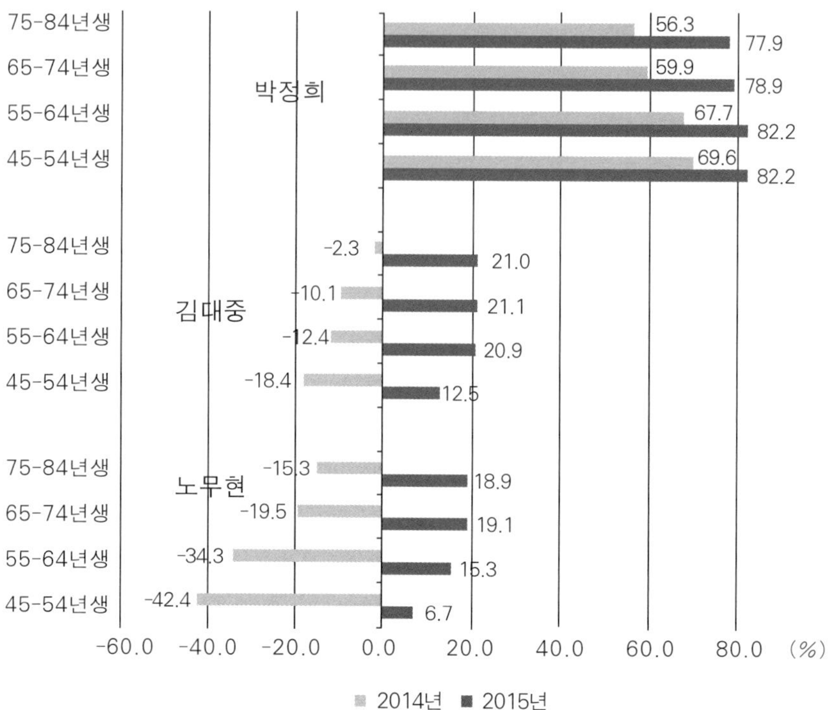

그림 6 발전-퇴보의 순 평가율 코호트 분석(박정희, 김대중, 노무현 시대)

평가율이 높아진 것으로 나타났다. 특히 노무현 시대는 김대중 시대보다 그 증가 폭이 더 컸다. 김대중 시대는 긍정적 응답비율이 더 높았지만, 광복 60주년에 비해 전 코호트에서 순평가율은 급격히 증가했다. 한편, 광복 60주년 조사에서 김대중 시대보다 낮았던 노무현 시대의 자유-속박 순평가율은 광복 70주년 조사에서는 김대중 시대보다 더 높아진 것이 특징적이다. 특히 노무현 시대에 대해 부정적 평가가 주를 이루었던 현재의 60대(1945~1954년생)의 순평가율(58.9)도 광복 70주년에는 급격히 증가하였다. 노무현 시대에 대한 정치적 차원 이미지가 극적으로 변화한 것이다.

그림 6은 박정희, 김대중, 노무현 시대에서 나타난 경제적 차원의 이미지, 즉 발전-퇴보의 순평가율을 보여준다. 우선 박정희 시대의 발전-퇴보의 순

평가율은 10년 전보다 높아졌다. 즉, 전 코호트에서 10년 전보다 박정희 시대를 발전의 이미지로 평가하고 있다는 것이다. 한편, 김대중, 노무현 시대의 발전-퇴보의 순평가율은 10년 전과 비교했을 때 극적으로 반전했다는 것을 보여준다. 그림 6에서 보듯이 10년 전에는 두 시대를 모두 발전보다는 퇴보의 이미지로 평가한 응답이 많았던 반면, 현재는 발전의 이미지를 연상하는 국민들이 급격히 늘어났다. 특히 10년 전 퇴보의 이미지로 평가한 응답이 가장 높았던 현재의 60대(1945~1954년)인 세대조차도, 광복 70주년 조사에서는 순평가율이 6.7로 발전의 이미지를 떠올리는 비율이 높아졌다. 이유를 간단히 추론해보면, 10년 전 50대였던 세대는 박정희 시대의 고도성장기를 경험하고, 동시에 외환위기의 충격에서 가장 큰 영향을 받은 세대이다. 이들은 10년 전에는 김대중, 노무현 시대의 경제적 발전역량이 과거 박정희 시대보다 뒤떨어진다고 생각했지만, 현재 시점에서 이명박, 박근혜 시대의 경제상황과 김대중, 노무현 시대의 그것을 비교했을 때, 이 두 시대가 보다 발전의 이미지를 가지고 있음을 인식하고 있는 것이다.

Ⅵ. 결론 : 권위주의적 발전국가에서 실질적 복지국가로?

광복 이후 70년을 지나오는 동안 한국인들은 모두 열 번의 정권을 경험하였다. 국가형성 초기의 어떤 시대는 자유도 억제되고, 발전역량도 낮았던 시대가 있었다. 어떤 시대는 대통령이 카리스마적 리더십을 통해 발전을 이끌었지만, 국민의 자유를 폭넓게 제한한 대통령이 있었다. 1987년 민주화 이후에는 국민의 자유를 신장시켰지만, 국민과 함께 발전을 이끌수 있는 권위와 역량이 국민들의 성에 차지 않았던 시대도 경험했다. 2015년 광복 70주년 현재에도 한국인들은 현재의 국가를 자유는 신장되었지만, 발전역량은 떨어지는 절차적 민주주의 국가로 평가하고 있다.

　　그러나 현재의 한국인 대부분은 대한민국을 정치적으로 자유를 억압하고 경제적 발전역량도 부족한 약탈국가나 경제적 발전역량만 부각되는 권위주의적 발전국가에서 오래전에 벗어나서 현재는 적어도 민주주의가 사회 깊숙이 내재된 국가임을 인식하고 있는 것으로 보인다. 그럼에도 불구하고 현재의 한국인들은 여전히 자유가 신장되는 동시에 경제적 발전이 지속되는 실질적인 복지국가로 인식하지 않고 있다. 정치적으로 국민들의 실질적인 의사를 대변하고, 참여를 통한 민주적인 정치과정을 만들어내지만, 경제적으로 높은 생산성을 통한 불평등을 해소하고, 가능한 전체 국민에게 높은 수준의 물질적 복지를 제공하면서 삶의 질을 제고하는 복지국가에는 도달하지 못한 것이다. 그렇지만 한국인들은 10년 후에는 실질적 복지국가에 진입할 거라고 전망하고 있었다. 이러한 전망처럼 과연 한국이 실질적 복지국가로 평가할 수 있는 시대가 열릴 것인지, 10년 후 광복 80주년에는 현재 우리가 경험하고 있는 현 시대의 이미지가 10년 전의 김대중, 노무현 시대의 평가처럼 극적으로 변화할 것인지 관심을 집중시키고 있다.

참고문헌

강원택, 2012, "노태우 리더십의 재평가," 강원택 편, 『노태우 시대의 재인식: 전환기의 한국사회』, 서울: 나남 15-34.

김형준, 2007, "김영삼 대통령의 리더십과 문민정부 국정운영 평가," 한국정치학회 편, 『한국의 대통령 리더십과 국가발전』 서울 : 인간사랑 199-244.

노환희·송정민·강원택, 2013, "한국 선거에서의 세대 효과," 『한국정당학회보』 12(1), 113-140.

백낙청, 2005, "박정희 시대를 어떻게 생각할까," 『창작과 비평』33(2), 287-297.

서울대학교 사회발전연구소, 1995, 『광복 50년 정치평가 조사보고서』.

서울대학교 사회발전연구소, 2005, 『광복 60주년 국민의식조사 결과보고서』.

서울대학교 아시아연구소, 2015, 『광복 70주년 국민의식조사 회고와 전망』.

안병만, 1998, "역대 통치자의 리더십 연구," 『한국행정학회 춘계학술대회 발표집』 251-276.

유종일, 2007, "신자유주의, 세계화, 한국경제," 『창작과 비평』35(3), 153-170.

이준구, 2013, "이명박 정부의 경제정책: 747 공약에 발목이 잡혀보낸 5년," 『한국경제포럼』5(4), 59-75.

이철희, 2015, "2016년 총선은 이미 시작되었다," 『인물과 사상』203, 98-111.

임경석, 2012, "이명박 정부의 747 공약과 그 결과," 『역사와 현실』86, 3-12.

정한울, 2016, "여론으로 본 박근혜 정부 3년 평가와 4·13 총선 전망:국정 4년차 안보-경제 이중의 시험대 오른 박 정부, 여권에 유리한 총선 구도," 『KOREAN OPINION REVIEW』2016-01호.

정해구, 2005, "노무현 대통령의 정치리더십 평가," 『민주사회와 정책연구』5, 19-37.

조성대·한귀영, 2010, "대통령 국정지지, 정당지지, 그리고 경제전망의 동태적 관계에 관한 연구-비대칭 효과(Asymmetric effect)를 중심으로," 『한국정치학회보』44(2), 161-186.

최종호·최영준, 2013, "대중에 분화에 따른 공적주장과 비난회피의 정치: 한국의
사례,"『한국정치학회 연례학술회의 발표논문』.

최종호, 2016, "한국의 자영업자는 어떤 정책을 선호하는가? : 2007, 2012 대선의
경험적 분석,"『한국정치학회보』50(1), 295-323.

Amsden, Alice H., 1992, *Asia's Next Giant: South Korea and Late Industrialization*,
Oxford: Oxford University Press.

Economist Intelligence Unit., 2016, *Democracy Index 2015 : Democracy in the Age
of Anxiety,* The Economist.

Evans, Peter B., 1995, *Embedded Autonomy: States and Industrial Transformation*,
Princeton: Princeton University Press.

Johnson, Chalmers., 1982, *MITI and the Japanese Miracle: The Growth of Industrial
Policy: 1925-1975,* Stanford : Stanford University Press.

Lassen, David D, and Søren Serritzlew., 2011, "Jurisdiction Size and Local
Democracy: Evidence on Internal Political Efficacy from Large-scale
Municipal Reform," *American Political Science Review* 105(2), 238-258.

Przeworski, Adam., 1991, *Democracy and the Market: Political and Economic
Reforms in Eastern Europe and Latin America,* Cambridge: Cambridge
University Press.

Schumpeter, Joseph A., 1950, *Capitalism, Socialism, and Democracy*, 3rd Ed. New
York: Harper.

제4장

가족가치관의 변화
전통적 가족주의에서 선택적 가족주의로?

남은영

I. 들어가며

한국사회는 산업화, 도시화를 통해 경제성장을 이룩하며 급속한 사회변동을 경험했다. 산업화가 진행된 지난 세대 동안 가족의 구조, 기능, 가족가치관 등 가족생활의 여러 측면들에서도 엄청난 변화가 초래되었다. 핵가족 내에서도 무자녀 부부나 1인 가구의 증가, 한부모 가족, 재혼가족 등이 그 예라고 할 수 있다. 1997년 외환위기를 기점으로 이루어진 급격한 가족변화를 보는 관점은 한국사회의 가족이 위기에 처해있고 이러한 위기는 가족해체로 간주되어야 한다는 입장과 가족변화가 급속한 사회경제적 변화에 대처하기 위한 '가족 재구조화'의 기회로 볼 수 있다는 입장으로 크게 두 가지로 구분되면서, 다양한 입장이 공존하고 있다(안호용·김홍주 2000; 함인희 2002).

이와 같이 급격한 사회변화, 미래에 대한 불확실성은 가족에 영향을 미치고 있으며 오늘날 가족은 과거의 가족과는 다른 가치관과 사회구조적 틀을 가지고 있다. 최근 지속적인 저출산과 급격하게 증가한 이혼율, 다양한 가족형태의 출현은 가족변화와 가족가치관에 대해 관심을 확대시키는 계기가 되었다.

가족의 변화의 원인에 대하여 두 가지 해석으로 나눌 수 있는데, 하나는 가족과 출산을 중시한 전통적 가치관에서 개인의 욕구와 다양성을 중시하는 개인주의적 가치관으로의 변화 때문인 것으로 본다. 즉 현대 산업사회에서의 직업중심의 이동, 개인의 전문화된 능력을 우선시하는 사회풍조, 가치관에 있어서의 개인주의의 발달과 결혼과 배우자 선택에서의 자유로운 선택의 보장 등은 개인의 삶과 가족생활에 많은 영향을 미치게 되었다. 따라서 개인들은 제도적 가족의 틀에 묶이기 보다는 자신이 행복할 수 있는 삶의 양식을 추구하게 되었다(김태현 2006; 이삼식 2006). 다른 한편에서는 만혼, 독신, 이혼, 저출산의 급격한 확산 등과 같은 급격한 변화는 적극적 의미의 개인주의화라기 보다는 가정생활 및 가정생활 및 가족부양의 사회경제적 여건 악화로 인한 가족으로부터의 소극적 도피를 나타내는 것으로 여겨진다(장경섭 2009).

이혼율의 증가, 결혼의 지연, 동거율의 증가와 같은 가족변화에는 가족가치관Family Value Orientation과 성역할 태도Gender Role Attitudes의 변화가 내재되어 있다. 우리나라 가족변화에 대한 연구에서도 가족변화와 가족가치관과의 연관성을 논의하고 있다. 이혼, 결혼, 동거와 같은 가족형태의 변화는 가족가치관 및 성역할태도와 관련되어 있고 가족형태는 다양화되며 가치관은 근대화되고 있다는 것이다(김홍규·주연희 2003; 김승권 외 2005; 김태현 2006; 김혜영·김상돈·박선애 2012).

가치관이란 사람들로 하여금 어떤 행동을 일으키게 하는 심리적 요인으로서 개인의 행동을 구속하는 평가적 표준이나 이념 내지 신념이다(김태길

2010). 가치관은 행동의 방향을 결정해주고 가치판단 및 평가 뿐 아니라 나아가 삶의 만족감이나 행복감에까지 크게 관계되기 때문에 개인적으로나 사회적으로도 매우 중요한 요인이 된다. 따라서 가치관은 사회활동을 영위해 나가는데 필수불가결한 규율을 제공하게 된다(김경신·이선미 1998).

가족가치관이란 가족이 어떻게 형성되는가 그리고 그 관계가 어떻게 형성·유지되는가 등 가족과 관련된 여러 가치관을 모두 포함하는 것으로 출산, 양육, 결혼, 이혼, 그리고 성에 관한 가치나 태도를 총칭한다(은기수·이윤석 2005). 가족가치관은 여러 가치관의 영역 중 가장 기본적인 것이다. 기존 연구들은 공통적으로 결혼, 이혼, 동거에 대한 태도, 노부모 부양과 관련된 태도, 성역할태도, 그리고 자녀양육, 남아선호를 포함하고 있다. 이 중에서 노부모 부양과 남아선호는 서양에 비해 상대적으로 한국 및 일본과 같은 동양권 국가에서 현저하게 나타나는 가치관이다(백주희 2009).

이러한 가족가치관은 사회성원들의 생각이나 행동에 영향을 주기도 하지만, 동시에 사회의 변화에 영향을 받으면서 그 모습을 달리해 나간다. 따라서 절대적으로 불변하는 가족가치관이란 있을 수 없다. 그러나 가족가치관의 가변성이 일정하다고 하더라도 어느 시대, 어느 사회에서나 사회전체적으로 통용되고 기준으로 간주되는 가족가치관은 있기 마련이다. 이처럼 일반적으로 통용되는 가족가치관은 종종 그 사회의 보이지 않는 규범으로 간주되면서 개인의 가치관을 통제, 규제한다. 그런데 사회적으로 통용되는 가족가치관과 개개인의 가치관은 일치할 수도 있지만 때로는 차이가 날 수도 있으며 따라서 같은 사회의 성원이라 하더라도 서로 다른 가치관을 가지면서 이 사회에서 공존하게 된다(손승영·김은정 2010).

선행연구에 의하면 성별, 세대별, 교육수준별로 가족가치관의 차이를 나타내는 것으로 밝혀지고 있다. 대체로 연령이 낮을수록, 교육수준이 높을수록 가족가치관이 전통적인 것에서 비전통적인 것으로 변화하는 경향이 있음을 발견하였다(김기연 외 2003). 이러한 변화과정에서 개인적 차원과 사회적 차원에서의 가치관의 변화속도가 다르기 때문에 발생하는 갈등이 있을 수 있다. 기존의 규범이나 가족제도보다는 개인의 가치나 태도가 훨씬 빨리 변화하기 때문에 진보적인 가족가치관을 가진 개인의 경우 사회적인 가족규범을 따르지 못할 경우 이와 갈등하는 과정에서 제재나 불이익을 받기도 한다(손승영 외 2010). 그리고 가치관과 태도의 변화는 사회구성원 모두에게서 일률적으로 나타나지 않을 뿐만 아니라, 전근대적인 것에서부터 근대적인 것까지 혼재되어 있다. 그리고 이러한 혼재양상은 가족형태의 변화가 급속할수록 가치가 행동을 따라가지 못해 더욱더 심화될 수 있다(안호용·김홍주 2000).

가족가치관의 급격한 변화가 일어나면서 '가치관의 혼재' 및 '비동시성의 동시성(Bloch 1991)'으로 지칭되는 전통적, 현대적, 탈현대적 가치와 문화가 공존하고 이들간에 치열하게 경쟁, 충돌, 화합하는 현상들이 나타나기도 한다. 이에 따라 사회전체는 물론 한 가족 내에서도 가족 성원마다 상이한 가족가치관이 서로 조율되지 못해 많은 갈등이 생기며, 사회적·개인적 필요를 충족시키기 위해 가족에 의존할수록 이러한 갈등이 증폭될 수 있다(장경섭 2009). 이는 가족 내에서의 세대 간의 가족가치관의 차이에 기인한다고도 볼 수 있는데, 같은 시대에 태어나서 비슷한 성장과정과 역사적 배경, 그리고 교육적 환경을 경험하는 동일세대들은 그들만의 가치관을 형성해 나가기 때문이다(김홍규 1994). 과거의 틀에 익숙해 하며 새로운 틀을 받아들이기 어려운 세대와 새로운 틀을 받아들이는 데 아무런 불편을 느끼지 않는 세대가 공존하면서 같은 시대를 살아가면서도 서로 다른 가치관을 가지고 한 가족 내에 살면서 가족의 위기를 경험하는 사람들이 점차 증가하고 있는 것이다(김홍규·주연희 2003).

이 글에서는 이러한 점에 주목하여 가치관의 변화에 대해 분석하고 현재 한국사회의 가족가치관의 변화방향을 '전통적 가족가치관에서 선택적 가족가치관으로의 변화'라고 보고자 한다. 여기에서 전통적 가족가치관이란 과거 전통사회에서 가족가치를 규정했던 남아선호, 결혼의 필수성, 이혼 반대, 여성의 종속적 지위, 자녀의 부모부양의무 등과 관련된 의식을 말한다. 최근 가족가치관의 급격한 변화를 겪으면서 과거에 비해 전통적인 가족가치가 크게 약화되고 비전통적 가치로 변화하고 있는 것이 사실이다. 그러나 가족가치관의 변화는 자연스럽고 순조롭게 진행되기 보다는 개인적인 생애사의 국면과 사회적인 변동과정에서 커다란 갈등과 위기를 동반하면서 가치관의 혼재와 치열한 경쟁, 충돌, 화합 등이 일어나게 된다. 따라서 이 과정에서 각 개인들은 비동시적인 가치들이 동시에 존재하는 상황에 직면하게 되고, 다양한 가치관에 노출되는 경험을 하게 된다. 이와같이 사회가 변화하면서 분기하여 공변하고 있는 전통적, 근대적, 탈근대적 가족가치관들 속에서 개인은 자신과 가족구성원이 당면한 현실, 현재의 삶의 조건들, 경제적인 상황, 미래전망 등의 복잡한 생애사적 배열들 속에서 자신에게 적합한 가족가치들을 선택하고 그 중 특정한 가치들을 보다 오랫동안 보유한다. 그러나 어떤 가족가치들은 시간이 지남에 따라 자신과 자신의 가족이 처한 현실과 부합하지 않음을 발견하고, 그것을 포기하고 변화한 상황에 부합하는 다른 새로운 가치들을 선택하게 되는데, 이 글에서는 이러한 가치관의 취사선택과 변화과정을 '선택적 가족주의'라고 부르기로 한다.

이러한 맥락에서 변화하는 가족가치관의 특징을 시기별, 코호트별로 살펴보고 집단별 가족가치관의 차이에 대해 주목하고자 한다. 2015년에 서울대 아시아연구소에서 실시한 『광복 70주년 국민의식조사』 자료와 서울대 사회발전연구소의 1991년, 2004년 국민의식조사 자료를 활용하여 지난 30년간의 가족가치관의 변화의 양상을 살펴본다. 이와 같은 시대별 변화뿐 아니라 코호트 분석을 통하여 각 코호트별 차이를 고찰하고 출생코호트별로 과거의 가족가치관이 시간이 흐름에 따라 어떻게 변화하고 있는지도 알아보고자 한다. 일정한 연령층의 사람들을 가리키는 '연령집단' 과는 달리 세대성원의 공통된 경험이나 공유의식, 소속감 및 연대감과 같은 것을 포함하는 것으로 세대의 개념을 설명하는데, 방법론적으로 출생코호트라는 도구를 통해서 포착하고자 한다. 세대연구에서는 가치관에 연령/세대의 차이가 생기는 이유는 '출생 시점에 따른 역사적, 문화적 경험의 차이'와 '나이에 따른 역할 배정'에 기인한다고 설명한다. 우선 출생시점에 따른 역사적 문화적 경험의 차이가 나타나는 것은 비슷한 시기에 출생한 사람들이 유사한 생애주기 단계에서 동일한 역사적 사건에 대한 경험이나 사회화 경험을 갖게 되며 이러한 공유된 경험으로 인해 비슷한 의식, 태도 가치관을 갖게 되기 때문이다(박재흥 2003).

Ⅱ. 가족가치관의 변화와 특징 1996~2015: 시대별 변화와 코호트별 변화

가족가치관이란 '가족이 어떻게 형성되는가' 그리고 '그 관계가 어떻게 형성, 유지되는가' 등 가족에 관련된 여러 가치관을 모두 포함하고 있다. 여기에서는 남아선호, 이혼, 노부모부양, 어린자녀에 대한 엄마의 양육의무, 여성의 지위의 종속성, 결혼의 필수성에 대한 태도로 구성되어 있다. 각각의 문항은 "아들 하나는 꼭 있어야 한다," "부부사이가 나쁘더라도 자식을 위해 이혼하지 말아야 한다," "자식은 부모를 모실 의무가 있다," "아이가 어릴 때는 엄마가 집에 있어야 한다," "여성이 아무리 뛰어나도 여성의 사회적 지위는 남편에 의해 결정된다," "결혼을 꼭 해야 한다" 등이다. 가족가치관의 변화는 1996년, 2004년, 2015년에 조사한 자료를 분석하여 변화의 추이를 살펴보았다.

그리고 연령과 출생코호트에 주목하여 각 집단 간의 차이를 고찰하였다.

'일반적으로 사람들은 나이가 들수록 보수화되는 경향이 있다'고 하는데, 이 것은 사람들이 다양한 측면에서 기득권이 생긴다는 것을 의미한다. 이는 직업, 재산 등 경제적인 면에서부터 사람들과의 관계적 측면에 이르기까지 자신이 그동안 축적한 경력과 경험에 따라 어느 정도 사전의 위치를 확립하고 그에 따른 안정감과 권리를 갖게 된다는 것을 의미하는데, 이를 '연령에 따른 효과'라고 할 수 있다. 그 결과 나이가 들수록 사람들은 젊은 세대에 비해 생각이나 가치관이 전통적이며 보수적이 된다고 할 수 있다(손승영 외 2010).

한편 세대연구에서는 가치관에 연령/세대의 차이가 생기는 이유는 '출생 시점에 따른 역사적, 문화적 경험의 차이'와 '나이에 따른 역할 배정'에 기인한다고 설명한다. 즉 유교적 규범과 가치관을 내면화한 세대와 서구적 가치관에 익숙한 세대, 동족상잔의 비극과 전쟁 후 절대빈곤을 체험한 세대와 산업화의 결과로 경제적인 풍요로움의 혜택 속에서 큰 어려움 없이 자란 세대, 개인보다 공동체 지향이 중요한 세대와 개인의 안녕을 전체의 행복과 교환될 수 없다고 생각하는 세대 등이 공존하고 있는 것이다(조성남·박숙미 2002). 이러한 연령집단 및 세대 간의 차이와 변화를 살펴보기 위해 출생코호트별로 1945년~1954년생, 1955년~1964년생, 1965년~1974년생, 1975~1984년생의 네 집단으로 구분하여 2004년과 2015년 두 시점에서의 가족가치관을 측정하여 그 변화를 살펴보았다.

1. 남아선호 의식

1) 남아선호의식: 시대별 변화

남아선호 의식은 아들과 딸 중 아들을 더 좋아하는 것이기보다는 '아들을 꼭 낳아야 한다'는 생각으로 아들이 있어야 대가 이어진다는 믿음 때문에 나타나게 된다. 家의 계승에는 혈통, 재산, 직업 등 다양한 내용이 포함될 수 있으나 한국인들에게는 특히 혈통계승의 관념이 강하며 부계전통으로 인하여 전통적으로 혈통은 아들을 통하여 계승되어야 한다고 생각된다. 아들은 성씨를 계승하여 부계 종족 집단의 일원이 되며, 부모의 노후부양을 책임지고, 또한 사후에는 제사를 모실 권리와 의무를 지닌다. 반면, 유교 도입 이후 확립된 부거제 전통에 의하여 여성은 결혼과 더불어 집을 떠나 시집으로 들어가는 것으로 인식되어 왔다. 따라서 집단의 대를 잇고 노후를 의지할 뿐 아니라 사후의 제사를 봉양받기 위해서는 적어도 한 명의 아들을 두어야만 한다는 생각이 강했다(문옥표 1996). 또한 부모는 아들을 둠으로 해서 직접적인 경제적, 물질적 도움을 받지 않더라도 사회적 정체성을 획득하고 넓은 의미의 안정감을 느낀다고 한다(김은희 1994).

오늘날에 이르러 이러한 남아선호관은 소자녀관과 의료기술의 발달 및 이용의 보편화 등으로 인하여 출생성비 불균형의 원인이 되어 왔다. 남아선호도가 높으면 성 선택적 출산행위로 이어져 출생성비 불균형 발생에 직접적인 원인으로 작용하게 된다. 지난 30여년 간 의료기술의 발달과 함께 남아선호가 강하게 남아있는 많은 국가들, 특히 아시아 국가들에서 성비가 높아지고 있다(Bongaarts 2013). 남아선호 가치관은 중국, 인도, 동남아시아 및 중동에서 강하며 종교적으로는 동양의 유교나 이슬람 문화권에서 남아를 선호하는 경향이 강하다. 세계 여러 국가에서의 남아선호 경향은 주로 노후의존, 즉 노후의 경제적 이유 때문인 것으로 설명되고 있다. 한국사회에서의 남아선호의 원인은 노후보장 외에도 경제적 도움, 심적 의지, 가계계승과 제사 등과 같은 가부장적인 관념과 도구적인 이유 등으로 나타나고 있다(김승권 외 2005).

현재 남아선호 의식의 수준은 어떠한지, 과거에 비해 어떻게 달라지고 있는지 알아보기로 한다. '아들 하나는 꼭 있어야 한다(2015)'에 찬성하는 의견은 약 40%로 10년 전인 2005년(약 44%)보다 약간 감소하였다.

표 1 남아선호 의식의 변화: 1985~2015 (단위: %)

가족가치관	태도	1985년	1996년	2004년	2015년
아들 하나는 꼭 있어야 한다	매우 찬성	32	22.2	13.4	7
	찬성하는 편	39	20.1	30.8	32.3
	그저그렇다	3.4	31.1	23.6	28.4
	반대하는 편	19.9	12.2	25.7	27.6
	배우 반대	5.7	14.3	6.5	4.7

출처: 서울대 아시아연구소 『광복 70주년 국민의식조사』

그러나 남아선호에 '적극 찬성'하는 사람들은 7%로 10명 중에 1명 이하인 것으로 나타났고 '반대'의견도 약 30%에 달하고 있다. 과거와 비교해 볼 때, 가장 변화가 큰 것은 '아들 하나는 꼭 있어야 한다'는 의견에 적극적으로 찬성하는 사람들의 비율이다. '매우 찬성'하는 의견은 1992년 22%에서 2004년에 13%로 감소하였고, 10년 후인 2015년에는 7%로 급격히 감소하고 있다. 전반적으로 '찬성'하는 의견은 1985년 71%에서 1996년 42.3%로 급감했고 2004년 44.2%, 2015년에는 39.3%로 감소했다. 따라서 남아선호 의식이 1990년대 초반 이후에 크게 약화되었다는 사실을 볼 수 있다.

남아선호에 반대하는 의견은 1985년 25.6%, 1996년 26.5%로 비슷한 수준을 유지하다가 2004년 32.2%로 증가하였고 2015년에는 31.8%로 약간 감소했다. 즉 '아들이 없어도 무방하다'는 의견을 가진 사람은 1990년대까지는 4명 중 1명 정도 였는데, 2000년대에 증가하여 현재 약 3명 중 1명이 이러한 생각을 가지고 있는 것으로 나타났다. 이와 같이 남아선호 의식은 1990년대에 '적극적 찬성' 의견이 급감하고, 2000년대에 '반대'의견이 점차 증가하면서 과거에 비해 약화되고 있음을 알 수 있다.

이와 같은 남아선호 의식의 변화는 가족관련 법의 개정이 이 시기에 이루어진 것과 무관하지 않다. 1990년도의 가족법 개정에서 친족의 범위에 대해 부계와 모계의 동등성 인정, 여계의 인정(자매의 직계비속을 혈족에 포함)과

2006년도 호주제 폐지 등과 같은 법제도의 개정이 가족가치관에 큰 영향을 미친 것으로 보인다. 1980년대 말~1990년대 전반에 남아선호의식이 급격히 감소하게 된 것은 과거 30여년 간 지속되어 온 부계혈통 위주의 가족법이 개정됨으로 인하여, 부계를 중심으로 가족을 구성하고 계승한다는 사람들의 인식을 약화시켰기 때문이다. 특히 호주제 폐지는 호주상속 제도의 폐지를 가져옴으로써 장남을 통해 호주상속을 함으로써 대를 잇는다는 관념을 약화시키는데 결정적으로 영향을 미친 법적, 제도적인 요인으로 보여진다. 이에 더하여 여성의 교육수준의 향상과 경제활동참여 등으로 인해 여성의 가족 내 지위와 사회경제적 지위가 향상됨으로 인하여 아들 뿐 아니라 잘 키운 딸이 노후에 더 든든한 버팀목이 될 수도 있다는 생각이 확산된 것도 변화의 추동력이 된 것으로 보인다.

2) 남아선호 의식: 코호트별 변화

한 세대cohort는 출생시기가 비슷한 사람들이기 때문에 생애주기의 동일한 형성 단계에서 역사적 사건을 유사한 방식으로 경험할 가능성이 높다. 따라서 동일한 출생 코호트는 그 세대만의 의식을 형성하고 행위양식을 특징짓게 되는 등 가치관에 영향을 미친다(김기연 외 2003). 한 사회가 변화하거나 개인의 욕구 및 관심이 변화하면 그 사회나 개인이 인정하는 가치관에도 변화가 오며(김태길 2010) 이러한 변화는 필연적으로 세대 간 혹은 연령집단 간 가치관의 차이를 초래하게 된다(김경신 외 1998).

이 글에서는 세대 간의 가치관의 차이와 변화를 출생코호트별로 1945년~1954년생, 1955년~1964년생, 1965년~1974년생, 1975년~1984년생의 네 집단으로 구분하여 살펴보았다. 2004년과 2015년 조사자료를 활용하여 각 코호트별 가치관을 비교하면 '아들 하나는 꼭 있어야 한다'는 의견은 1945년~1954년생의 고령의 코호트에서 가장 높게 나타나고 있으며 젊

가족가치관	연도	75~84년생	65~74년생	55~64년생	45~54년생
아들 하나는	2004년	2.92	2.93	3.09	3.49
꼭 있어야 한다	2015년	2.87	2.91	3.19	3.65

(단위: 평균점수)

(매우 반대＝1점, 매우 찬성＝5점)
출처: 서울대 아시아연구소『광복 70주년 국민의식조사』

은 코호트에서는 동의율이 상대적으로 낮다. 1975년~1984년생과 1965년 ~1974년생 코호트 간에는 큰 차이가 없는 것으로 나타나서, 남아선호 의식은 현재 60대 초반에 이른 1954년생 이상 집단과 현재 60세 이하 연령인 1955년생 이하인 집단으로 크게 구분되고 있음을 알 수 있다.

현재 50대 이하의 연령대인 1965년생 이하 출생코호트에서는 10년 사이에 남아선호 의식이 약간 감소하였다. 흥미로운 것은 현재 50대인 1964년생 이상의 코호트에서는 남아선호 의식이 10년 사이에 약간 더 증가하고 있다는 사실이다. 이는 1945년에서 1964년 사이에 출생한 코호트에서는 나이가 들면서 10년 사이에 좀더 보수적인 태도로 변화되었음을 보여주고 있다. 즉 현재 50대 초반 이후의 중장년층에서는 과거 10년 전의 젊었을 때보다 '아들 하나는 꼭 있어야 한다'는 생각이 더 커지게 된 것이다. 이는 나이가 들면서 건강이나 노후생활 준비에 대한 염려 등으로 인하여 남아선호 의식이 약간 증가되는 경향을 보이는 것으로 해석된다.

2. 이혼에 대한 태도

1) 이혼에 대한 부정적 태도: 시대별 변화

이혼에 관한 기존 연구에 의하면 일반적으로 이혼은 결혼상태로 남아있는 것에 대한 혜택관련 인식과 결혼생활 외부에 있는 것에 대한 혜택과 관련한 인식, 이 두 가지 문제에 달려있다고 본다. 즉 결혼생활에서 얻을 수 있는 순

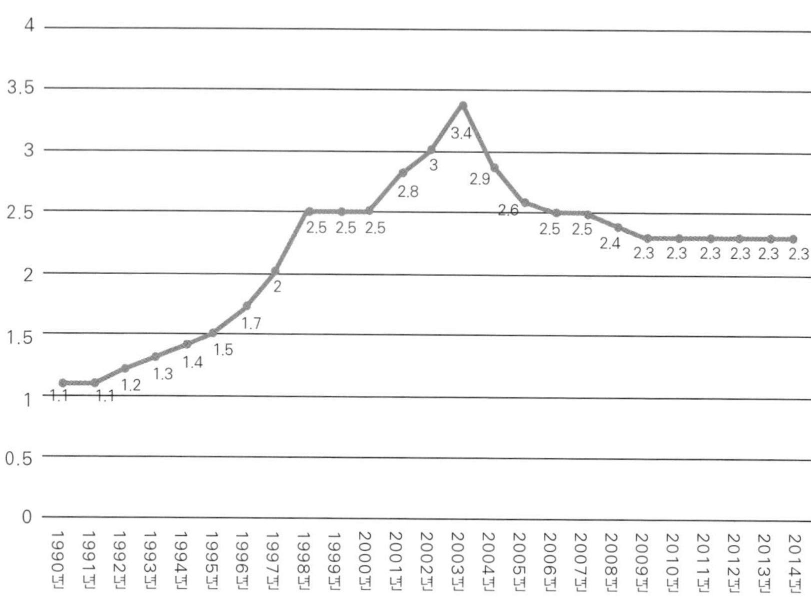

그림 1 조이혼율 1990~2014년
출처: 통계청 〈인구동태통계〉 각 년도

혜택(net benefits, 혜택-비용)이 결혼생활 외부에서 얻는 순혜택보다 작다고 판단할 때, 이혼이 발생하게 된다(Kalmijn and Poortman 2006).

우리나라의 조이혼율(인구 천명당 이혼건수)은 1980년 0.6이었다가 90년대를 거치면서 조금씩 증가하여 1990년에 1.1에서 1995년 1.5로 증가하였다. 외환위기 직후인 1998년에는 급격히 증가하여 2.5로 상승했다. 이혼건수는 2003년에 가장 많아서 조이혼율 3.4를 기록하면서 정점에 올랐으나 2004년부터 계속 감소하면서 2014년에는 2.3에 이르고 있다(통계청 『인구동태통계』 각년도). 2000년대 중반까지 급격히 증가했던 이혼율은 이혼과 결혼에 관한 사회적 가치 즉 미혼자들의 결혼에 대한 태도, 기혼자들의 결혼의 영속성에 대한 기대감, 그리고 일반 사회구성원들의 이혼자에 대한 태도 등에 영향을 줌으로써 가족생활 전반에 영향을 준 것으로 평가된다(김승권 외 2005).

가족가치관	태도	1996년	2004년	2015년
부부사이가 나쁘더라도 자식을 위해서 이혼하지 말아야 한다	매우 찬성	32.3	20.9	10.4
	찬성하는 편	25.4	43.4	33.6
	그저그렇다	18	12.5	29.6
	반대하는 편	13.9	20.4	22
	배우 반대	10.4	2.8	4.4

출처: 서울대 아시아연구소『광복 70주년 국민의식조사』

　최근의 우리나라에서 이혼의 감소에는 2008년부터 도입된 이혼숙려기간 의무화 및 이혼 전 상담제도가 영향을 미쳤을 가능성이 있다. 또한 만혼과 비혼의 증가로 미혼자가 증가하였고 이로 인해 이혼발생 사례를 줄이는 효과를 가져오게 되었을 것이다. 그러나 이혼율이 감소하고 있긴 하지만 이혼이 매년 10만 건 이상 발생하고 있는 것은 이혼에 대한 인식과 태도가 수용적으로 변화하고 있음을 보여준다(한경혜 2015). 이와 같은 이혼에 대한 사회적 규범의 변화가 있었던 것은 IMF 외환위기 등과 같은 경제적 충격이 이혼율을 증가시키고 이에 따라 주위에서 이혼한 사람들을 자주 접하게 되면서 이혼에 대한 부정적인 견해가 약화된 것으로 보인다(김승권 외 2005).

　과거에 비하여 이혼에 대한 태도가 어떻게 변화되었는지 살펴보기로 한다. '부부사이가 나쁘더라도 자식을 위해 이혼하지 말아야 한다'는 의견에 대하여 2015년에 찬성하는 의견은 44%, 반대하는 의견은 26%로 찬성의견이 우세하게 나타난다. 그러나 과거와 비교해 볼 때, '이혼하지 말아야 한다'는 의견은 1996년 약 58%에서 2004년에 약 64%로 약간 증가했다가 2015년에는 44%로 감소하고 있어서 이혼에 대한 허용적인 태도가 확산되고 있음을 알 수 있다. 즉 10년 전에는 이혼에 대해 부정적 태도를 가진 사람이 3명 중 2명이었다면 현재는 과반수 이하로 감소하고 있다. '자식을 위해 이혼하지 말아야 한다'는 의견에 반대하는 사람들은 1996년에는 24.3%, 2004년에는 23.2%, 2015년에는 26.4%로 큰 변화가 없는 편이다. 20년 전부터

가족가치관	연도	75~84년생	65~74년생	55~64년생	45~54년생
부부사이가 나쁘더라도 자식을 위해서 이혼하지 말아야 한다	2004년	3.16	3.34	3.63	3.97
	2015년	3.02	3.16	3.41	3.68

(매우 반대=1점, 매우 찬성=5점)

출처: 서울대 아시아연구소『광복 70주년 국민의식조사』

현재까지 4명 중 1명은 '부부사이가 나쁘면 자녀가 있더라도 이혼을 해야 한다'고 생각하고 있다는 것을 알 수 있다.

2) 이혼에 대한 부정적 태도: 코호트별 변화

이혼에 대한 부정적인 태도는 높은 연령의 코호트일수록 더 강하게 나타나고 있으나 10년 전에 비하여 모든 코호트에서 부정적 인식이 감소하고 있다. 즉 이혼에 대한 허용적인 태도가 젊은 세대로부터 기성세대에 이르기까지 전반적으로 확산되고 있음을 알 수 있다. 최근 이혼 당시 남성과 여성의 남성과 여성의 연령은 지속적으로 높아지고 있다. 이혼 시 평균연령은 2002년과 2014년 사이에 남성이 40.6세에서 46.5세로, 여성이 37.1세에서 42.8세로 높아졌다. 이혼연령의 증가는 만혼으로 인해 결혼연령 자체가 상승한 탓도 있지만, 결혼생활을 오래 유지한 중장년층의 이혼이 큰 폭으로 증가한 데에도 기인한다.

과거에는 이혼이 결혼 후 5년 이내의 부부에 집중되었으나, 최근에는 결혼 후 15년 이상 된 부부의 이혼 증가가 두드러진다. 이혼한 부부 중 20년 이상 동거한 부부가 차지하는 비율은 1990년 3.9%에서 2003년 17.8%로 4배 이상 증가하였고 2014년에는 28.7%에 이르는 것으로 나타난다(한경혜 2015). 과거에 비하여 중년세대의 이혼과 황혼이혼이 증가하고 있는 것은 가치관의 변화가 한 원인으로 작용하고 있다. 젊은 세대 뿐 아니라 나이든 코호트 내에서도 이혼에 대한 부정적인 태도가 점차 완화되면서 이혼에 대한 수용성이 높아지게 된 것에 기인한다고 볼 수 있다.

3. 부모부양 의식

1) 부모부양 의식: 시대별 변화

고령화의 진전과 평균수명의 증가로 노인의 절대규모의 비중이 커지고 있다. 전통 농경사회에서 노부모 부양은 경제적 지원은 물론, 신체적 수발, 정서적 지원에 이르기까지 장남을 중심으로 한 자녀세대가 전적인 책임을 지고 수행해왔었다. 그리고 부모부양을 책임지는 자녀(주로 장남)는 부양의 대가로 전답을 물려받음으로써 자연스러운 '가정 내 사회보장'이 이루어졌다. 하지만 현대사회에서 여성의 사회진출, 핵가족화의 진전과 같은 사회변화를 경험하면서 특히 노인인구가 급격히 증가한 우리사회에서 노인부양의 책임을 더 이상 가족에게만 기대하기 어렵게 되고 가족 부양능력의 한계에 직면하게 되었다(김혜경 외 2010).

노인은 경제활동으로부터 은퇴하여 경제적 곤란 및 빈곤, 사회적 지위의 약화, 고독과 소외, 사회참여 기회의 상실, 부양 및 보호, 주택문제 등으로 고통을 받게 된다. 우리나라는 노인부양에 관하여 생활무능력자의 보호의 책임을 1차적으로 가족에게 부과하고 있으며 2차적으로는 부양의무자가 없거나 부양의무자가 있어도 부양능력이 없거나 또는 부양을 받을 수 없는 경우에 한해 국가가 부양책임을 지는 것으로 하고 있다. 이러한 사적부양 우선의 원칙으로 인해 고령인구의 부양을 국가적 · 사회적 차원에서 해결하기 보다는 개인 혹은 부양의무자에게 우선적으로 책임을 지우는 형태를 취하고 있다(현병철 외 2006).

부모부양의식이란 부모의 노후를 자녀가 돌보아야 한다는 의식으로 부모에 대한 의무·보호부양과 경제적 지원 등을 포함하여 노부모의 복지유지를 지원하기 위한 개인적 의무감을 말한다(박근수 외 2016). 일반적으로 부양 support이라 함은 개인의 힘으로 그 생활을 유지할 수 없는 사람에게 어느 누군가가 의식주 등을 경제적으로 원조하여 주는 것을 말한다. 민법이 인정하고 있는 부양에 대한 전통적인 견해에서는 이론상 미성숙자녀 사이나 부부간의 보다 긴밀한 부양(1차적 부양)과 친족사이의 일반적인 부양(2차적 부양)이라고 하는 두 가지 유형으로 분류하고 있다. 친족사이의 일반적인 부양, 즉 2차적 부양은 외부에서 타인의 생활을 부조하는 부양이다(현병철 외 2006).

따라서 노부모부양의무의 성격을 제1차적 부양의무로 볼 것인지, 아니면 제2차적 부양의무로 볼 것인지에 따라 부양의무자인 자녀는 부모에 대해 자기생활과 동일한 정도의 부양을 해야할지, 혹은 자기의 생활에 여유가 있을 때 비로소 부모를 부양할 것인지 여부가 달라지게 되는 것이다. 즉 성년자녀의 부모부양의무의 성격을 생활유지 의무인 1차적 부양의무로 보게 되면 부모의 경제적인 능력 상실로 인한 부양상태 발생여부나 성년자녀의 부양여력의 여부에 관계없이 노부모부양의무는 당연한 것으로 인정할 수 있다. 그러나 2차적 생활부조의 의무로 본다면, 부양의무자가 되는 자녀는 자신의 삶을 살기위해 우선적으로 애쓰고 난 후에 여력이 있다면 요건에 부합되게 노부모를 부양하면 된다고 해석하는 것이다(현병철 외 2006).

이와 같이 노인인구는 급증하고 있으며 정부는 노인에 대한 사적부양의 중요성을 강조하고 있는 가운데, 조사자료에 의하면 국민들의 노인부양의식은 지속적으로 약화되고 있음을 볼 수 있다. "자식은 부모를 모실 의무가 있다"는 의견에 대해 2015년 찬성율은 42%, 반대는 24%로 나타나서 찬성이 약 2배 가까이 우세하다. 그러나 과거와 비교해 볼 때, 부모 부양의무에 대해 찬성하는 의견은 1996년 67%에서 2004년 58%로, 2015년에는 42%

로 지속적으로 감소하고 있다. 특히 '매우 찬성'은 1996년 41%에서 2004년 15%, 2015년에는 5%로 급감하여 부모에 대한 부양의무감이 크게 약화되고 있음을 보여준다. 그리고 '자식이 부모를 모실 의무가 있다'는 것에 대해 반대하는 의견은 1996년 12%, 2004년 18%, 2015년에는 24%로 증가하여 20년 전에 비해 현재에는 자녀의 부모부양 의무를 부정하는 태도가 2배 가량 증가한 것으로 나타나고 있다. 따라서 성인자녀의 부모부양을 당연시하는 부양의무감은 지난 20년 동안 크게 약화된 가족가치관이라고 할 수 있다.

즉 이러한 결과를 부양유형의 변화라는 관점에서 보자면, 과거에는 전통적으로 많은 사람들이 노부모부양이 1차적인 생활유지형 부양이라고 생각하였으나 점차 부양의식이 약화되어 부양의무에 대해 2차적인 생활부조형 부양이라고 보는 견해가 확산되어가고 있다고 볼 수 있다. 뿐만 아니라 부양의무 자체를 반대하는 사람들도 약 24%에 달하여 약 4명 중 1명은 노부모부양을 사적인 부양으로 해결할 문제가 아니라 전적으로 국가적, 사회적으로 해결해야한다고 생각하고 있음을 미루어 짐작할 수 있다.

최근 노년층의 1인 가구 비율이 점차 증가하고 있는 것도 독립적인 노인가구의 증가와 전통적 가족규범의 약화가 혼재되어 나타나는 현상으로 보인다. 노인이 자녀와 함께 거주하는 가구의 비율은 지속적으로 감소한 반면, 노인독거가구나 노인부부가구의 비율은 꾸준히 증가하였다. 1990년에는 65세 이상 노인의 75.3%가 자녀와 함께 살았지만 2010년에는 30.8%만이 자녀와 동거한다.

노인가구의 증가는 부모와의 동거를 원치 않는 젊은층뿐만 아니라 자녀와의 동거를 원치 않는 노인들도 늘어나고 있기 때문인 것으로 보인다. 그렇지만 독립주거를 하더라도 노부모와 자녀세대 간의 접촉과 다양한 지원교환을 통해 가구단위를 뛰어넘는 상호작용을 유지한다는 점에서 확대가족의 규범과 특성이 아직 남아 있다고도 볼 수 있다(한경혜 2015).

표 5 부모부양 의식: 1996~2015　　　　　　　　　　　　　　　　　　(단위:%)

가족가치관	태도	1996년	2004년	2015년
자식은 부모를 모실 의무가 있다	매우 찬성	41.5	15.5	4.9
	찬성하는 편	25.9	42.9	37.3
	그저그렇다	20.9	23.2	34.2
	반대하는 편	8.3	16.4	20.8
	배우 반대	3.4	2	2.8

출처: 서울대 아시아연구소『광복 70주년 국민의식조사』

　따라서 앞으로 노부모와 자녀세대와의 관계의 양상이 과거의 방식과는 다르게 변화될 가능성이 있다. 즉 노부모와의 동거나 노부모에 대한 경제적 부양을 책임지는 경향은 점차 감소하게 되며 정서적 지지나 도구적 지원 등의 교환을 중심으로 세대 간 접촉이 이루어지게 될 가능성이 크다.

　과거에 비해 부모자녀간의 독립적인 삶의 방식이 증가하는 추세임은 '부모생활비의 지원주체가 누구인가'에 대한 조사를 통해서도 나타나고 있다. 2000년대 초반부터 2010년대 초까지 부모생활비는 '부모 스스로 해결'하고 있다는 응답이 가장 높게 나타나며 과거에 비해 '부모 스스로 부양'한다는 응답이 완만히 증가하고 있다는 점에서 자녀의 부모부양 의식이 약화되고 있음을 보여준다. 그리고 부모생활비 지원주체의 2순위가 1998년에는 '장남과 맏며느리'였는데, 2006년 이후에는 '모든 자녀'라는 응답이 2순위로 나타나서 장남 혹은 형제순위나 성별차이의 의미도 약화되고 있음을 알 수 있다(김혜영 외 2012).

표 6 60세 이상 가구주의 연령집단별 1인 가구 비율 1885~2010　　　　(단위: %)

	1985년	1990년	1995년	2000년	2005년	2010년
60-64세	10.6	13.1	15.3	15.8	17.5	19.8
65-69세	14	17.2	23.6	23.9	23.6	25.3
70-74세	18.1	20.7	28.9	33.8	32.1	32
75세 이상	23.2	25.5	34.9	41.4	43.6	42.1

출처: 통계청,『인구주택총조사』각 연도

2) 부모부양 의식: 코호트별 변화

10년 전에 비하여 전 코호트에서 '자녀는 부모를 모실 의무가 있다'에 찬성하는 의견이 급격히 감소하고 있다. 특히 젊은 세대인 1975년~1984년 출생 코호트에서는 10년 전에 비하여 찬성의견이 가장 크게 감소하였다. 1945년~1954년 출생코호트에서의 감소폭이 가장 작고 1955년생 이하 출생 코호트에서 상대적으로 부양의무에 대한 찬성율이 많이 감소한 것으로 나타난다. 즉 젊은 세대일수록 부모 부양의식이 더욱 약화되고 있음을 알 수 있다.

이것은 두 가지 의미를 함축하고 있는 것으로 보인다. 먼저 나이든 코호트의 경우에는 자녀의 부양을 받지 않고 스스로 노후를 책임지고자 하는 독립적인 태도를 보이는 것으로 해석할 수 있다. 또한 젊은 코호트의 경우에는 자신이 노부모에 대한 부양의무가 있다는 것에 대하여 점차 유보적인 태도를 보이면서 사적 부양의무감이 약화되고, 정부 및 사회적 책임에 대한 인식이 강화된 것으로 볼 수 있다. 기존연구에 의하면 특히 한국전쟁 직후 출산율이 급상승한 1955년부터 가족계획이 본격적으로 실시되기 이전인 1963년도 사이에 태어난 세대인 '베이비붐 세대(1955~1963년 출생코호트)'는 '자녀나 가족에게 노부모 부양책임이 있다'는 의견이 많아 전통적인 가치관을 유지하고 있지만 자녀로부터는 본인의 노후보장을 기대하지 않는 '일방적인 부양 제공'의 가치관을 갖고 있는 것으로 나타난다(박근수·김태일 2016).

표 7 코호트별 부모부양 의무에 대한 태도; 2004년, 2015년 　　　　(단위: 평균점수)

가족가치관	연도	75~84년생	65~74년생	55~64년생	45~54년생
자식은 부모를	2004년	3.64	3.42	3.36	3.58
모실 의무가 있다	2015년	3.05	3.22	3.18	3.40

(매우 반대=1점, 매우 찬성=5점)

출처: 서울대 아시아연구소 『광복 70주년 국민의식조사』

이와 같이 전통적 노인부양 규범이 급격히 약화되면서 노인부양이 더 이상 가족 내에서 해결해야 하는 개인적, 사적 책임이 아니라 사회적 책임이라는 인식이 확대되고 있다. 통계청의 『사회조사』에서 나타난 2002년과 2014년 노부모 부양책임에 대한 태도를 비교해 보면, 노부모 돌봄이 가족책임이라는 견해는 감소한 반면, 가족과 정부, 사회의 공동책임이라는 견해가 크게 증가하였다(한경혜 2015).

특히 정부, 사회가 전적으로 책임을 져야한다는 의견도 증가하여 이러한 가치관의 변화는 노인부양이 개인이나 가족만의 책임이 아니라, 사회의 공동책임이며 공적인 사회정책의 영역에서 중요하게 다루어져야 할 쟁점이 되었음을 시사한다.

4. 어린자녀 양육 가치관

1) 어린자녀에 대한 엄마의 양육의무: 시대별 변화

육아의 기회비용이론에서는 여성의 교육수준과 소득이 증대하면서 출산과 육아의 기회비용이 증가하는 것이 저출산의 원인이라고 설명한다(Becker 1960; Becker and Lewis 1973). 현재 한국사회에서도 자녀양육의 비용과 부담이 매우 크고 이것이 저출산의 주요한 하나의 원인으로 지적되고 있다(김승권 외 2005; 이삼식 외 2005). 먼저 부모들이 자녀양육의 책임한계를 어디까지 생각하고 있는지 조사결과를 통해서 살펴보기로 한다. 주로 경제적 지원과 자녀양육비의 지출로 나타나는 자녀양육의 책임한계를 '대학 졸업할 때까지'로 보는 경우가 49.6%로 가장 높았고, 다음은 '혼인할 때까지(23.1%)', '취업할 때까지(12.2%)'의 순이었다. 한국가족은 자녀양육의 책임이 '자녀대학졸업~취업~결혼'까지의 기간에 종료되는 것으로 생각하고 있다(이삼식 외 2005).

그런데 최근 경제위기와 무한경쟁의 사회적 환경 속에서 가족은 자녀에 대한 투자, 자녀교육에 더욱 몰입하게 되었고(장경섭 2009), 이로 인해 현대 한국의 가족주의는 자녀의 성적과 성공에 모든 것을 거는 '자녀중심적 가족'의 특성을 나타내고 있는 것으로 보여진다. 근대의 자녀교육이 주로 어머니의 책임이었던 것을 고려해 볼 때(Donzelot 1979; Lee 1999; 윤택림 2001) 최근의 자녀교육 경쟁에서 어머니의 참여와 역할이 더욱 중요해지고 있다(조성숙 2002; 김정희 2005; 박혜경 2009).

이와 함께 한국의 어머니들이 자녀양육에 대하여 많은 스트레스와 부담을 느끼는 것으로 나타난다. 즉 사회전반의 높은 교육열로 인해, 자녀양육 중에서 자녀교육 문제가 부모들에게 큰 부담으로 작용하고 있다. 자녀에 대한 사교육비의 증가, 가계지출에서 교육비가 차지하는 비중 등은 한국의 부모들이 자녀교육으로 인해 경제적인 부담을 크게 안고 있음을 짐작하게 한다. 이러한 경제적인 부담만이 아니라, 특히 중산층 가정에서는 지녀의 교육직 싱취에 대해서 부모가 느끼는 부담감도 매우 크다. 즉 자녀가 원하는 대학교에 진학할 수 있는가 여부는 청소년 자녀를 둔 가정의 화목과 성취를 좌우하게 된다(박영신·김의철 2002; Kim and Park 2003).

이와같은 현실 속에서 '어린자녀의 양육'에 대해서는 어떤 의무와 책임이 있다고 생각하는지 알아보기로 한다. 아이가 어릴 때는 엄마가 집에 있어야 한다'는 의견에 대해 2015년 찬성의견은 63%, 반대가 11%로 찬성이 압도적으로 높다. 그러나 과거와 비교해 보면 '찬성'의견은 과거에 비해 감소되고 있다. 1996년에는 약 81%라는 절대다수의 사람들이 찬성의견을 보였는데, 2004년에는 66%, 2015년에는 63%의 사람들이 동의를 한 것으로 나타난다. 따라서 2000년대에 들어서 찬성의견이 크게 감소한 것으로 나타난다. 특히 '매우 찬성' 의견은 1996년 54%에서 2004년 19%로 급격히 감소했고 2015년에 13%로 약간 감소한 추세이다.

'어린 자녀가 있을 때 자녀양육을 위해 엄마는 노동시장에 참여하는 등의 외부에서의 활동을 제한해야 한다'는 의견이 2000년대에 들어서 감소하게 된 것은 1997년 외환위기와 같은 커다란 경제적 충격을 경험한 것이 직접적인 계기가 된 것으로 해석된다. 즉 가장의 실직이나 파산, 재산의 손실 등의 경제적인 위험 속에서 기혼여성들이 어린 자녀가 있다 하더라도 생계를 위해 경제활동에 뛰어들어야 했던 현실적인 필요성이 반영된 것으로 보인다.

그러나 아직까지 직장 내 혹은 지역사회 내의 육아를 위한 공적 복지서비스와 지원시스템의 발달이 미진하여 어린 자녀가 있는 직장여성의 경우 자녀의 돌봄을 위해 사적으로 양육전담자를 고용하거나 지인이나 친지의 도움을 받아야 하는 경우가 많다. 또한 가족이 자녀를 위한 교육투자에 과도하게 몰입하게 만드는 무한경쟁구조 속에서 자녀의 성공에 모든 것을 거는 '자녀중심적 가족'은 오늘날 흔히 발견되는 보편적 가족특성으로 자리잡아가고 있다. 이와같은 한국의 자녀양육 현실로 인하여 현재 과반수 이상의 사람들이 엄마가 어린자녀를 직접 양육해야 한다는 의견을 나타내고 있는 것으로 보인다.

표 8 어린 자녀에 대한 엄마의 양육의무 (단위:%)

가족가치관	태도	1996년	2004년	2015년
아이가 어릴 때에는 엄마가 집에 있어야 한다	매우 찬성	54.3	18.9	13.1
	찬성하는 편	26.5	57	49.9
	그저그렇다	13.6	15	26
	반대하는 편	3.9	7.8	10
	배우 반대	1.7	1.3	1

출처: 서울대 아시아연구소『광복 70주년 국민의식조사』

2) 어린자녀에 대한 엄마의 양육의무: 코호트별 변화

2015년 현재 10년 전에 비하여 모든 코호트에서 '아이가 어릴 때에는 엄마가 집에 있어야 한다'는 의견에 찬성하는 비율이 감소하고 있으나 특히 1965~1974년 출생 코호트에서 다른 코호트에 비해 감소폭이 크다. 이 코호트는 10년 전에는 30~40세 전후의 연령층으로 자신의 생애주기상 대체적으로 실제 어린 자녀를 양육하는 경험을 했었고, 현재는 약 40~50세가 되어서 자녀가 성장하여 학령기에 이른 세대라고 할 수 있다. 따라서 과거 어린자녀를 양육하던 시기보다는 자녀양육에 대한 여유있는 태도를 보이게 된 것으로 해석할 수 있다.

1975~1984년 출생코호트는 현재 약 30~40세 사이의 연령층에 있는 세대로서 본인이나 주위의 동년배들이 어린자녀를 양육하고 있을 가능성이 크다. 이러한 생애주기에서는 엄마의 어린자녀양육 의무에 찬성하는 의견이 시간이 지나도 크게 변화하지 않고 그대로 유지되어, 상대적으로 다른 코호트에 비하여 감소폭이 작게 나타나고 있다. 자녀양육 의무감에 대한 동의정도는 본인이 당면하고 있는 생애주기의 영향을 일정한 정도로 받고 있는 것으로 볼 수 있다.

표 9 어린자녀에 대한 엄마의 양육의무

가족가치관	연도	75~84년생	65~74년생	55~64년생	45~54년생
아이가 어릴 때에는 엄마가 집에 있어야 한다	2004년	3.68	3.89	3.83	3.93
	2015년	3.57	3.60	3.69	3.83

출처: 서울대 아시아연구소 『광복 70주년 국민의식조사』

5. 여성의 사회적 지위

1) 여성의 사회적 지위: 시대별 변화

여성의 지위는 "사회의 정치적, 사회적, 경제적 체제에 대한 동등한 기회와 참여 그리고 혜택을 받을 수 있는" 사회적 위치라고 정의될 수 있다(Leahy 1986). 여성의 지위status, position에 있어서는 계층적 지배hierarchical dominance로서의 힘의 개념보다는 자아결정self-determination, 자율autonomy, 자아실현self-realization을 강조하는 힘의 개념이 보다 중요해진다.

한국사회에서 1990년대 이후 여성의 교육수준이 높아지고 사회활동이 증가함에 따라 여성의 권리인식은 가족 내 남녀의 역할과 지위변화 뿐 아니라 사회적 지위에 대한 의식까지도 변화시키고 있다. 노동시장 참여를 통하여 여성의 경제적 자립이 가능해지고 특히 고학력 여성의 경우에는 '자기 자신의 삶'을 기획할 가능성이 형성되었던 것이다. 특히 여성의 개별성이 부각되고 개인의 자아실현과 성취를 더욱 중요시하는 변화가 나타나고 더 이상 여성이 남성에게 의존적이거나 예속된 존재가 아니라는 인식이 확산되기에 이른다. 이와 같이 여성의 취업증가는 여성의 교육수준 향상 등의 변화와 맞물려 가정과 사회에서 각각 남녀가 동등한 지위와 역할을 가져야 한다는 이념적 전환을 촉진시켰다.

이와같은 사회변화 속에서 여성의 지위는 지속적으로 느리게 향상되어가고 있지만 그럼에도 불구하고 사회에서 여성들이 정치, 경제활동과 정책과정에서 얼마나 적극적으로 참여하고 있는지를 계량화한 지수인 여성권한지수Gender Empowerment Measures에 있어서 한국은 아직도 전세계적으로 하위권에 머물고 있다. 또한 경제참여기회, 교육적 성취, 건강과 생존, 정치적 권한 등의 분야에서 성별에 따라 어떤 차이가 나는지 분석하여 수치화한 '세계경제포럼 젠더격차지수(Gender Gap Index, GGI)'에서 한국은 2015년 0.651점으로 115위(전체 145개국)으로 최하위 수준을 기록하는 것으로 나타나고 있다. 한국은 특히 '경제참여 및 기회'의 순위가 낮았고 '유리천장지수'도 최하위였다(헤럴드경제 2016. 08. 28).

이와 같이 한국사회에서 여성의 권한과 양성평등의 수준이 매우 지체되어 있기 때문에 여성들의 기대와 열망이 만족스럽게 채워지지 않고 있는 것이 현실이다. 더구나 여성은 전통적인 가치와 새로운 가치관 속에서 갈등을 느끼며, 이러한 여건 하에서 자신의 가치를 재발견하고 사회적, 제도적 개선을 추구해야하는 난제를 안고 있다(김옥렬 1993).

현재 여성의 지위에 관한 사람들의 인식이 어떠한지 알아보기 위해 여성의 종속적 지위에 대한 동의율을 살펴보았다. '여성이 아무리 뛰어나도 여성의 사회적 지위는 남편에 의해 결정된다'는 의견에 대한 찬성비율은 24%, 반대비율이 46%로 나타나서, 반대의견이 찬성의견에 비해 약 2배 정도 우세하다. 즉 여성지위의 종속성을 부정하거나 중립적인 의견을 기진 사람이 4명 중 3명으로 여성의 자율적 지위를 인정하는 의견이 대세를 이루고 있다. 20여년 전과 비교해 볼 때, 여성의 종속적 지위에 대해 찬성하는 의견은 1991년 46%에서 2004년에는 32%로 감소했고 2015년에는 24%로 꾸준히 감소하고 있다. 특히 '매우 찬성'은 1991년에 12.8%에서 2004년은 5.3%로 절반 이상 감소되었고, 2015년에는 1.8%에 불과한 것으로 나타났다.

표 10 여성의 사회적 지위: 1991~2015 (단위:%)

가족가치관	태도	1996년	2004년	2015년
여성이 아무리 뛰어나도 여성의 사회적 지위는 남편에 의해 결정된다	매우 찬성	12.8	5.3	1.8
	찬성하는 편	32.9	27.3	21.7
	그저그렇다	10.4	19.2	30.2
	반대하는 편	25.1	34.7	34.2
	배우 반대	18.9	13.5	12.1

출처: 서울대 아시아연구소 『광복 70주년 국민의식조사』

여성의 종속적 지위에 대한 반대 의견, 즉 여성지위의 자율성을 인정하는 의견은 1991년에 44%, 2004년에 48%, 2015년에 46%로 거의 비슷한 수준을 유지하고 있다. 20년 전에는 '찬성'과 '반대'가 각각 44%로 양분되어 있었으나 2015년에 '여성의 능력에 무관하게 사회적 지위가 남편에게 종속되어 있다'는 의견에 찬성하는 사람은 4명 중 1명에 불과하다.

이러한 결과는 전세계적으로 젠더격차가 크고 여성권한이 취약한 한국의 현실 속에서도, 과거에 비해 여성의 교육수준이 향상되고 이에 따라 고학력 여성들의 경제활동 참가율이 증가하면서 기혼여성이 자율적으로 사회적 지위를 획득할 수 있는 기회가 증가하고 있기 때문인 것으로 보인다. 또한 실질적으로 '골드 미스' 혹은 '워킹맘' 등과 같이 전통적인 여성적 역할에만 한정되지 않고, 가정과 일을 병행하는 성취지향적인 여성상이 등장하고 있는 사회적 변화를 반영하고 있는 것이다.

2) 여성의 사회적 지위: 코호트별 분석

여성의 지위에 대한 의식을 코호트별로 분석한 결과 전반적으로 연령대가 높을수록 종속적 지위에 대한 동의율이 높게 나타난다. 현재 60대 이상의 연령층인 1945~1954년 코호트가 3점 이상을 기록하여 여성의 지위에 대한 가장 전통적인 의식을 갖고 있으며 나머지 코호트에서는 2점 이상에서 3점 미만의 점수를 보여서 다른 전통적 가족가치에 비하여 가장 낮은 지지를 얻고 있는 것을 알 수 있다.

그러나 10년 전과 비교하여 모든 코호트에서 큰 차이를 나타내지 않고 비슷한 수준을 유지하고 있으며, 예외적으로 1945~1954년 코호트에서는 오히려 여성의 종속적 지위에 대한 동의율이 더 높아지고 있다.

표 11 여성의 사회적 지위: 코호트 분석

가족가치관	연도	75~84년생	65~74년생	55~64년생	45~54년생
여성이 아무리 뛰어나도 여성의 사회적 지위는 남편에 의해 결정된다	2004년	2.47	2.54	2.71	3.04
	2015년	2.54	2.59	2.70	3.13

출처: 서울대 아시아연구소『광복 70주년 국민의식조사』

이 코호트에서는 10년 전에 비하여 남아선호 의식도 더욱 강화되고 있는데, 이는 60대 이상의 연령층은 경제활동으로부터 은퇴를 한 이후 노후생활에 대한 염려 등으로 인하여 자녀나 배우자에 대하여 보다 의존적인 태도를 갖게 되면서 전통적 가족가치로 회귀하고 있는 양상을 나타내는 것으로 해석된다.

6. 결혼에 대한 태두

과거에는 인간은 결혼해서 가족을 이루고 살아야 한다는 결혼규범이 한국사회에서 자식으로서의 의무이며 인간으로서는 필수적으로 거쳐야 하는 통과의례로서 자연스럽게 받아들여졌다(문소정 1996). 이와 같이 유교적 전통 사회에서는 모든 사람은 결혼을 하여서 비로소 완전한 성인으로 인정을 받으며, 다른 사회적 진출이 허용되지 않았던 여성에게 있어서 결혼은 생계를 위해서도 필수적인 것이었다(문옥표 1996). 오늘날에도 특히 여성은 결혼을 지위부여와 지위상승의 중요 통로로 여겨왔기 때문에 적령기에 달하면 결혼을 당연히 하는 것으로 생각해 왔다(김경신·이선미 1998). 그동안의 급속한 도시화, 산업화 과정에서도 가족을 이루는 근간이 되는 결혼은 여전히 대다수의 사람들에게 자연스러운 삶의 과정으로 받아들여져 온 것이다.

그러나 지난 15년간 한국인의 평균 초혼연령은 꾸준히 상승하였다. 노동

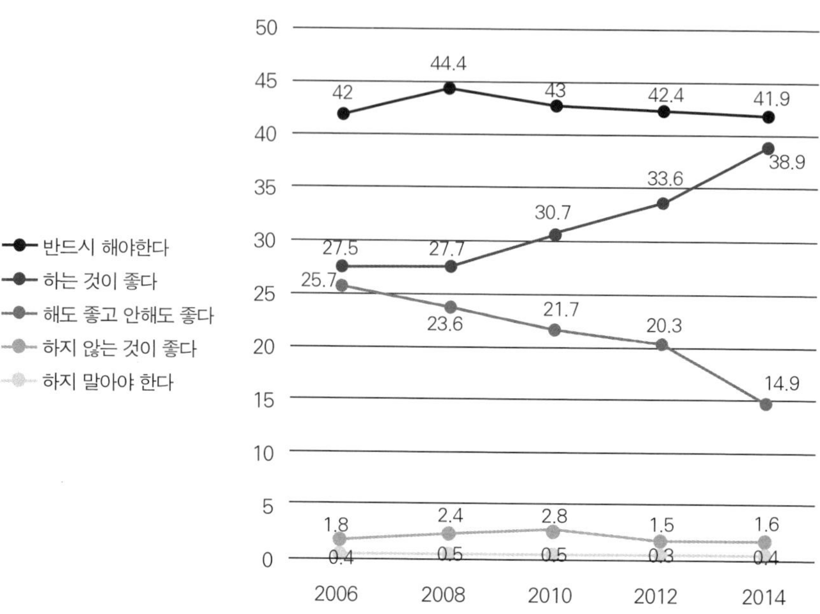

그림 2 결혼에 대한 의견: 2006~2014
출처: 통계청 사회조사 2006~2014

시장의 불안정성으로 인해 청년실업과 취업난이 가중되어 결혼을 하기 위한 경제적 기반을 확보하기가 어려워진 것이 최근 초혼연령의 상승의 주요 원인으로 지적된다(한경혜 2015). 그런데 초혼연령의 상승과 만혼화는 최근 변화하는 결혼관을 통해서도 영향을 받는 것으로 보인다. 오늘날 젊은이들에게 결혼과 출산은 특별한 이유가 없는 한 사회규범상 누구나 따라야 하는 것이 아니고 개인의 행복추구 관점에서 자유로운 선호와 선택의 문제로 바뀌게 된 것이다. 이와 같이 최근에 결혼은 필수가 아닌 선택으로 받아들여지고 있으며, 여러 여건이 적합하지 않을 경우 반드시 결혼할 필요는 없다는 의식이 증가하고 있다.

『광복 70주년 국민의식』 조사결과에 의하면 '결혼을 반드시 해야 한다'에 찬성하는 의견은 38%이며 '결혼이 필수적이지 않다' 혹은 '어느 쪽도 아니다' 고 생각하는 사람이 전체의 62%로 결혼을 반드시 해야하는 것은 아니라고 생각하는 사람들이 더 많다. 현재 전체의 과반수 이상의 사람들이 결혼의 필수성에 대해 동의하지 않는 추세이다. 즉 결혼의 필수성에 대한 적극적인 반대의견은 23%로 '결혼은 필수적인 것이 아니다' 즉 '결혼은 선택이다'라고 단정하는 사람들이 4명 중 1명으로 나타난다.

2006년부터 2014년까지 12년 간의 통계청 사회조사 자료에 의하면 '결혼을 반드시 해야한다'는 약 15%로 나타나고 있는데, 2006년에는 약 26%, 2012년에는 약 20%로 감소하여 과거에 비해 지속적으로 감소하고 있음을 보여준다. '결혼을 해도 좋고 안해도 좋다'는 의견은 2006년에는 약 28%에서 2014년에 약 39%로 점차 증가하고 있다. '결혼을 하는 것이 좋다'는 의견은 2006년부터 2014년까지 약 40%를 상회하면서 큰 변화없이 유지되고 있다. 즉 결혼의 필수성에는 반대하는 의견이 증가하고 '결혼이 선택'이라는 것에 대해 동의하는 의견은 계속 증가하고 있다.

7. 이상적인 자녀수

1) 이상적인 자녀수: 시기별 변화

전통적 가부장적 사회에서는 출산은 결혼의 주요 동기 중 하나였다. 사망률이 높았던 전통사회에서는 가계계승을 확실히 하기 위해서 다산이 권장되었고 결혼예식에 다산을 기원하는 의식이 포함되었다(이미정 2005). 그러나 지난 수십년간 동아시아 국가들에서 출산율이 급격하게 감소되어 왔다. 우리나라는 1960년에 출산율이 약 6.0에 가까웠는데, 약 40여년 동안 급격히 감소하여 2005년에 1.08을 기록했고, 중국 역시 1960년에 약 6.0이었던 출산율이 2004년에 1.70으로 감소되었다. 일본은 1950년대 후반 출산율이 약 3.0이었다가 1960년대 초반 2.0으로 감소되고 2007년에는 다시 1.34로 감소되었다(Kureishi and Wakabayashi 2011). 이러한 결과를 통해 한국은 동아시아 3국 중에서 출산율에서 가장 급격한 감소를 나타내고 있음을 알 수 있다. 그런데 왜 한국에서 지난 40여년 동안 출산율의 급격한 감소가 나타났을까? 일반적으로 1960년대 이후 산업화과정에서 가족계획사업으로 인한 산아제한이 국가와 사회의 정책적 목표로 추구된 점과 기존의 한국사회에서 출생 억제에 대한 강한 욕구로 인하여 소자녀관이 확산되면서 사람들이 자발적으로 출산을 통제한 점이 실제 출산행위에 영향을 미친 것으로 해석된다(Kwon 1997).

1970년대 초 9개 국가를 대상으로 출산행동에 영향을 미치는 요인들을 분석하기 위해 '자녀가치'연구를 실시하였다. 이 연구에서는 독일, 미국, 인도네시아, 한국, 필리핀, 싱가포르, 타이완, 태국을 대상으로 자녀를 낳으려는 결정과 자녀 수, 자녀에 대한 투자와 자녀에 대한 기대에 영향을 미치는 심리적, 사회적, 경제적 요인들에 대해 조사했다(Arnold, Bulatao, Buripakdi, Chung, Fawcett, Iritani, Lee & Wu 1975). 연구결과 자녀가치에 영향을 주는 대표적인 세 가지 요인으로서, 경제적·도구적 가치, 사회적 가치, 심리적 가치가 확인되었다. 여기에서 경제적·도구적 가치란, 자녀가 어렸을 때는 가정경제에 보탬이 되고 가사를 도울 수 있고, 성인이 된 후에는 부모를 돌보고 노후를 보장할 수 있는 것과 관련된 가치이다. 사회적 가치란 자녀를 가짐으로써 가문을 이어가고, 사회적인 의무를 다하며, 사회적 지위와 네트워크를 가질 수 있는 것과 관련된 사회적 차원의 가치를 의미한다. 심리적 가치는 자녀를 통해 부모가 애정과 기쁨, 재미, 동반자 의식과 자부심을 느끼게 되는 것과 관련된 개인적 차원의 가치이다. 전통적인 농경사회에서 많은 자녀, 특히 아들을 갖는 것은 경제적이고 사회적인 이득을 주었다(Kagitcibasi 1982). 그러나 현대사회에서는 자녀의 심리적 가치가 더욱 중요해지고, 많은 자녀를 가질 필요성이나 남아선호 현상이 줄어들기 시작했다(Kagitcibasi 1996). 한국인은 주로 자녀가 가족에게 주는 행복, 즐거움, 애정 때문에 자녀를 낳는다고 응답했다(Kim and Choi 1994). 자녀가 주는 정서적 가치와 관계적 가치는 사회계층, 거주지역, 성별을 초월하여 가장 중요한 가족가치로 나타났다(김의철 외 2005).

그러나 최근 우리나라에서 자녀양육과 관련된 비용부담이 저출산의 주요 요인이라고 지적하는 사람들이 적지 않다. 한국사회를 아이를 낳고 키우기에는 너무 힘들고 부담스러운 사회로 인식하며 '선택적 무자녀'부부들도 증가하고 있는 추세이다(Yang and Rosenblatt 2008; 이민아 2013). 그러면 출산율은 지난 30여년 동안 어떻게 변화되었고, 또한 과연 이러한 출산율의 감소가 사람들이 실제로 생각하는 이상적인 자녀수의 감소를 그대로 반영하는 것인지를 알아보기 위하여 합계출산율의 변화추이와 이상적인 자녀 수에 대한 인식과 합계출산율의 차이를 시기별로 비교해 보았다.

합계출산율은 1981년 2.66에서 1990년에 1.59로 급격히 감소하고 2004년에 1.19, 2013년에 1.21로 지속적으로 감소하고 있다. 즉 이제 사람들은 평균적으로 거의 한 자녀만을 출산하고 있는 것으로 나타난다. 그러나 사람들이 생각하는 이상적인 자녀 수와 합계출산율의 차이를 시계열적으로 살펴보면, 1980년대 중반 이후 자녀 출산행위에 있어서 이상과 현실간의 큰 괴리가 나타나고 있다. 이상적인 자녀수는 1981년 2015년에 이르기까지 크게 변화하지 않고 단지 완만하게 감소하는 추세를 보인다. 1981년에는 2.46명에서 1990년에 2.19명으로 감소했고 1995년에 다시 2.48명으로 증가했다가 2004년 2.42명, 2015년에 2.26명으로 감소했다. 이상적인 자녀 수는 지난 35년 동안 2.46명에서 2.26명으로 단지 0.2명이 감소했을 뿐이다. 따라서 사람들의 의식 속에서 이상적이라고 생각하는 자녀수는 30여년 간 큰 변화없이 2명을 약간 상회하고 있음을 알 수 있다.

그러나 실제로 출산하는 자녀수를 나타내는 합계출산율은 1980년대 중반 이후에는 '이상적이라고 생각하는 자녀 수'보다 훨씬 적게 나타나고 있다.

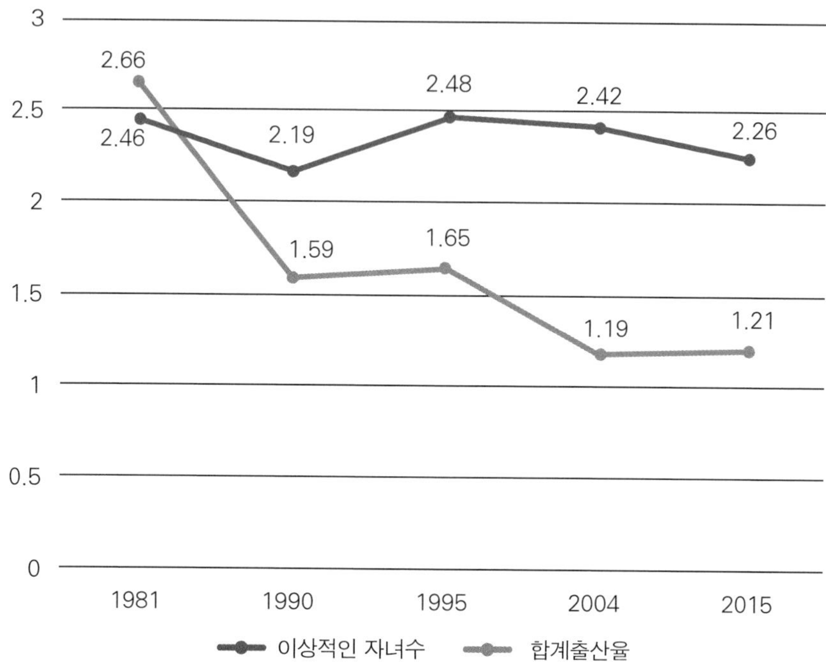

그림 3 이상적인 자녀수와 합계출산율 1981~2015

출처: 1981년, 1990년, 1995년, 2004년 서울대학교 사회발전연구소『국민의식조사』자료, 2015년
　　　서울대학교 아시아연구소『광복 70주년 국민의식조사』자료

1981년에는 이상적인 자녀수가 2.46명이고 합계출산율이 2.66명으로 대체로 이상적인 자녀 수보다 약간 더 많은 수의 자녀를 출산했다고 볼 수 있다. 그러나 1980년대 중반을 거치면서 이상적인 자녀 수는 완만히 감소하는데 비하여 합계출산율이 급격하게 감소하면서 1990년에는 이상적인 자녀수와 합계출산율의 차이는 0.6명이 되었으며 이후 1995년에는 0.83명, 2004년에는 1.52명, 2015년에는 1.05명으로 지속적으로 격차가 크게 벌어졌다.

　　이제 사람들은 자신이 이상적이라고 생각하는 자녀 수보다 1명 이상을 적게 출산하고 있다. 따라서 현재의 '초저출산' 현상은 경제개발기의 산아제한 정책 초기에 경제적인 동기로 '자녀를 적게 낳는 것이 바람직하다'라는 방향으로 출산가치관이 변화하면서 저출산을 유도했던 것과는 다른 양상으로 전개되고 있다. 1960년대 이후 가족계획사업이 시행되면서 과거에 비해 출산율이 급격히 감소하고 '두 자녀 정도가 바람직하다'는 소자녀규범이 널리 확산된 것이 사실이다. 그러나 1980년대 중반에 이르러서는 오히려 '이상적인 자녀 수'보다 더 적은 수의 자녀를 출산하고 있다. 이것은 여성의 경제활동 증가, 육아 및 교육에서의 비용부담과 미흡한 육아지원 서비스, 일과 육아를 병행하기 어렵게 하는 직장분위기 등과 같은 사회구조 및 제도적 문제들이 출산행위에 영향을 미쳐서 자신들이 원하는 '이상적인 자녀 수'만큼 출산을 하지 못하게 되었기 때문이다. 즉 소자녀 규범보다 더욱 적은 수의 자녀를 출산하는 '초소자녀 출산' 현상은 현실적으로 적은 수의 자녀를 낳을 수 밖에 없는 상황 때문에 강요된 행위 내지는 대안을 찾지 못하고 전략적으로 선택한 행위라고 볼 수 있다.

2) 이상적인 자녀수: 코호트별 분석

다음으로 '이상적인 자녀 수'에 대한 코호트별 비교분석을 통해 개인의 생애사의 흐름 속에서 '이상적인 자녀 수'에 대한 생각이 어떻게 변화하고 있는지 살펴보기로 한다. 2015년 현재 '이상적인 자녀수'에 대하여 세대 간 비교를 할 경우 연령이 증가할수록 이상적인 자녀수가 증가하는 것을 볼 수 있다. 20대는 1.93명, 30대는 2.03명 40대는 2.24명, 50대는 2.36명, 60세 이상은 2.65명으로 나타나서 20대와 60대의 이상적인 자녀수의 차이는 0.72명으로 매우 크다. 특히 50대 이하의 연령층과 60대 이상의 연령층 간에 이상적인 자녀 수의 차이가 크게 나타난다. 즉 60대 이상의 연령층은 자녀수에 대해 보다 낮은 연령대와는 차별적인 가치를 가지고 있음을 보여준다.

코호트 분석을 통해서 살펴보면, 거의 모든 코호트에서 10년 전에 비해 이상적인 자녀 수가 감소했으나 현재 60대인 1945~1954년생 코호트에서는 이상적인 자녀 수가 오히려 증가한 것을 볼 수 있다.

가족가치관	연도	75~84년생	65~74년생	55~64년생	45~54년생
이상적인	2004년	2.64	2.36	2.86	2.41
자녀수	2015년	2.03	2.24	2.36	2.65

출처: 서울대 아시아연구소『광복 70주년 국민의식조사』

이들은 노년기 초입에 접어들면서 자신의 노후생활을 경제적으로나 정서적으로 지지해 줄 자녀가 더 있었으면 좋겠다는 생각을 하게 되기 때문일 것이다.

1975~1984년생의 경우 이상적인 자녀 수가 10년 전에는 2.64명에서 2015년에는 2.03명으로 감소했고 1965~1974년생은 2.36명에서 2.24명으로, 1955~1964년생은 2.86명에서 2.36명으로 각각 감소하고 있다. 10년 전과 비교하여 이상적인 자녀 수에서 가장 큰 감소폭을 보이는 코호트는 현재 50대인 1955~1964년 출생집단으로 나타난다.

Ⅲ. 집단간의 가족가치관의 차이

1. 가족가치관의 전반적인 특징

지금까지는 가족가치관의 시대별 변화와 각 코호트별의 변화를 살펴보았다면, 여기에서는 최근 우리나라 가족가치관의 전반적인 분포에 대해 살펴보고자 한다. 가족가치관 중에서 가장 동의율이 높은 것은 '아이가 어릴 때에는 엄마가 집에 있어야 한다(3.64)'이다. 자녀양육의 가치는 다른 항목들에 비하여 훨씬 더 많은 지지를 받고 있는 것으로 나타나고 있다. 다음으로 동의율이 높은 네 개의 가족가치관은 '부부사이가 나쁘더라도 자식을 위해 이혼하지 말아야 한다(3.24)', '자식은 부모를 모실 의무가 있다(3.21)', '결혼은 꼭 해야한다(3.19)', '아들 하나는 꼭 있어야 한다(3.09)'로서 이혼반대, 부모부양, 결혼의 필수성, 남아선호는 중간 정도로 높은 동의율을 얻고 있다. 동의율이 낮은 가치관은 '여성이 아무리 뛰어나도 여성의 사회적 지위는 남편에 의해 결정된다(2.67)'이다. 즉 여성지위의 종속성에 대해서는 많은 사람들이 동의하지 않는 전통적 가족가치임을 알 수 있다. 그러나 여성의 종속적 지위에 대한 동의정도를 제외한 나머지 가족가치의 점수가 3점 이상(최대값 5점)으로 나타나는 것을 볼 때, 전통적 가족가치는 약화되고 있기는 하지만 아직까지 비교적 강하게 남아 있고, 일정한 정도로 유지되고 있음을 확인할 수 있다. 특히 '엄마의 어린자녀 양육의무'와 '(자녀를 위한) 이혼반대' 등은 가장 동의율이 높은 상위 두 개의 가족가치인데, 모두 자녀와 관련된 가치라는 점에서 현재 자녀중심적인 가족가치관이 상당히 강하게 존속되고 있음을 알 수 있다.

전반적으로는 전통적인 가족가치 중에서 가장 크게 약화된 가치는 '여성의 지위'와 관련된 것이다. 이는 여성의 교육수준의 향상과 사회활동 및 노동시장 참여 등으로 인하여 사회적 인식의 전환이 이루어지면서 남녀평등의식이 확산된 결과라고 볼 수 있다. 다음으로 변화되고 있는 가치는 혼인 및 출산(남아선호), 부모부양에 관한 가치인데, 남아선호와 결혼의 필수성은 젊은 세대를 중심으로 크게 약화되고 있으며 부모부양의식은 현재 60세 초반에 이르고 있는 베이비붐 세대 이후에서 많이 약화되고 있음을 확인할 수 있다. 즉 베이비붐 이후 세대는 과거의 세대와는 차별화된 신세대 노인으로 자신은 부모를 부양하지만, 자신의 노후를 자녀에게 의탁하기 보다는 스스로를 부양해야 한다는 독립적인 의식을 가진 자립추구형 집단이라고 할 수 있다. 또한 젊은 세대를 중심으로 노인부양이 개인적 혹은 가족적 부담으로만 인식되어서는 안되며, 가족·사회·정부의 공동책임이라는 의식이 확산되고 있다.

한편 '엄마의 어린자녀양육'의 가치는 가장 많이 지지되는 가족가치관이다. 이를 통해 자녀양육의 가치가 다른 전통적 가족가치와는 비교하여 매우

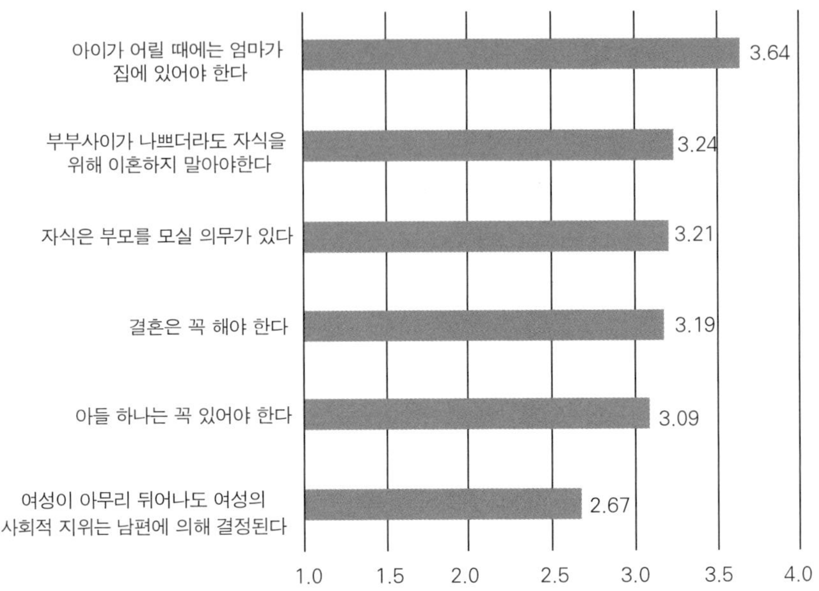

그림 4 가족가치관 및 결혼관

출처: 서울대 아시아연구소『광복 70주년 국민의식조사』

중요시되고 있음을 알 수 있다. 한국사회에서 자녀양육은 도구적인 가족이 념의 주요한 특징을 보여주고 있는데, 이는 '자녀중심적인 가족', '자녀에게 몰입하는 가족'으로 가시화되고 있다. 특히 가족은 경제위기와 무한경쟁의 사회적 환경 속에서 각기 살아남아야 하는 계급재생산의 기본 단위가 되고, 가족의 이익을 극대화하기 위하여 자녀의 교육에 모든 것을 투자하는 "학력 경쟁"의 양상을 띠게 되었다. 이러한 도구주의적인 가족관은 세대 간 계층이 동에 대한 집착에서도 볼 수 있는데, 전통적으로는 자녀의 교육에 아낌없는 투자를 해 왔던 한국의 '교육열'로 나타나고 있다(조은 2003).

2. 전통적 가족가치관: 가치관간의 상관관계 및 사회집단별 차이

1) 가족가치관의 상관관계

전통적 가족가치관인 남아선호, 이혼반대, 부모부양 의무, 결혼의 필수성, 여성의 종속적 지위, 엄마의 자녀양육의무 등의 가족가치관들이 서로 얼마나 연관되어 있는지를 확인하기 위해 가족가치관을 구성하는 문항들에 대해 상관관계분석을 실시하였다. 분석결과는 모든 전통적인 가족가치관이 유의미한 상관관계를 나타내고 있다. 특히 '아들 하나는 꼭 있어야 한다'와 '자식을 위해서 이혼하지 말아야 한다'가 가장 높은 상관관계를 보이고 있고 다음으로는 '아들 하나는 꼭 있어야 한다'와 '결혼은 꼭 해야 한다'가 그 다음으로 높은 상관관계를 나타내고 있다. 즉 남아선호사상과 이혼반대, 결혼의 필수성 등은 서로 매우 높은 연관성이 있는 가치임을 알 수 있다. 그리고 '부부사이가 나쁘더라도 자녀를 위해 이혼하지 말아야 한다'는 가치와 '자식은 자녀를 부양할 의무가 있다', '여성이 아무리 뛰어나도 여성의 사회적 지위는 남편에 의해 결정된다', '결혼을 꼭 해야 한다'는 가족가치도 서로 매우 높은 관련성을 나타내고 있다. 즉 자녀를 위해 이혼에 반대하는 입장과 노부모부양의무, 여성의 종속적 지위, 결혼의 필수성 등이 높은 상관관계가 있다.

따라서 전통적 가족가치를 지지하고 있는 주요한 핵심적인 가치는 '남아선호'와 '(자녀를 위한) 이혼반대'인 것으로 나타나는데, 이 두 가치관 모두 자녀와 관련되어 있다는 점이 매우 흥미롭다. 이 두 가치를 중심으로 '결혼의 필수성', '노부모 부양의무', '여성의 예속적 지위'등의 전통적 가족가치가 서로 높은 상관관계를 갖고 있다. 즉 겉으로 드러난 가족가치에 대한 찬성율 이면에는 이를 떠받치고 유지시키는 전통적인 가족가치들 간의 상호관련성이 존재한다. 전통적 가족가치 중에서 주요한 핵심 가족가치관이 현재까지 강하게 남아서 견인력을 발휘하고 있다는 것을 보여주는데, 그러한 전통적

표 13 가족가치관의 상관관계

	아들 하나는 꼭 있어야 한다	자식위해 이혼하지 말아야 한다	자식은 부모부양 의무가 있다	아이가 어릴 때 엄마가 보살펴야 한다	여성의 사회적 지위는 남편에 의해 결정된다	결혼은 꼭 해야 한다
아들 하나는 있어야 한다	1					
자식위해 이혼하지 말아야 한다	.430**	1				
자식은 부모 부양 의무가 있다	.298**	.357**	1			
아이가 어릴 때 엄마가 보살펴야 한다	.200**	.268**	.177**	1		
여성의 사회적 지위는 남편에 의해 결정된다	.334**	.337**	.209**	.213**	1	
결혼은 꼭 해야 한다	.373**	.339**	.260**	.221**	.180**	1

가족가치는 '남아선호'와 '(자녀를 위한) 이혼반대'와 같은 자녀와 관련된 가치들이다. 이러한 가치관을 강하게 보유하고 있는 사람들은 대체로 결혼을 꼭 해야 하며, 자녀는 노부모를 부양할 의무가 있으며 여성의 자율적인 지위를 인정하지 않는 등의 전통적 가족가치를 유지하고 있는 것으로 보인다. 이와 같이 전통적 가족가치의 존속도 자녀와 관련된 가치들을 중심으로 상호연관되고 있는 것을 볼 때, 우리나라의 가족가치는 자녀중심의 도구주의적인 특징을 띠고 있다고 말할 수 있다.

2) 사회집단별 가족가치관의 차이

전통적 가족가치관인 남아선호, 이혼반대, 부모부양 의무, 결혼의 필수성, 여성의 종속적 지위, 엄마의 자녀양육의무 등의 가족가치관에 대해 요인분석을 한 결과, 하나의 요인으로 묶이는 것을 확인할 수 있었다. 여기에서 요인부하값이 낮은 '어린자녀에 대한 엄마의 양육'을 제외한 나머지 항목들을

표 14 사회집단별 전통적 가족가치관의 차이

범주		평균	표준편차	F
성별	남성	15.84	3.15	17.43***
	여성	14.97	3.42	
연령	20 대	13.93	3.11	44.45***
	30 대	14.43	3.10	
	40 대	14.88	3.09	
	50 대	15.80	3.03	
	60 세 이상	17.52	2.97	
교육수준	초졸이하	17.64	3.18	21.33***
	고졸이하	15.75	3.22	
	전문대졸	14.74	3.07	
	대졸이상	14.64	3.30	
결혼유형	기혼	15.74	3.27	23.17***
	미혼	14.07	3.09	
	기타(이혼, 사별)	16.10	3.51	
자녀유무	자녀있음	15.84	3.27	56.95***
	자녀없음	14.08	3.07	
직업	전문/관리직	16.14	2.68	10.14***
	반전문기술직/사무직	14.58	3.15	
	판매직/서비스직	15.37	3.24	
	생산직	16.90	3.08	
	농어민	18.18	3.54	
	미취업(학생, 주부, 은퇴)	15.42	3.36	

최소값: 5 최대값: 25

출처: 서울대 아시아연구소『광복 70주년 국민의식조사』

합하여 '전통적 가족가치관'이라는 변수를 만들었다. 기존연구에 의하면 가족가치관은 성, 연령, 교육수준, 결혼지위 등에 따라 다양한 차이가 나타나고 있으며 특히 세대 간의 차이가 큰 것으로 분석되고 있다. 또한 최근의 급격한 가족의 변화가 가치관의 변동과 관련되어 있다고 보여진다.

여기에서는 사회인구학적 요인에 따른 사회집단별 가족가치관의 차이를 살펴보기로 한다. 가족가치관은 성별, 연령, 결혼유형, 교육수준, 직업에 따라서 각 집단별로 큰 차이를 나타내고 있다.

남성이 여성에 비해, 나이든 세대일수록 전통적 가족가치관을 가지고 있으며 미혼집단에 비하여 기혼이나 기타(이혼, 사별)집단이, 자녀가 없는 집단에 비하여 자녀가 있는 집단일수록, 교육수준이 낮을수록 전통적 가족가치관을 나타내고 있다. 직업별로는 반전문·기술직이나 사무직 종사자들이 전통적인 가족가치관의 점수가 가장 낮았고 농어민, 생산직 종사자들의 가족가치관 점수가 가장 높게 나타난다. 한편 일반적으로 교육수준이 높은 전문·관리직 종사자들은 사무직이나 서비스직 종사자들보다 더 전통적인 가족가치관을 갖고 있는 것으로 나타나고 있는 점이 흥미롭다. 직업적으로 사회의 상층을 차지하고 있는 전문·관리직 종사자집단에서 가족가치에 있어 보수적인 경향을 나타내고 있음을 볼 수 있다. 가족가치에 있어서 집단 간 차이를 가장 크게 나타내는 사회인구학적인 요인은 연령과 직업인 것으로 나타났다. 연령집단에 있어서 20대와 60대는 가족가치관 점수에서 3.59점의 차이로 20대가 가장 비전통적인 가족가치를 나타냈고, 직업집단별로는 반전문·기술직/사무직 종사자는 농어민에 비하여 3.6점의 차이로 전통적 가족가치가 가장 낮게 나타나고 있다.

Ⅳ. 결론

지금까지 약 30여년 간 한국의 가족가치관의 변화를 시기별, 코호트별로 살펴보고 집단별 차이를 고찰하였다. 지난 30여년 간의 가족가치관의 변화를 살펴보았을 때, 특징적인 것은 여러 가치관들이 그 변화의 속도와 범위에 있어서 차이를 보이고 있다는 점이다. 가치관의 변화의 속도에 있어서 세 가지의 가치로 구분되는데, ① 빠르게 변화하는 가족가치 ② 점진적으로 변화하는 가족가치 ③ 상대적으로 지속되는 가족가치 등이다. 먼저 변화의 속도에 있어서 최근 매우 빠르게 변화한 것은 '부모부양의 의무'의 약화, '여성의 자율적 사회적 지위에 대한 인정' 등이다. 상대적으로 점진적으로 변화하고 있는 가치는 남아선호, 이혼관, 결혼의 필수성에 대한 가치이다. 남아선호는 1990년대를 거치면서 급격히 감소하였고 2000년대 이후에는 점진적으로 감소하고 있다. 이혼에 대한 부정적인 태도는 2000년대 이후에 점차 약화되고 있다. 결혼의 필수성에 대한 의견 즉 '결혼을 해도 좋고 안해도 좋다'는 태도는 상대적으로 최근에 많이 증가하고 있는데 2000년대 후반 이후에 많이 증가하여 현재에는 40%에 이르고 있다. 그러나 가족가치관 중 가장 동의율이 높으며 약화속도가 느리고 상대적으로 지속되고 있는 것은 '엄마의 어린 자녀양육의무'에 대한 가치이다. 이러한 양육가치는 1990년대에서 2000년대로 들어서면서 크게 약화되었지만 현재까지 비교적 높은 동의를 얻으면서 지속되고 있다

한편 변화의 범위는 전체 코호트에서 급격한 변화가 나타난 경우와 상대적으로 일부 코호트에서만 변화가 나타난 경우로 구분하여 살펴볼 수 있다. 전체 코호트에서 변화가 나타난 가치관은 이혼에 대한 부정적 인식의 감소와 부모부양의식의 약화가 대표적이다. 이혼에 대해서는 모든 코호트에서 이혼에 대한 허용적인 태도가 확산되고 있음을 볼 수 있다. 과거에는 결혼생활 5년 이하의 부부들에게서 이혼율이 가장 높았는데, 최근에는 20년 이상 동거한 중장년층 부부들의 이혼율이 높아지고 황혼이혼 등이 증가하고 있는 사실에서도 가치관의 변화가 드러나고 있다. 부모부양의식도 젊은 코호트 뿐 아니라 현재 60세에서 70세 사이의 연령집단인 1945~1954년 코호트에게서도 약화되고 있다. 이는 젊은 세대에게는 노인부양에 대한 사회 및 정부의 책임성에 대한 강조로 나타나게 되며, 노년 세대에게는 자녀에게 노후를 의탁하지 않고 스스로 부양을 하고자 하는 자립적 의지의 표현으로 드러난다.

상대적으로 일부 코호트, 즉 젊은 코호트에서만 변화가 두드러지는 가족가치는 '남아선호', '엄마의 자녀양육의무', '여성의 자율적 지위의 인정' 등에 관한 가치이다. 이러한 가치들은 상대적으로 젊은 세대를 중심으로 변화가 이루어지고 있으며 한편으로는 나이가 들면서 보수화될 수 있는 가족가치인 것으로 해석된다.

이와 같은 가족가치관의 변화의 기저에는 사회의 변화 및 여성의 역할의 변화가 자리하고 있다. 여성의 취업증가는 여성의 교육수준 향상 등의 변화와 맞물려 가정과 사회에서 각각 남녀가 동등한 지위와 역할을 가져야 한다는 이념적 전환을 촉진시켰다. 출산율의 급격한 하락과 무자녀 부부의 등장 등 이러한 변화들은 우선 여성들을 중심으로 추구되어 온 것이지만 남성들의 경우에도 소극적 수용에서부터 적극적 추구에 이르기까지 폭넓은 태도변화를 보이고 있다. 오늘날 젊은이들에게 결혼과 출산은 특별한 이유가 없는 한 사회규범상 누구나 따라야 하는 것이 아니고 개인의 행복추구 관점에서 자유로운 선호와 선택의 문제로 바뀌게 된 것이다(장경섭 2009).

그러나 변화의 방향과 정도는 각 집단별로 큰 차이를 보이고 있다. 남성이 여성에 비해, 미혼집단보다 기혼집단은 더욱 전통적인 가족가치관을 갖고 있다. 사회인구학적 특징에 따른 집단간 비교분석 결과, 연령과 직업에 따른 가족가치관의 차이가 가장 큰 것으로 나타났다. 연령별로 20대와 60대의 가족가치관의 차이, 그리고 직업집단별로 반전문기술직·사무직 종사자와 농어민의 간의 가족가치관의 차이는 성별, 교육수준, 결혼지위, 자녀유무에 의한 집단간 차이보다 훨씬 더 큰 것을 볼 수 있다. 현재 20대와 반전문기술직·사무직 종사자들이 가장 비전통적인 가족가치를 갖고 있는 것으로 나타나고 60대와 농어민들의 가장 전통적인 가족가치를 가지고 있다. 그리고 젊은 세대와 고학력자, 미혼집단, 사무직·서비스직 종사자들을 중심으로 비전통적인 가족가치가 폭넓게 확산되어 있다. 이와 동시에 나이든 세대, 저학력자, 기혼자, 생산직 종사자나 농어민은 보다 전통적 가족가치를 보유하고 있다.

한국, 대만, 일본의 3개국 조사자료를 통하여 국제 비교분석을 실시해 본 결과, 아시아의 가족가치는 아직도 유교적인 전통 속에서 공통적으로 지지되는 가치성분들이 존속하고 있는 것으로 나타난다. 이는 남성우위, 부계중심주의, 부모-자녀관계에서의 위계구조, 아버지의 권위 등을 포함하고 있다(은기수 2016). 따라서 현대 한국사회의 가족가치는 전통적 가치의 변화와 지속, 그리고 가족가치의 선택성의 증가 등으로 특징지워진다고 볼 수 있다.

한국사회에서 가족가치관의 혼재 및 가족가치관의 다원성이 존재하며 이에 대해 압축적 사회변동과정에서 한국인들의 가족주의는 급격한 사회변동과 맞물리면서 세대, 성별, 지역, 학력 등에 따라 유교적 가족이념, 도구주의 가족이념, 서정주의 가족이념, 개인주의 가족이념 등의 상이한 가족이념에 상이한 정도로 노출되어 왔다(장경섭 2009).

지난 30여년간의 자료를 분석해 보았을 때에도, 가족가치관의 코호트별, 사회집단별 차이가 크게 나타나고 있음을 살펴볼 수 있다. 따라서 한국사회의 변화의 과정 속에서 전통적 가족가치가 개인주의적 가족가치로 대체되었다기 보다는 두 가치가 갈등하며 경합하고 있다고 볼 수 있다. 한 사회 내에서 뿐 아니라, 한 가족 내의 서로 다른 세대구성원 간에, 더 나아가서 한 개인의 생애사와 생애과정 내에서 전통적 가치와 비전통적 가치가 공존하면서 반목하고 서로 경쟁하는 양상을 나타내고 있다. 이것은 가족가치관의 넓은 스펙트럼 속에서 어떤 한 개인은 특정한 생애과정에서, 특정한 시기에, 어떤 국면에서 비전통적 가족가치를 선택할 수 있으며, 다른 경우에는 보다 전통적 가족가치를 선택할 수도 있음을 뜻한다.

참고문헌

권용혁, 2013, "한국의 가족주의에 대한 사회철학적 성찰," 『사회와 철학』 25:203-232.

김경신·이선미, 1998, "미혼남녀의 결혼관에 나타난 결혼 이데올로기," 『한국가정과학회지』 36(10):154-159.

김기연·신수진·최혜경, 2003, "한국인의 세대별 가치관과 생활행동," 『한국가정관리학회지』 21(3):87-99.

김승권·전광희·김민자·이연주·김유경·서문희·조애저, 2005, 『인구전환기의 한국사회가치관 및 가족변화와 대응방안』, 한국보건사회연구원.

김옥렬, 1993, "한국 여성의 지위," 『아시아여성연구』 32: 7-18.

김유경, 2014, "가족변화양상과 정책함의," Issue & Focus 258:1-8.

김은희, 1994, "도시 중산층에서의 핵가족화와 가족내 위계 관계 변형의 문화적 분석," 『한국문화인류학』 25:183-222.

김의철·박영신·권용은, 2005, "한국 세대별 어머니 집단의 가족관관 가치의식 비교 -자녀 가치와 양육태도 및 부모부양을 중심으로," 『한국심리학회지:문화 및 사회문제』 11(1):109-142.

김정희, 2005, "제도화된 모성경험과 변화의 방향: 지역성 부재의 변화를 중심으로," 이화여자대학교 한국여성연구원(편), 지구화 시대 여성과 공공정책의 변화, 서울:푸른사상.

김태길, 2002, "한국 가족의 과거와 현재 그리고 미래," 『철학과 현실』 2002.12:30-41.

김태길, 2010, 『한국인의 가치관 연구: 직업윤리와 한국인의 가치관』 (우송 김태길 전집9), 철학과 현실사.

김태현, 2006, "가족구조, 기능, 가치관의 변화", 『여성연구논총』 5:99-118.

김혜선·신수아, 2002, "결혼준비 척도 개발연구-기혼 남녀를 중심으로," 대한가정학회지 40(3): 41-53.

김혜경, 2001, "자녀관의 변화: 무자녀 가족의 경우," 이동원 외(공저) 『변화하는 사회, 다양한 가족』, 양서원.

김혜경·박천만, 2010, "노인부양의 사회화 인식에 관한 연구: 대학생과 부모조사의 비교분석을 중심으로", 『보건사회연구』 30(1):170-194.

김혜영·김상돈·박선애, 2012, 『가족관련 가치 및 의식의 변화와 가족의 미래』, 한국여성정책연구원.

김홍규, 1994, 『인간행동의 이해』, 양서원.

김홍규, 주연희 2003, "가족가치관에 관한 조사연구," 『인하교육연구』 9:177-194.

문소정, 1996, "가족이데올로기의 변화," 여성한국사회연구회 편, 『한국 가족문화의 오늘과 내일』, 사회문화연구소출판부.

문옥표, 1996, "가족내 여성지위의 변화-유교전통을 중심으로," 『정신문화연구』 19(2):59-78.

박근수·김태일, 2016, "베이비부머의 노후준비가 부모부양 의식에 미치는 영향," 『한국컨텐츠학회 논문지』16(2):467 479.

박영신·김의철, 2002, "한국사회의 교육적 성취: 현상과 심리적 기반," 『교육심리연구』, 16(4):325-351.

박재흥, 2001, "세대연구의 이론적, 방법론적 쟁점," 『한국인구학』 24(2): 47-78.

박재흥, 2003, "세대개념에 관란 연구: 코호트적 시각에서," 『한국사회학』37(3):1-23.

박혜경, 2009, "한국 중산층의 자녀교육 경쟁과 '전업 어머니' 정체성," 『한국여성학』 25(3):5-33.

백주희, 2009, "가족가치관과 성역할태도에 영향을 미치는 인구학적 변인: 국제비교 분석," 『한국가정관리학회지』 27(3): 239-250.

손승영·김은정, 2010, "여대생의 가족가치관을 통해 살펴 본 저출산 문제의 이해-성별, 세대별 하위집단 간 가족가치관 차이를 중심으로," 『현상과 인식』 34(4):169-200.

안호용·김홍주, 2000, "한국 가족변화의 사회적 의미,"『한국사회』3:89-132.

윤택림, 2001,『한국의 모성 연구』, 미래인력연구소.

은기수, 2001, "현대 한국사회의 가족가치관-결혼 및 이혼을 중심으로," 한국사회학회사회학대회 논문집, 129-146.

은기수, 2004, "한국인의 가족가치: 5개국 비교연구,"『정신문화연구』가을호 27(3):137-182.

은기수, 2016, "동아시아 사회에서 나타나는 '아시아적 가족가치'의 특징," 이재열·임현진 엮음,『아시아는 통한다: 흐름과 관계를 통해 본 知圖』, 진인진

은기수·이윤석, 2005, "한국의 가족가치에 대한 국제비교연구,"『한국인구학』28(1):107-132.

이미정, 2005, "출산과 가부장제-여성, 통제의 대상에서 통제의 주체로," 한국사회학회사회학대회 논문집, 347-350.

이민아, 2013, "계획적 무자녀 가족-한국사회에서 아이갖기의 의미와 가족주의의 역설"『한국사회학』47(2): 143-176.

이삼식, 2006, "가치관의 변화가 결혼 및 출산형태에 미치는 영향,"『보건사회연구』26(2):96-139.

이삼식 외, 2005,『저출산 원인 및 종합대책연구』, 저출산고령화사회위원회, 보건복지부, 한국보건사회연구원

전상진, 2004, "세대 개념의 과잉, 세대연구의 빈곤-세대연구 방법에 대한 고찰,"『한국사회학』38(5):31-52.

정기선·김혜영, "가족관계만족도를 통해서 본 한국가족의 변화: 1991년~2008년도를 중심으로,"『한국인구학』36(1): 175-202.

조성남·박숙미, 2002, "한국의 세대관련 연구에 나타난 세대개념의 구분과 세대갈등을 이해하는 방법에 관한 일 고찰,"『사회과학연구논총』12:39-68.

조성숙, 2002,『어머니라는 이데올로기』, 서울:도서출판 한울.

조은, 2003, "사회이동에 대한 참을 수 없는 욕망: 세계화, 교육열, 그리고 학부모," KEDI 교육정책포럼, 32-46.

장경섭, 2009, 『가족·생애·정치경제: 압축적 근대성의 미시적 기초』, 창비.

한경혜, 2015, "가족과 가구 영역의 주요 변화," 『한국의 사회동향 2015』, 통계개발원.

함인희, 2002, "한국가족의 위기: 해체인가, 재구조화인가?," 『가족과 문화』, 14(3):164-184.

함인희, 2015, "가족사회학 연구의 동향과 전망," 『한국사회』, 15(1):87-128.

현병철·최현태, 2006, "고령화사회의 노부모부양문제의 한계와 해결방안," 『한양법학』 19:295-312.

Arnold, F., Bulatao, R. A., Buripakdi, C., Chung, B. J., Fawcett, J. T., Iritani, T., Lee, S. J., & Wu, T. S., 1975, *The Values of Children : A Cross-National Study*, Vol. 1, Honolulu: East-West Population Institute.

Becker, Gary S., 1960, "An Economic Analysis of Fertility," in Demographic and Economic Change in Developed Countries, *a Report of the National Bureau of Economic Research*, Princeton: Princeton University Press.

Becker, Gary S., 1973, "A Theory of Marriage 1," *The Journal of Political Economy 21(4)*:813-846.

Becker Gary S. and Lewis, H. Gregg, 1973, "On the Interaction between Quality and Quantity of Children," *Journal of Political Economy 81(2)*:S279-286.

Bloch, Ernst, 1991 [1935], *Heritage of Our Times, Berkeley*: University of California Press.

Bongaarts, John 2013, "The Implementation of Preferences for Male Offspring," *Population and Development Review 39(2)*:185-208.

Caldwell, John C., 1982, *Theory of Fertility Decline*, New York: Academic Press.

Donzelot., 1979, *The Policing of Families*, New York: Pantheon Books.

Glenn Norval D., 1977, *Corhort Analysis*, Beverly Hills/London: Sage.

Goldscheider, *Francis and Linda J. Waite, 1991, New Families, No Families?* Berkeley: University of California Press.

Jones, Gavin W., 2009, "Delayed Marriage and Very Low Fertility in Pacific Asia," *Population and Development Review*, 33(3):453–478.

Kagitcibasi C., 1982, Old Age Security Values of Children and Socioeconomic Development: Cross-National Evidence, *Journal of Cross-Cultural Psychology* 13:29–42.

Kagitcibasi C., 1996, *Family and Human Development across Cultures: A View from the Other Side*, Hillsdale, N.J.:Lawrence Erlbaum.

Kalmijn, Matthijs and Anne-Rigt Poortman, 2006, "His or Her Divorce? The Gendered Nature of Divorce and Its Determinants," *European Sociological Review*, 22(2):201–214.

Kim, U. and Choi, S. H., 1994, Individualism, Collectisism and Child Development: A Korean Perspective, In P. Greenfield & R. Cocking eds., *Cross-Cultural Roots of Minority Child Development, Hillsdale*, N.J.: Lawrence Erlbaum.

Kim, U. and Park, Y. S., 2003, *An Indigenous Analysis of Sucess Attribution: Comparision of Korean Students and Adults*, In K. S. Yang, K. K. Hwang, Pedersen, I. Daibo eds., *Progress in Asian Social Psychology*: Conceptual and Empirical Contributions, New York:Praeger.

Kureishi, Wataru and Wakabayashi, Midori, 2011, "Son Preference in Japan," *Journal of Population Economics, 24(3)*:873–893.

Kwon, Taewhan, 1997, The National Family Planning Program Transition in Korea, *Population and The Asian Economic Miracle,* Population Series No. 88-20(August 1997), East-West Center.

Lee, Jae Kyung, 1999, '*The Glorification of Scientific Motherhood's as an Ideological Construct in Modernith and Identity, Lash, Scott and Jonathan Friedman(eds.)*, Oxford:Blackwell Publishers.

Popemoes, Davis, 1988, *Disturbing the Nest: Family Change and Decline in Modern Societies*, New York: Aldine de Gruyter.

Preston, S. H., 1987, "Changing Values and Falling Birth Rates," *In Below-Replacement Fertility in Industry Societies: causes, consequences, politics*, New York: Population Council.

Riley, M. W., 1987, On the Significance of Age in Sociology, *American Sociological Review* 52:1-14.

Park, So Jin, 2007, "Educational Manager Mother: South Korea's Neoliberal Transformation," *Korea Journal 47(3)*:186-213.

Stacey, Judith, 1996, *In the Name of the family: Rethingking Family Values of the Postmodern Age*, Boston: Beacon Press.

Yang, Sungeun, and Rosenblatt, Paul C., 2008, "Confusion Family Values and Childless Couples in South Korea," *Journal of Family Issues 29(5)*:571-591.

제5장

불안한 미래, 불공정한 사회

김도균

Ⅰ. 머리말

지난 봄 바둑기사 이세돌과 알파고간에 세기의 바둑 대결이 펼쳐졌다. 결과는 알파고의 압승이었다. 많은 사람들이 알파고가 이길 것이라고는 전혀 생각하지 못했지만 인공지능은 당당히 압승을 거두었다. 컴퓨터가 인간을 능가하기 어렵다던 바둑에서 말이다. 인공지능의 급속한 성장에 모두들 놀라움을 금치 못했다. 바야흐로 4차 산업혁명이 코앞에 닥친 것이다.

하지만 4차 산업혁명으로 오히려 사람들의 마음은 더욱 무겁기만 하다. 기술 진보의 혜택을 누릴 수 있다는 기대감보다 좋은 일자리가 사라질 거라는 걱정이 앞서는 것이다. 가뜩이나 노동시장 유연화로 질 나쁜 일자리만 늘어나고 있는데 인공지능까지 가세해서 좋은 일자리를 앗아간다니 앞날이 캄캄한 것이 사실이다.

현재 한국 사회를 관통하는 키워드가 있다면 그것은 바로 '불안'이다. 인공지능이 축복으로 다가오지 않는 이유도 사실은 미래에 대한 불안감이 지배적이기 때문이다. 이번 광복 70주년 조사에서도 한국 사회를 짓누르고 있는 이러한 불안감이 잘 나타나고 있다. 무엇보다도 지난 10년 동안 일자리에 대한 불안감이 빠르게 증가하여 왔다. 특히 은퇴를 앞둔 베이비붐 세대와 이제 막 사회진출을 앞둔 청년 세대에서 미래에 대한 전망이 암울한 것으로 드러났다. 스스로를 중산층이라고 생각하는 비중도 외환위기 이후 절반 가까이 하락한 채 거의 변화를 보이지 않고 있다.

반면 삶이 점점 더 불안정해지고 있는 만큼 공정한 소득분배에 대한 요구는 증가하고 있다. 임금격차는 지난 20여 년 동안 심각한 수준으로 벌어져 왔으며, 국제적인 기준으로 봤을 때도 우리나라의 임금불평등도는 매우 높은 수준이다. 하지만 사람들은 이러한 불평등이 정당한 노력에 따른 결과라고 생각하지 않는다. 똑같은 일을 하고도 단지 비정규직이라는 이유만으로 정규직 임금의 60~70% 정도밖에 받지 못하기 때문이다.

더구나 불평등이 세대 간에 대물림되고 있다는 인식도 팽배하다. 금수저를 갖고 태어났는지, 흙수저를 갖고 태어났는지에 따라 앞으로 펼쳐질 인생의 경로가 다르다는 자괴감이 청년층 사이에서 빠르게 확산되고 있다. 이렇게 부모 세대의 결과의 불평등이 자식 세대의 기회의 불평등으로 이어지게 되면 사회의 공정성은 심각하게 손상될 수밖에 없다.

최근 청년수당이니 기본소득이니 하는 최첨단 복지정책에 대한 논의가 활발한 이유도 이렇게 불안한 미래, 불공정한 사회와 무관치 않을 것이다. 한국사회는 그 동안 복지후발국으로 머물러왔다. 하지만 미래에 대한 불안이 커지다보니 서구 복지국가들에서도 이제 막 시작했거나 아니면 실험적 수준에 머물고 있는 정책들이 활발하게 논의되고 있는 것이다.

하지만 그렇다고 국민들이 시장경제 자체를 반대한다고 보기는 어렵다.

조사결과를 보면 오히려 복지에 대한 요구는 예전보다 약화된 반면, 민간주도 시장경제와 대기업의 기여도를 긍정하는 경향은 증가했음을 알 수 있다. 다만 시장경제를 옹호하는 가운데에서도 재벌규제나 공정한 경쟁에 대한 요구가 빠르게 증가하고 있는 현실에 주목할 필요가 있다. 시장경제를 인정하지만, 현재와 같은 시장경제에 대해서는 불만을 표출하고 있음을 알 수 있다.

그러면 다음 절부터는 조사 결과를 토대로 미래에 대한 불안과 분배 악화, 그리고 불공정한 경쟁의 문제를 보다 자세히 살펴보고, 앞으로 한국 사회가 어디로 가야 하는지, 이와 관련한 쟁점은 무엇인지 살펴보도록 하겠다.

Ⅱ. 불안한 미래

1. 고용불안

1990년대 후반 외환위기가 사람들에게 미친 가장 큰 충격은 노동시장 유연화로 일자리에 대한 불안감이 빠르게 증가해 왔다는 점이다. 정리해고와 명예퇴직이 일상적인 일이 되었으며 이와 함께 평생직장 개념도 빠르게 사라졌다.

무엇보다도 고용불안의 증가는 비정규직 비중이 외환위기 이후 급격히 증가한 채 높은 수준을 유지해 오고 있다는 사실을 통해 확인할 수 있다. 그림 1에서 알 수 있듯이 전체 고용에서 비정규직이 차지하는 비중이 2002년 27.4%에서 2004년 37%로 상승한 이후 줄곧 30%대를 유지해 오고 있다. 비정규직의 사용기간을 2년으로 제한하는 비정규직법이 2007년 통과된 이후 기간제 고용은 15% 전후로 비교적 안정된 흐름을 보이고 있다.[1] 하지만

---

1 2007년 비정규직 사용기간을 2년으로 제한하는 비정규직법이 제정되었지만, 그 효과는

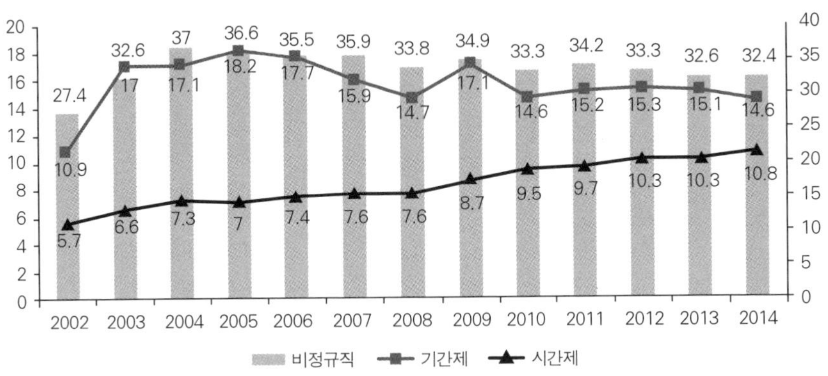

그림1 2000년대 비정규직 비중 변화 추이

자료: 통계청 kosis

시간제 비정규직(파트타이머) 비중은 꾸준히 증가하는 추세다. 전체 임금근로자 대비 시간제 비정규직 비중은 2002년 5.7%에서 2014년 10.8%로 거의 두 배 가까이 증가한 것을 알 수 있다.

고용의 불안정성 증가는 사람들이 느끼는 주관적인 고용불안감에도 그대로 나타나고 있다. 광복 70주년 조사에서도 지난 광복 60주년 조사와 마찬가지로 사람들이 느끼는 주관적인 고용 불안정성 정도를 동일한 질문을 통해 물어봤다. '본인의 직업이 얼마나 안정적이라고 생각하십니까? 혹은 불안정하다고 생각하십니까?'라는 질문을 10점 척도로 측정했다.[2]

조사 결과 고용 불안정성에 대한 평균 점수가 2004년 5.5점에서 2015년 5.87점으로 상승한 것을 알 수 있다(그림 2참조). 이것은 사람들이 고용불안에 대해 느끼는 체감지수가 외환위기의 여파로 구조조정이 한창이던 2000년대

그렇게 유의미해 보이지 않는다. 2008년 기간제 비정규직 비중이 14.7%로 하락한 후 더 이상 하락하지 않고 균형상태를 이루고 있다는 점에서 비정규직 증가를 어느 정도 억제하는데 효과가 있었다는 평가가 가능하다(금재호 2015; 김유선 2016).

2 1점에 가까울수록 직업이 안정적이라고 느끼고, 10점에 가까울수록 직업이 불안하다고 느낀다는 것을 의미한다.

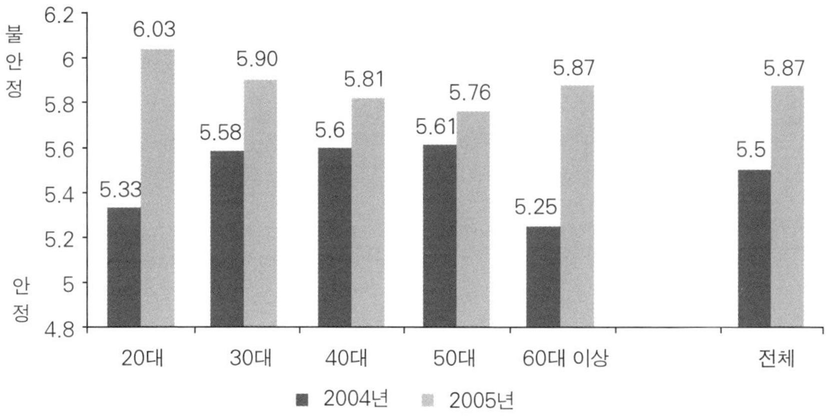

그림 2 연령 집단별 직업불안정성 변화

자료: 광복 60주년 국민의식조사, 광복 70주년 국민의식조사

초반보다 훨씬 더 나빠졌다는 것을 보여준다.

그런데 이번 조사에서 주목할 사실은 주관적인 고용 불안정성이 전반적으로 증가했다는 사실 자체에 있지 않다. 그 보다 더욱 흥미로운 점은 연령대별로 고용 불안감이 광복 60주년 조사와 상이한 패턴을 보여준다는 사실이다. 무엇보다도 노동시장에 처음으로 진입하는 연령대인 20대와 주된 일자리에서 퇴직하는 연령대인 60대 이상에서 지난 10년 동안 일자리에 대한 불안감이 빠르게 증가했다.

지난 2004년 조사에서는 구조조정의 직접적인 대상이었던 40대와 50대에서 고용불안감이 가장 높았던 반면, 20대와 60대 이상 연령층의 고용불안감은 상대적으로 낮았다. 그런데 이번 광복 70주년 국민의식조사에서는 정반대로 20대와 60대 이상 집단에서 주관적인 고용 불안감이 가장 크게 나타나고 있다. 20대의 경우 고용불안감에 대한 평균 점수가 5.33에서 6.03으로 급격히 증가했으며, 60대 이상 계층의 경우에도 고용불안감이 5.25에서 5.87로 비교적 빠르게 증가한 것을 알 수 있다.

이렇게 연령집단별로 일자리에 대한 불안감이 10년 전과 상이한 패턴을 보이는 이유는 청년고용문제가 점점 심각해지고 있고, 베이비부머들이 대거 은퇴를 앞두고 있기 때문이다. 우선 청년층의 실업률 추이부터 살펴보면, 20 대 초반은 2000년 9.9%에서 2015년 10.5%, 20대 후반은 6.0%에서 8.1% 로 실업률이 계속 증가해 왔다. 30대 초반의 실업률만이 2000년 4.0%에서 2015년 3.3%로 약간 하락했을 뿐이다.[3] 그 동안 청년층 인구가 감소해 왔 다는 점을 고려할 때, 이것은 20대 연령층에서 취업자 수가 인구수보다도 더 빠르게 감소해 왔다는 것을 의미한다.

그런데 청년고용과 관련하여 더욱 심각한 문제는 고용상황 악화로 아예 노동시장 바깥에 머무는 등 공식적인 실업률로 파악되지 않는 청년층의 비 중이 계속 증가하고 있다는 점이다(남재량 2008). 청년층 공식실업률은 10% 대에 머물고 있지만, 졸업을 미루고 구직 활동을 하는 청년층이나 취업준비 생, 구직단념자, 취업 준비 중인 아르바이트생까지를 포괄할 경우 청년 실 질실업률은 20%가 넘을 것으로 추정된다. ILO가 제안하는 '고용보조지표 3'을 적용할 경우, 2015년 기준 청년실업자는 111만 명이고, 청년실업률은 22.4%인 것으로 추정되고 있다(김유선 2015a).[4]

여기에 더해 학생도 아니고, 일을 하는 것도 아니고, 직업훈련을 받는 것 도 아닌 '청년니트족(Not in Education, Employment or Training, NEET)'의 규모도 계속 증가하고 있다. 청년니트족은 2003년 115만 명 정도에서 2010년 135 만 명, 그리고 2015년 기준으로는 169만 명 정도로 추산되고 있다. 특히 취 업준비를 하거나 구직활동을 하는 '구직 니트족'보다도 구직활동조차 하지 않는 '비구직 니트족'의 비중이 더 많은 것으로 보고되고 있다(남재량 2011: 31: 김광석 2015).

---

3   통계청 경제활동인구조사 자료 참고.

4   ILO는 '시간관련추가취업가능자', '잠재취업가능자', '잠재구직자'를 합하여 '고용보조지표3' 으로 정의하고, 공식실업자와 고용보조지표3을 합하여 실업률 보조통계로 활용하고 있다.

청년고용 못지않게 베이비부머의 주된 일자리에서의 퇴직도 심각한 문제를 초래하고 있다. 무엇보다도 국제적인 기준에서 봤을 때 임금근로자의 평균 근속년수가 짧다. OECD 자료에 따르면,[5] 우리나라 임금근로자의 평균 근속년수는 다른 국가들과 비교해서 지나치게 짧다. OECD 국가들의 평균 근속년수가 대략 9년에서 10년 정도인 것에 비해 우리나라의 경우는 5.6년에 불과하다.[6]

이렇게 평균 근속년수가 짧다는 것은 곧 상당수 노동자들이 주된 일자리에서 빨리 은퇴한다는 것을 의미한다. 2008년 기준 남성 임금노동자의 주된 일자리에서의 퇴직연령은 53.8세에 불과하며, 여성 임금근로자의 경우는 50.1세이다(한국노동연구원 2008: 26). 이렇게 대부분의 임금노동자들이 50대 초반에 주된 일자리에서 은퇴를 경험하기 때문에 중·고령자들이 느끼는 고용불안이 클 수밖에 없는 상황이다.

게다가 설상가상으로 공적인 노후소득보장까지 미비하다보니 상당수가 퇴직 후에 자영업을 중요한 노후대책으로 생각해 왔다. 특히 별다른 기술이나 경험이 필요 없이 시작할 수 있는 음식점이나 커피숍, 빵집, 치킨집 등 생활밀접형 자영업으로의 진출이 매우 활발했다(김일광·유정완 2012; 박진희·박세정·윤정혜 2012).

문제는 베이비부머들이 자영업 노동시장, 특히 음식점이나 커피숍 등 특정 분야로 몰리다보니 수익률이 하락하고 부채가 늘어나 결국 폐업하는 사례가 빠르게 늘고 있다는 것이다. 가령 음식점 1개당 인구수를 비교해 보면 일본의 경우 140명, 미국의 경우 419명이지만, 우리나라의 경우 음식/주

5　OECD Stat 참고.

6　보통 연공임금체계는 장기근속과 밀접한 관련이 있는 것으로 알려져 있지만 우리나라의 경우는 강한 임금연공성에도 불구하고 근속년수가 매우 짧다는 상당히 예외적인 특징을 보여주고 있다(정이환 2013: 139).

점업 1개당 인구수가 2006년 기준 85명에 불과하다. 이마저도 2013년에는 80명까지 하락한 상황이다(김도균 2015: 91).[7] 최근 10년간 자영업 생존율이 16.4%에 불과하고 신규 창업한 경우 평균 생존기간이 2년4개월에 불과한 것으로 파악되고 있다. 생계형 자영업의 대표적인 업종인 음식업의 경우 생존율은 불과 6.8%에 불과하다. 이것은 상당수가 퇴직 후 노후대책 차원에서 생계형 자영업을 선택하지만, 이마저도 치열한 경쟁으로 살아남기가 쉽지 않은 현실을 잘 보여준다. 그 결과 60대 이상 계층에서도 일자리에 대한 불안감이 급격히 증가한 것으로 보인다.

지금까지 우리는 왜 지난 10년 동안 20대와 60대 이상 계층에서 고용에 대한 불안감이 증가해 왔는지를 살펴봤다. 2000년대 초반의 고용불안은 주로 경제위기 및 구조조정과 밀접한 관련이 있었고, 그로 인해 구조조정의 직접적인 대상이었던 40~50대들이 고용불안이 가장 컸었다. 반면 최근의 고용문제는 인구변동 및 노동시장 이중구조 등 보다 구조적인 문제와 밀접한 관련이 있다는 것을 알 수 있으며, 그 결과 20대와 60대 이상 계층에서 고용불안감이 빠르게 증가해 왔다.

2. 노후불안

일자리에 대한 불안감은 기대은퇴연령의 증가와 맞물려 더욱 심각해지고 있다. 주된 일자리에서의 은퇴는 여전히 50대 초중반에 이루어지지만 기대은퇴연령은 점점 늦춰지다 보니 일자리에 대한 불안감이 더 커질 수밖에 없는 것으로 보인다.

우선 그림 3-1은 연령대별 기대은퇴연령이 지난 10년 동안 어떻게 변했는

---

7 최근의 보도에 따르면, 우리나라의 프랜차이즈 치킨집 수는 3만6천여 개로 전 세계 맥도 날드 매장 수보다 많다.

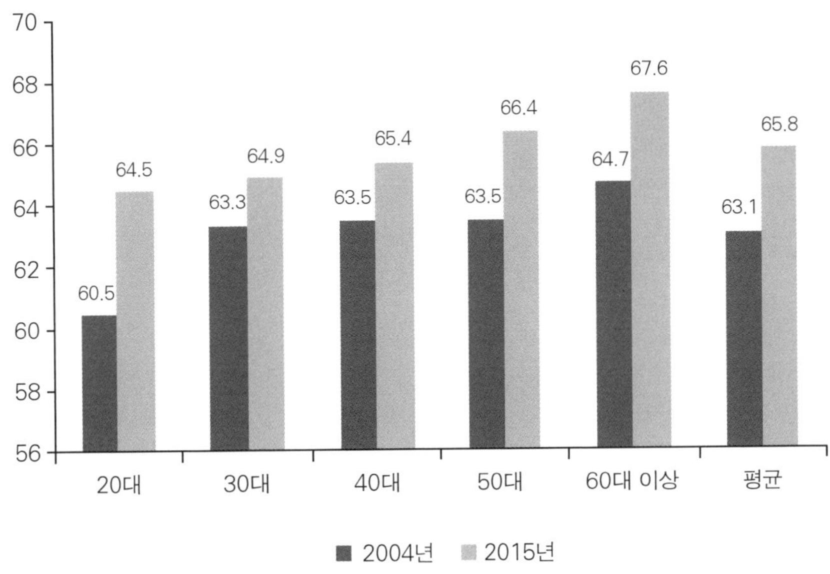

그림 3-1 기대은퇴연령의 변화
자료: 광복 60주년 국민의식조사, 광복 70주년 국민의식조사

지를 보여준다. 전체적으로 기대은퇴연령은 63.1세에서 65.8세로 2.7세 증가한 가운데, 20대의 기대은퇴연령이 60.5세에서 64.5세로 가장 크게 증가한 것이 눈에 띤다. 50대와 60대의 경우는 기대은퇴연령이 각각 66.4세와 67.6세로 공식적인 노인 기준 연령인 65세보다도 더 높은 것을 알 수 있다.[8]

게다가 기대은퇴연령이 빠르게 증가했어도 기대수명이 더 빠르게 증가한 결과, 예상되는 은퇴기간은 2004년에 비해 더욱 큰 폭으로 증가한 것으로 나타났다. 전체적으로 예상은퇴기간이 14.6년에서 19.8년으로 5년 이상 증

---

8 현행 사회정책들은 '고령'의 기준을 만60세 또는 만65세로 설정하고, 고령자에 대한 혜택을 제공하고 있다. 가령 기초연금은 만65세 이상부터, 그리고 국민연금은 현재 만61세부터 수급이 가능하다. 이외에도 노인일자리 사업이나 주택연금의 경우는 정책대상이 만60세부터이다. 통계상으로는 15세에서 64세 사이를 '생산가능인구'로 파악하고, 65세 이상 인구를 공식적인 노인 인구로 집계하고 있다.

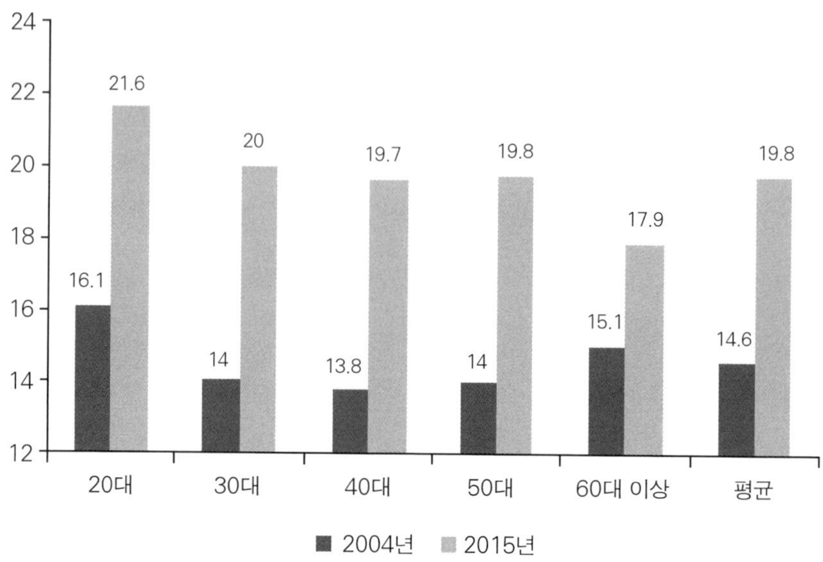

그림 3-2 예상은퇴기간의 변화

자료: 광복 60주년 국민의식조사, 광복 70주년 국민의식조사

가한 가운데, 대부분이 은퇴기간을 20년 정도로 예상하고 있다. 20~30대의 경우는 20년 이상, 40대 이상은 20년에 약간 못 미치는 정도다(그림3-2 참조).[9] 30대~50대 연령층에서는 예상은퇴기간이 지난 10년 동안 무려 6년이나 증가했다.

문제는 앞에서도 지적했듯이 예상은퇴기간이 빠르게 늘고 있지만 퇴직이후 소득을 보장해 줄 수 있는 수단은 매우 부족하다는 점이다. 제도적으로는 국민연금이 전 국민을 포괄하게 되고 여기에 더해 기초연금까지 도입되면서 노후소득보장 사각지대나 '무연금' 문제를 어느 정도는 해결할 수 있게 되었다.

하지만 여전히 낮은 소득보장 수준으로 인한 '저연금' 문제는 노후소득보장에 대한 전망을 어둡게 하고 있다. 국민연금의 실제 소득대체율은 30%대

---

9   예상은퇴기간은 응답자의 기대수명에서 기대은퇴연령을 뺀 값이다.

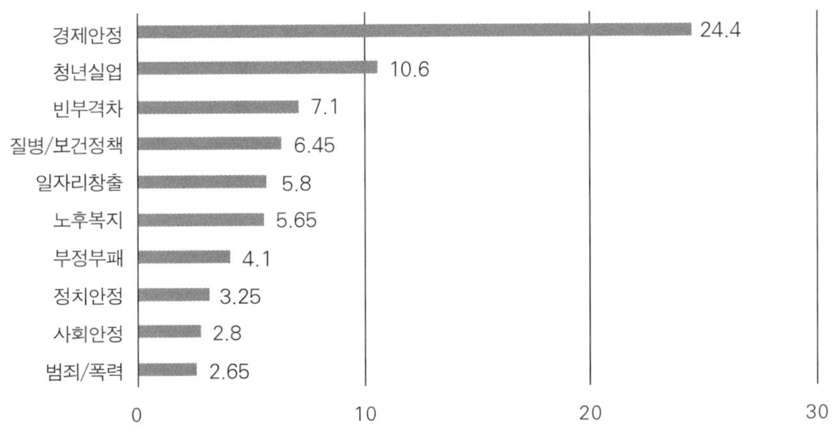

그림 4-1 시급한 당면 과제
자료: 광복 60주년 국민의식조사, 광복 70주년 국민의식조사

에 불과하며, 이러한 상황은 앞으로도 별로 나아지지 않을 것으로 전망된다. 국민연금을 받지 못하거나 아니면 국민연금 수령액이 소액인 경우 받을 수 있는 기초연금도 아직까지는 노후소득을 보장하기에는 터없이 부족한 수준에 머물러 있다.

마지막으로 주관적인 기대은퇴연령과 실제 은퇴연령의 격차가 크다는 것도 문제다. 응답자들 대부분이 자신의 기대은퇴연령을 65세 전후로 생각하고 있지만, 앞에서도 살펴보았듯이 실제 우리나라의 평균퇴직연령은 53.8세(남성 기준)에 불과하다. 이러한 실제퇴직연령을 고려할 경우 은퇴기간은 대략 27~28세로 사람들이 생각하는 예상은퇴기간보다도 7~8년 정도가 더 길다.

이렇게 일자리는 불안하고 공적인 노후소득보장은 부실한데 예상은퇴기간만 늘어나는 현실은 향후 전망도 어둡게 하고 있다. 우선 한국 사회가 직면한 가장 시급한 문제로 응답자들은 경제안정과 더불어 청년실업을 꼽았다(그림 4-1 참조).[10] 그 다음이 빈부격차, 질병/보건, 일자리창출, 노후복지 순

---

10 가장 시급한 당면 과제는 open question 형태로 물어본 것으로, 응답자가 스스로 가장 시급

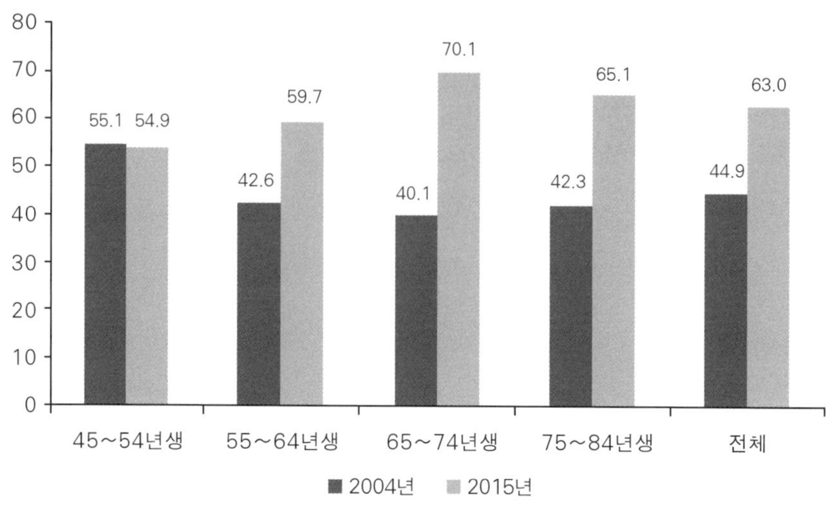

그림 4-2 '산업이 침체되고 실업이 늘까'

자료: 광복 60주년 국민의식조사, 광복 70주년 국민의식조사

으로 나타나고 있다. 즉 상당수 응답자들이 일자리나 분배, 복지문제를 한국 사회가 당면한 가장 시급한 문제로 꼽고 있는 것이다.

더욱이 응답자들은 향후 10년 안에 실업문제가 더욱 심각해질 것으로 예상하는 것으로 나타났다. 2004년 광복 60주년 조사에서는 '산업이 침체되고 실업이 증가할 것'이라는 견해가 절반 이하(44.9%)로 낙관적인 전망이 더 우세했던 반면, 이번 조사에서는 실업이 증가할 것이라는 비관적 견해가 63%로 절반을 훌쩍 넘어섰다(그림 4-2 참조).

연령 집단별로는 특히 2차 베이비붐 세대(1965~1974년 출생)에서 비관적 전망이 가장 빠르게 증가하고 있다. 실업에 대한 우려가 1차 베이비붐 세대(1955~1964년생)에서는 42.6%에서 59.7%, 3차 베이비붐 세대(1975~1984년생)에서는 42.3%에서 65.1%로 증가한 반면, 2차 베이비붐 세

하다고 생각하는 것이 무엇인지를 잘 보여준다. 그런데 응답자들이 단순히 실업문제 그 자체 보다 청년실업이 심각하다고 응답했다는 것은 의미하는 바가 크다.

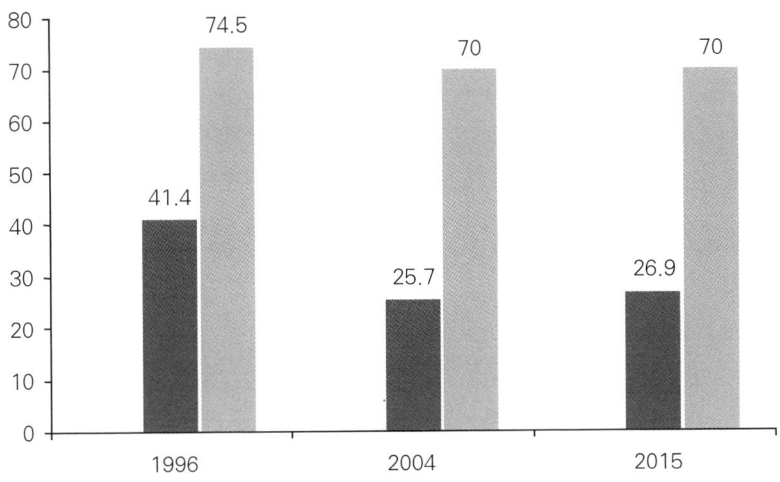

그림 5-1 소득수준과 중산층 귀속감의 괴리 심화

자료: 전환기 한국사회 국민의식조사(1996), 광복 60주년 국민의식조사, 광복 70주년 국민의식조
    사, 가계동향조사
주: 처분가능소득(중위소득 50%-150% 가구 비율), 도시2인 가구 기준

대(1965~1974년생)에서는 40.1%에서 70.1%로 증가했다. 이것은 2차 베이
비붐 세대가 10년 후에 주된 은퇴계층이 된다는 사실과 무관치 않은 것으로
서 이들이 스스로의 노후를 얼마나 불안해하고 있는지를 잘 보여준다.[11]

3. 계층상승 불투명

일자리에 대한 불안과 노후에 대한 불안은 자연스럽게 계층 상승의 전망도
어둡게 하고 있다. 스스로를 중산층에 속한다고 생각하는 사람의 비중이 1996
년 조사에서는 41.1%에 달했던 반면, 2004년 조사에서는 25.7%, 올해 조

---

11 〈그림2〉에서 확인한 바와 같이 2차 베이비붐 세대(2015년 기준 40대)는 2015년 시점에
    서는 일자리에 대한 걱정이 다른 연령대에 비해 상대적으로 덜하다. 하지만 10년 후 전
    망에서는 이들 40대가 가장 비관적인 것을 알 수 있다.

사에서는 26.9%로 계속 낮은 수준에 머물고 있다(그림 5-1 참조).[12] 자신이 중산층에 속한다고 생각하는 사람들이 4명중 1명꼴 밖에 되지 않는 것이다.

　더욱 흥미로운 점은 주관적인 중산층 귀속감이 실제 소득수준과는 상당한 괴리가 있다는 사실이다(이준협 2013). 가구 중위소득의 50∼150% 사이 소득수준에 해당하는 가구를 중간소득자라고 정의할 때, 중간소득자의 비중은 1996년 74.5%에서 2004년 70%, 2015년 70%로 약간 하락했을 뿐이다. 반면 중산층 귀속감은 그 동안 절반 가까이 하락했기 때문에, 소득을 기준으로 한 중산층과 주관적 중산층 사이의 격차는 1996년 33%에서 2000년대 45%로 더욱 벌어지게 되었다.

　이것은 실제 소득에 비해 주관적으로 느끼는 계층소속감이 과거에 비해 더욱 낮아졌다는 것을 의미한다. 대체로 설문조사에서 응답자들은 실제 소득수준보다 자신의 계층소속감을 낮게 평가하는 경향이 있으며, 이러한 경향은 이번 조사에서도 그대로 나타나고 있다. 그런데 문제는 이 둘 사이의 격차가 점점 더 벌어지고 있다는 점이다. 중산층 정도의 소득 수준이 되더라도 실제로는 중산층으로서의 안정감이나 만족감을 느끼지 못하는 사람들이 계속 늘고 있는 것이다.

　여기에 더해 앞으로 상황이 나아질 것으로 예측하는 견해도 과거에 비해 상당히 줄어들었다. 1996년에 실시했던 '전환기 한국사회 국민의식조사'와 2004년 광복 60주년 조사, 그리고 2015년 광복 70주년 조사는 모두 현재의 주관적인 계층소속감을 5년 전 계층소속감 및 5년 후 계층소속감과 비교하는 문항을 통해 계층소속감의 패턴을 살펴보고 있다.[13]

12　중산층 귀속감이 10년 전에 비해 1.2% 상승했지만 이러한 증가가 통계적으로 유의미해 보이지는 않는다.

13　질문은 '한국사회를 10개의 층으로 나눈다면, 현재 ○○님 가정은 전반적 수준을 생각할 때 다음의 각 시기에 어느 계층에 속한다고 생각하십니까?' 이며, 10점 척도로 측정하였

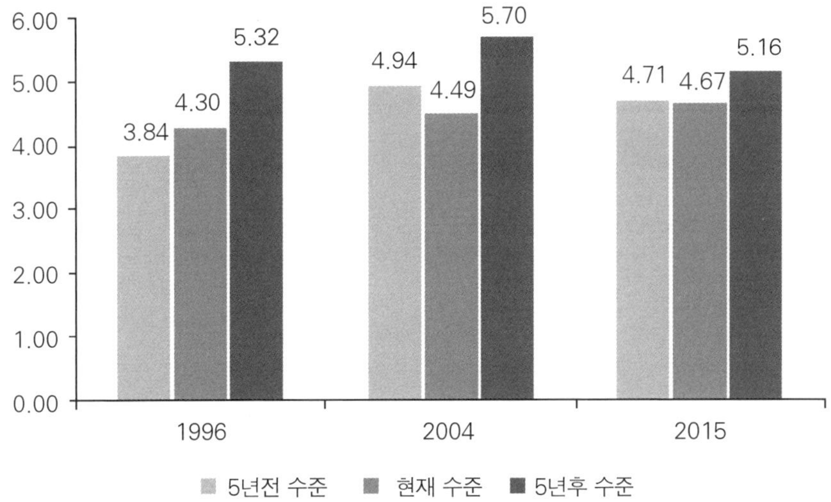

그림 5-2 과거, 현재, 미래의 계층소속감

자료: 전환기 한국사회 국민의식조사(1996), 광복 60주년 국민의식조사, 광복 70주년 국민의식조사, 가계동향조사

주: 처분가능소득(중위소득 50-150% 가구 비율), 도시2인 가구 기준

　그런데 이러한 과거, 현재, 미래의 계층소속감 패턴에 흥미로운 변화가 나타나고 있다(그림 5-2 참조). 우선 1996년 조사 시점에서는 5년 전 계층소속감은 3.84였던 반면, 현재 계층소속감은 4.30, 5년 후 계층소속감은 5.32로 측정되었다. 이것은 1996년 시점에서는 상당수 사람들이 과거에 비해 자신의 계층이 상승했다고 느꼈으며, 앞으로 자신의 계층이 더욱 향상될 것으로 낙관하고 있었다는 것을 보여준다.

　2004년 조사에서는 외환위기 이전 계층소속감은 4.94, 현재 계층소속감은 4.49, 5년 후 계층 소속감은 5.70으로 나타났다. 전반적으로 1996년에 비해 2004년 시점에서는 자신의 계층이 상승했다고 느끼고 있음을 알 수 있

다. 1점에 가까울수록 '저소득층', 10점에 가까울수록 '고소득층'에 속한다고 느끼는 것을 의미한다.

다. 다만 외환위기의 여파로 외환위기 이전에 비해 현재의 상황은 더 나빠졌지만, 향후 5년 안에 상황이 나아질 것으로 보는 낙관적인 견해가 지배적이었음을 보여준다.[14]

그런데 이번에 실시한 광복 70주년 조사에서는 이전 조사들과 달리 사람들의 미래에 대한 낙관적인 전망이 매우 약화되고 있는 것으로 나타났다. 5년 전 계층소속감과 현재 계층소속감이 4.71, 4.67로 거의 차이가 없을 뿐만 아니라 5년 후 계층소속감도 5.16으로 약간 상승할 뿐이다. 최소값과 최대값 사이의 차이가 1996년 조사에서는 1.48, 2004년 조사에서는 1.21에 달했던 반면, 2015년 조사에서는 0.5에 불과하다. 이것은 2015년 시점에서 응답자들이 과거 5년 전과 현재의 상황이 별반 달라지지 않았으며, 앞으로도 이 상황이 크게 나아지지 않을 것으로 전망하고 있다는 것을 보여준다.[15]

이번 조사결과는 한국 사회에서 계층 상승의 가능성이 점점 줄어들고 있다는 것을 보여준다. 고도성장을 경험하던 시기 한국 사회는 인구구조도 젊고 계층이동도 매우 활발했으며, 그 과정에서 중산층으로 계층 상승을 경험한 사람도 많았다. 피케티(Piketty 2015)가 말하는 것처럼 경제가 빠르게 성장하고 인구도 팽창하는 국면에서는 자본이나 상속의 역할이 크지 않기 때문에 불평등이 세대 간에 재생산될 가능성도 적다. 계층상승을 경험하는 사람들도 다수 출현하게 된다. 한국사회도 외환위기 이전에 이러한 단계를 거치면서 계층상승을 경험한 사람들이 많았고, 이것이 자연스럽게 주관적인 계층소속감이나 미래에 대한 전망에 긍정적인 영향을 끼쳤던 것으로 보인다.

---

14 2004년에 실시되었던 광복 60주년 조사는 다른 조사와 달리 '5년 전 계층소속감'을 묻는 대신 '외환위기 전 계층소속감'을 물어보았다. 이것은 당시 시점에서 5년 전과 현재를 비교하기보다는 외환위기 전후의 변화를 파악하는 것이 더 유의미했기 때문이다.

15 1996년, 2004년, 2015년 모두 동일한 질문을 동일한 척도로 측정했다. 1점에 가까울수록 계층소속감이 낮고, 10점에 가까울수록 계층소속감이 높다는 것을 의미한다.

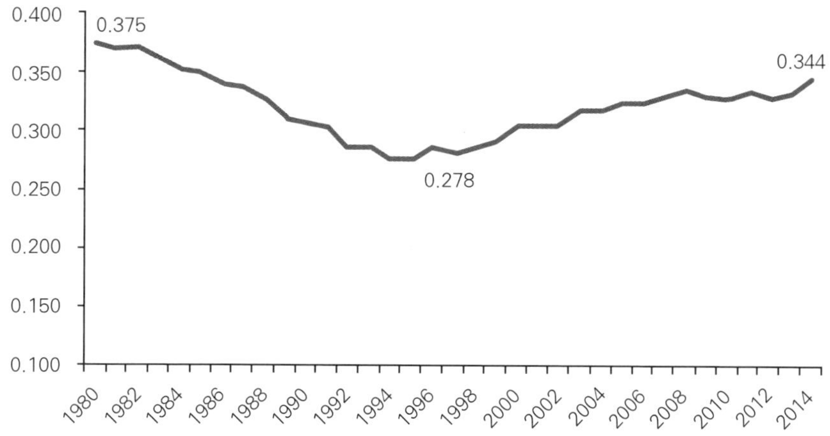

그림 6 지니계수(임금소득 기준)

자료: 한국노동연구원 노동통계 아카이브

하지만 인구구조가 빠르게 고령화되고, 게다가 경제적으로는 저성장 국면으로의 진입이 확실시되면서 계층상승의 가능성도 빠르게 줄고 있는 게 현실이다. 일자리에 내한 선망은 불확실한데 예상은퇴기간은 점점 늘어나다보니 계층상승을 기대하기가 점점 어려워지고 있다. 게다가 중산층들을 위한 사회안전망이 부재하다시피 한 상황에서 실업이나 노후, 교육, 질병과 같은 갖가지 사회적 위험들을 스스로 알아서 다 대처해야 하다 보니 삶에 대한 불안감과 계층하락에 대한 두려움이 점점 증가하고 있다.

Ⅲ. 분배악화

1. 임금격차

광복 70주년을 맞은 한국사회가 직면한 또 다른 문제가 분배악화이다. 외환위기 이전까지만 해도 한국사회는 세계에서 가장 평등한 나라 중의 하나로 꼽혔다. 더욱이 복지지출은 세계에서 가장 낮은 수준을 유지하면서도 상당히 높은 평등 수준을 유지했기 때문에 다른 나라의 부러움을 사기도 했다.

하지만 지난 20여 년 동안 상황은 완전히 바뀌어서 한국사회는 세계에서 가장 불평등한 나라 중의 하나가 되고 말았다. 우선 한 사회의 불평등 정도를 잘 보여주는 지니계수의 변화 추이를 살펴보도록 하자. 그림 6은 임금소득을 기준으로 한 지니계수를 보여주고 있다.[16] 1980년 이후 1990년대 중반까지 지니계수가 하락하다가 외환위기를 거치면서 다시 상승하고 있는 것을 확인할 수 있다. 한국사회의 임금소득 불평등이 점차 완화되어 오다가 2000년대 들어 다시 빠르게 악화되고 있는 것이다. 아직까지 1980년 수준에 도달한 것은 아니지만 추세적으로 보면 과거로 회귀하고 있는 경향이 뚜렷하다.

이렇게 우리나라의 임금불평등이 급속하게 악화되어 온 주된 이유는 노동시장 이중구조로 인한 임금격차 때문이다. 우선 정규직과 비정규직의 임금격차가 점점 벌어져 왔다. 표 1을 보면, 정규직 임금수준이 2002년 145만 원에서 2013년 254만원으로 지난 10년 동안 110만 원 정도 상승하는 동안 비정규직 임금은 2002년 97만 원에서 2013년 142만원으로 50만 원 정도 상승에 그친 것을 알 수 있다. 그 결과 정규직 대비 비정규직의 상대임금은 2002년 67%에서 2013년 56%로 하락했다. 외환위기 이후 비정규직 규모가 증가한 것에 그치지 않고 정규직과 비정규직 사이의 임금격차도 더욱 벌어진 것이다.

기업규모에 따른 임금격차도 점점 벌어져왔다. 표 2는 종업원 500인 이상 기업체의 상용근로자 임금을 100이라고 했을 때, 중소기업(10~29인 사업장) 상용근로자 임금이 어느 정도인지를 보여주고 있다.

---

16 일반적으로 지니계수는 가계소득을 기준으로 계산하지만 여기에서는 한국노동연구원이 제공하는 '임금소득 지니계수'를 사용한다. 이유는 가계소득 지니계수의 경우 고소득층이 누락되고 1인 가구가 포함되지 않는 등의 문제로 인해 불평등도를 과소 추정할 수 있기 때문이다(장하성, 2015).

표1 고용형태별 월평균 임금 및 상대임금 추이 (단위: 천원, %)

	2002	2004	2006	2008	2010	2012	2013
정규직	1,456	1,771	1,908	2,127	2,294	2,460	2,546
비정규직	977 (67.0)	1,152 (65.0)	1,198 (62.8)	1,296 (60.9)	1,258 (54.8)	1,393 (56.6)	1,421 (56.1)

자료: 한국노동연구원 비정규직 노동통계(장홍근 2015에서 재인용)

표 2 대기업 대비 중소기업 상대임금비율(상용근로자 기준)[17]

	1980	1985	1990	1995	2000	2005	2010	2015
상대임금비율	93.3	89.5	74.1	71.6	68.2	58.8	59.7	61.1

자료: 한국노동연구원 노동통계아카이브

표를 보면 1980년에는 대기업 대비 중소기업 상용근로자의 임금수준이 93.3%로 임금격차가 거의 없었던 것을 알 수 있다. 그런데 지난 30여 년 동안 임금격차가 점점 벌어져서 2005년에는 중소기업 근로자의 임금은 대기업 근로자의 58.8%에 불과한 수준까지 벌어졌고, 최근에는 61.1% 수준인 것을 알 수 있다.

이렇게 고용형태별, 기업규모별로 임금격차가 점점 벌어진 결과, 대기업·정규직의 임금과 중소기업·비정규직의 임금 격차는 매우 큰 실정이다. 대기업·유노조·정규직 근로자의 임금을 100으로 했을 때, 중소기업·무노조·비정규직의 임금은 34.3%에 불과한 수준이다(장홍근 2015).

노동시장 이중구조로 임금격차가 벌어진 결과 우리나라의 임금불평등은 국제적인 기준에서도 매우 높은 수준이다. 2012년 기준 임금불평등도[18]를

---

17 중소기업은 종업원 10-29인 기업체, 대기업은 2005년까지는 500인 이상, 2010년부터는 300인 이상 기업체를 의미한다. 2010년 이후 상대임금 비율이 증가한 것은 대기업 기준을 300인 이상 기업으로 변경한 것과 관련이 있다.

18 상위 10% 임금소득 계층(D9)의 임금을 하위 10% 임금소득 계층(D1)의 임금으로 나눈

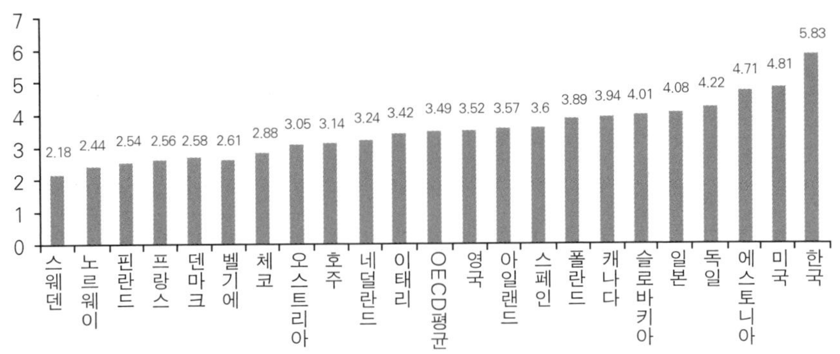

그림 7 임금불평등도(D9/D1) 국제비교(2012년)

자료: OECD Employment outlook(2015: 99)

비교해 보았을 때, 우리나라의 임금불평등도는 5.83으로 OECD 국가 중 가장 높다. OECD 평균 3.49보다 월등히 높은 수준이며, 소득배율이 가장 낮은 스웨덴에 비해서는 무려 2.6배 이상 높은 수준이다.

2. 소득재분배

그렇다면 미래에 대한 불안감과 임금격차 심화는 복지 및 재분배 문제에 대한 인식에는 어떤 영향을 미쳤을까? 그림 8-1은 정부의 복지책임과 공평한 소득분배에 대한 우리나라 국민들의 변화가 지난 20~30여 년 동안 어떻게 변해왔는지를 보여준다. 그 동안 '세계가치관조사'나 '광복 60주년 국민의식조사', '광복 70주년 국민의식조사'는 '정부가 복지에 더 책임을 져야 하는지' 아니면 '당사자가 각자의 생계에 책임을 져야 하는지', 그리고 '노력한 만큼 소득에 더 차이가 나야 하는지' 아니면 '소득이 더 공평해져야 하는지'

배율을 임금불평등도(D9/D1)라고 한다. OECD는 D9/D5, D5/D1 등의 지표도 같이 제공한다.

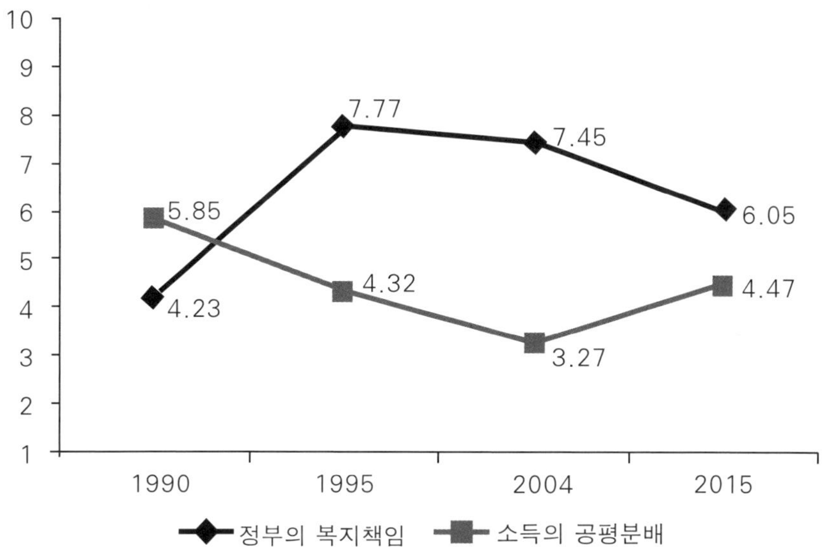

그림 8-1 공공복지와 소득분배
자료: 세계가치관조사(1990, 1995), 광복 60주년 국민의식조사, 광복 70주년 국민의식조사

를 묻는 질문을 10점 척도로 조사해 왔다.[19]

우선 소득의 공평분배와 관련해서는 1990년부터 2004년까지는 소득의 공평한 분배를 지지하는 견해가 5.85에서 3.27로 빠르게 하락해 왔지만(즉, 노력한 만큼 소득에 차이가 나야 한다는 견해가 증가해 왔지만), 최근 10년 사이에 다시 4.47로 상승했다(그림 8-1 참조). 소득의 공평 분배에 대한 요구가 감소하다가 지난 10년 사 이에 증가하고 있음을 알 수 있다.

반면, 복지는 정부 책임이라는 견해는 1990년 4.23에서 1995년 7.77로 급격히 증가했다가 2004년 7.45, 2015년 6.05로 점차 하락해 왔다. 절대적

---

19 정부의 복지책임을 묻는 질문의 경우 1점에 가까울수록 '정부가 복지에 더 책임을 져야 한다'고 생각하며, 10점에 가까울수록 '당사자가 각자의 생계에 책임을 져야 한다'고 생각한다는 것을 의미한다. 소득의 공평분배의 경우에는 1점에 가까울수록 '노력한 만큼 소득에 차이가 나야 한다'고 생각하며, 10점에 가까울수록 '소득이 더 공평해져야 한다'고 생각한다는 것을 의미한다.

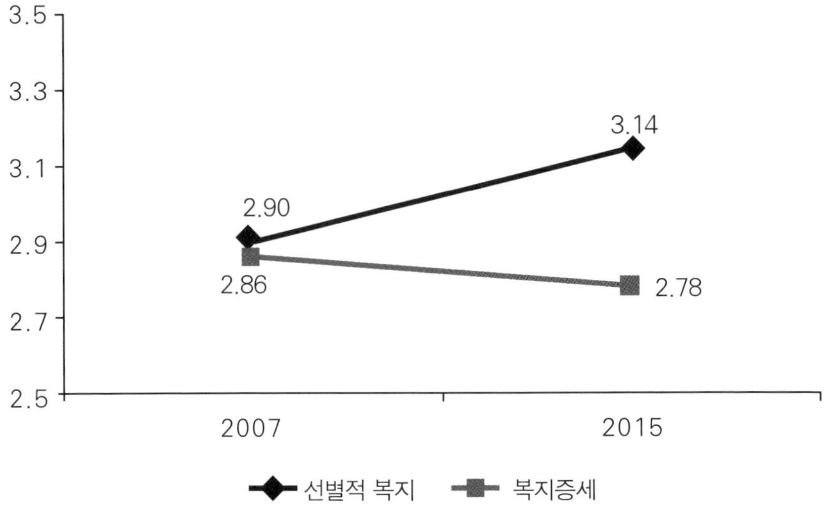

그림 8-2 복지증세와 선별적 복지

자료: 한국인의 갈등의식조사(2007), 한국복지패널조사(2007), 광복 70주년 국민의식조사

수치는 여전히 절반을 훌쩍 넘고 있지만 지난 10년 동안 '정부가 복지에 더 책임을 져야 한다'는 견해가 감소하고 있음을 알 수 있다.

미래는 불안하고 임금격차는 점점 벌어지는데 복지에 대한 요구가 감소해 왔다는 것은 일견 역설적으로 보인다. 복지정책이란 사람들이 노동시장에 의존하지 않고서도 괜찮은 삶을 영위할 수 있도록 하고 소득불평등을 줄이는 대표적인 재분배 정책이다. 따라서 일자리가 불안정해지고 임금격차가 벌어질수록 국가복지에 대한 요구도 증가할 것으로 예상할 수 있다. 그런데 복지는 국가의 책임이라는 견해가 20여 년 동안 약화되어 온 것이다.

그렇다면 왜 직업에 대한 불안정성과 임금격차가 복지에 대한 요구로 이어지지 않은 것일까? 이것은 부분적으로 복지증세 문제와 관련이 있어 보인다. 광복 70주년 조사에서는 광복 60주년 조사와 달리 복지증세와 보편적 복지에 대한 의견을 물어 보았다. 우리는 이를 2007년 '한국인의 갈등의식조사'의 복지증세 문항 및 2007년 '한국복지패널조사'의 선별복지 문항과 비교해 볼 수 있다.[20] 그런데 두 조사 결과를 비교해 봤을 때 복지증세와 보편적 복지를 찬성하는 견해는 약화된 반면, 선별적 복지를 지지하는 견해는 증가한 것을 알 수 있다. 선별적 복지를 찬성하는 견해는 2.9에서 3.14로 소폭 증가한 반면, 복지증세를 찬성하는 견해는 2.86에서 2.78로 소폭 하락했다 (그림 8-2 참조).

이러한 경향은 다른 조사 결과를 통해서도 확인할 수 있다. 서울대학교 사회발전연구소가 실시한 '삶과 사회에 관한 조사(2012년 실시)'에 따르면, 응답자의 85.6%가 양극화가 심각해 졌다고 느끼지만, 양극화 해소와 복지 확대를 위해서 세금을 더 내겠느냐는 질문에 대해서는 부정적 견해가 59.6%로 나타났다(우명숙·남은영 2014). 양극화는 심각한 문제이지만 이를 위해 세금을 더 낼 의향은 없다고 답한 응답자가 26%나 되는 것이다. 이러한 결과들은 모두 복지확대의 필요성은 인정하면서도 이를 위해 세금을 더 부담하고 싶지는 않다는 견해가 우세하다는 것을 보여준다.

잘 아시다시피 최근 수 년 동안 한국 사회에서는 무상급식과 무상보육, 그리고 기초연금 등 보편적 복지 도입을 둘러싸고 치열한 논쟁이 전개되어 왔다. 현재의 조세규모로는 보편적 복지가 불가능한 상황이고 결국 보편적 복지를 하려면 증세가 불가피한데 과연 이게 우리 사회에서 가능한가라는 것이 핵심 쟁점이었다.

그런데 지난 2015년 연말정산 파동은 한국 사회에서 증세는 여전히 매우 민감한 정치적 이슈라는 것을 다시 한 번 확인시켜 주었다. 물론 지난 연말정산 파동은 '증세 없는 복지'라고 하면서 사실상 증세를 추진하려고 했던 정부의 실책이 불신을 자초한 측면이 크다. 하지만 달리 보면 이것은 '근로

---

20 광복 60주년 조사에서는 복지증세와 보편적 복지에 대한 질문이 포함되지 않았다. 그래서 이 글은 2007년에 실시된 '한국인의 갈등의식조사' 및 '한국복지패널조사' 자료와 비교를 하였다.

자만 유리지갑'이라고 생각하는 임금근로자들이 증세에 상당한 거부감을 지니고 있다는 것을 다시 한 번 보여주는 사건이었다.

증세가 성공하려면 정부에 대한 신뢰가 높아야 할 뿐만 아니라 투명한 조세행정과 공정과세가 무엇보다도 중요하다. 하지만 우리나라는 그 동안 재벌주도 경제성장으로 재벌에 혜택은 많이 돌아간 반면, 일반 국민들은 성장의 과실을 누리지 못했다는 견해가 지배적이다. 그러므로 증세를 하려면 우선 그 동안 혜택을 많이 입었던 대기업들에 대한 증세가 먼저 이루어져야 한다는 정서가 널리 퍼져 있다. 그런데 최근 들어 세계화와 경제위기 상황에서 법인세 부담을 줄여주는 조치들이 취해지다 보니 임금근로자들의 소득세 증세에 대한 거부감이 크게 표출되고 있다.

또한 자영업자과 임금근로자 간의 조세형평성도 그동안 끊이지 않고 논란이 되어 왔던 쟁점이다. 대체로 임금근로자의 소득은 전부 노출되는 반면 자영업자들의 소득은 숨기기가 쉬워 자영업자들의 세금탈루가 많았던 것이 사실이다. 과세당국도 자영업자들의 소득탈루로 인한 과세 불공평성 문제를 완화하기 위해 그 동안 근로소득 공제 등 다양한 소득공제 혜택을 임금근로자에게만 제공해 왔다. 그런데 갑자기 임금근로자에게 제공되던 소득공제 혜택을 줄이다보니 임금근로자들이 자영업자와의 과세형평성 문제를 제기하고 나선 것이다.

하지만 자영업자들은 자영업자들대로 세금부담이 과하다고 생각하고 있다. 무엇보다도 서구 선진국과 달리 우리나라 자영업자들은 부가가치세를 소비자가 아니라 자영업자들이 부담하고 있다는 견해가 지배적이다.[21] 게다

---

21 실제로 일본의 경우 소비세 도입 과정에서 주된 저항집단은 소비자로 대표되는 전업주부들이었다. 반면, 우리나라에서는 부가가치세에 대한 저항이 가장 심했던 집단이 자영업자를 비롯한 소상공업자들이었으며, 부가가치세 세율 인상 얘기가 나올 때마다 가장 민감하게 반응하는 것도 자영업자들이다. 이것은 자영업자들이 부가가치세에 대한 부담을 갖고

가 최근 들어 신용카드 사용이 대중화되면서 더 이상 소득을 탈루하기도 어려워졌다고 말하고 있다. 즉 소득도 투명해지고, 여기에 더해 부가가치세까지 부담을 하니 자영업자들의 세금부담이 과하다고 주장을 하는 것이다(김태일·김도균 2016).

이렇게 과세형평성이 끊임없이 문제가 되고 그 결과 증세에 대한 사회적 합의를 이루기 어렵다보니 결과적으로 복지는 찬성하면서도 증세는 반대하는 모순적인 경향으로 나타나고 있다. 아무리 보편적 복지가 필요하고 타당해 보이더라도 조세제도가 불공평하다고 생각하는 한 증세에 대한 동의를 끌어내기가 어렵다. 그리고 상황이 이렇다보니 상당수 국민들은 보편적 복지와 복지증세보다는 선별적 복지를 통해 우선 취약계층에만 한정해서 복지를 제공하는 것을 선호하는 것으로 보인다.[22]

공평한 소득분배에 대한 요구가 증가하고 있는 것도 이러한 맥락에서 다시 생각해 볼 필요가 있다. 앞에서도 지적했듯이, 2000년대 초반까지만 해도 소득은 능력에 따라 분배하고, 여기서 발생할 수 있는 불평등은 복지를 통해 해결하자는 것이 다수 의견이었다. 그런데 지난 10년 동안 복지를 통한 재분배보다는 소득의 공평한 분배를 더 중요시하는 쪽으로 기울어 왔다. 비록 아직까지는 1990년 조사결과처럼 공평한 소득분배에 대한 요구가 복지에 대한 요구를 앞지르고 있지는 않지만, 소득분배의 공평성에 대한 요구가 강화되고 있는 것만은 분명하다.

이것은 노동시장에서의 원천적 분배는 점점 더 불공평해지고 있지만 이러한 불평등을 완화할 만큼 복지와 조세 제도가 갖추어져 있지 않기 때문인 것

있다는 것을 간접적으로 보여주는 실례라고 할 수 있다.

22　광복 70주년 조사의 조사시점도 참고할 필요가 있다. 이번 조사는 2015년 연말정산 파동이 있은지 얼마 지나지 않아 6월에 실시되었다.

으로 보인다. 외환위기 이후 고용불안은 점점 더 심각해져 왔으며, 이와 함께 임금격차도 더욱 벌어져왔다. 하지만 보편적 복지를 위해 필요한 증세는 과세의 불공평성으로 인해 선뜻 동의하기가 어려운 현실이다. 따라서 복지제도를 통한 소득재분배보다는 노동시장에서의 1차 분배 과정에서 공평한 분배를 요구하는 경향이 강화돼 온 것으로 이해할 수 있다.

노력에 따른 분배는 자본주의 시장경제의 중요한 작동원리이다. 완벽하지는 않을지라도 노력한 만큼 보상이 따르지 않는다면, 시장경제는 정당성을 획득하기 어렵다. 그런데 한국 사회에서는 노동시장 이중구조로 인해 노력 여부와 상관없이 소득 불평등이 구조적으로 심화되어 왔다. 동일한 일을 하고도 중소기업에서 비정규직으로 일한다는 이유만으로 임금수준이 대기업 정규직 근로자 임금의 절반에도 미치지 못하는 것이다. 상황이 이렇다보니 노력해봤자 아무 소용없다는 자괴감이 빠르게 확산되고 있는 실정이다. '노력에 따른 분배'를 찬성하는 견해가 빠르게 줄고 대신 소득의 공평한 분배를 요구하는 견해가 증가하고 있는 것은 이렇게 노력 자체가 무의미해지고 있는 한국 사회의 구조적 문제와 무관치 않아 보인다.

Ⅳ. 불공정한 사회

1. 공정한 시장경제 선호

공평한 소득분배에 대한 요구는 공정한 시장경제에 대한 요구로도 나타나고 있다. 광복 70주년 국민의식조사에서는 '경제운영방식'(정부주도 대 민간주도)과 '대기업 기여도'에 대한 질문을 던지고 있으며, 이와 함께 재벌규제나 노조활동에 대한 견해를 물음으로써 시장경제에 대한 견해가 그 동안 어떻

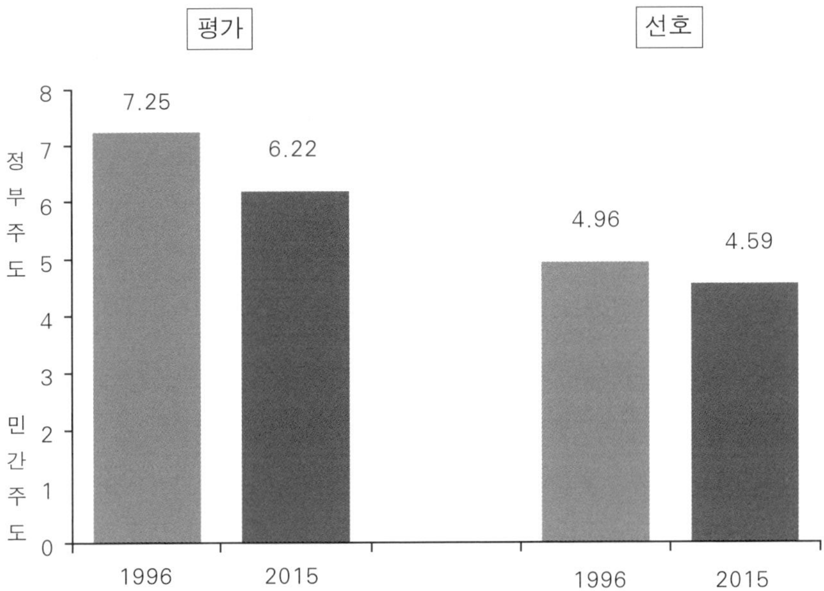

그림 9-1 정부주도 대 민간주도

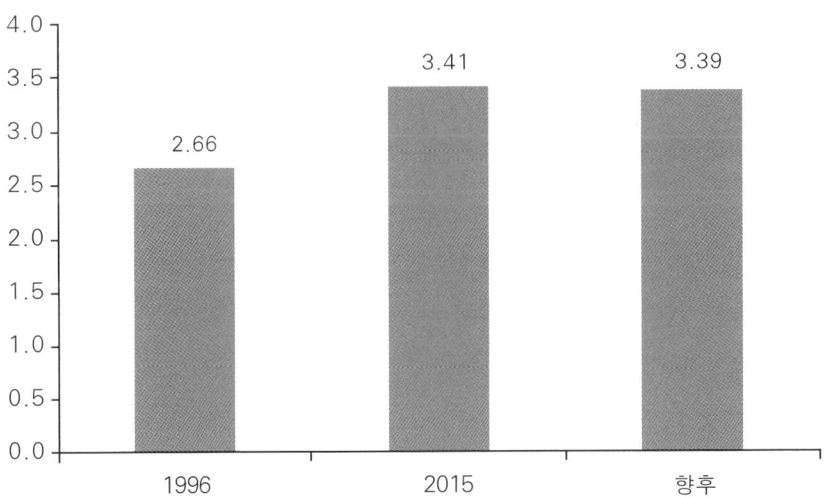

그림 9-2 대기업 기여도

자료: 전환기 한국사회 국민의식조사(1996), 광복 70주년 국민의식조사

게 변해 왔는지를 살펴보고자 하였다.[23]

우선 우리나라 경제운영방식으로 '민간주도'를 선호하는지 '정부주도'를 선호하는지 물어 보았다.

조사결과 경제운영방식에 대한 평균 점수가 1996년 7.25에서 2015년 6.22로 하락한 것에서 알 수 있듯이, 국민들은 경제운영이 20년 전에 비해 좀 더 민간주도적인 방식으로 변해 왔다고 평가하고 있다.[24] 하지만 여전히 민간주도 경제에 대한 국민들의 기대 수준에는 미치지 못하고 있다. 그 동안 국민들의 기대수준은 1996년 4.96에서 2015년 4.59로 좀 더 민간주도적인 방식으로 변해왔다.

민간주도 경제운영방식을 선호하는 것처럼 대기업에 대한 평가도 긍정적인 방향으로 변해왔다. 우리나라 대기업이 경제성장에 얼마나 기여했는지를 물었을 때, 대기업에 대한 긍정적인 견해가 1996년 2.66에서 2015년 3.41로 20년 동안 증가한 것을 알 수 있다. 또한 향후 전망에 대해서도 여전히 대기업이 경제성장에 기여할 것이라고 긍정적으로 보고 있다.[25]

하지만 민간주도 시장경제에 대한 선호가 증가했다고 해서 이것이 곧 고삐 풀린 자본주의나 무한경쟁과 같은 신자유주의적 가치를 지지하는 것을 의미하지는 않는다. 왜냐하면 응답자들 상당수가 시장경제를 긍정하면서도 시장경제가 초래하는 폐해에 대해서는 정부 규제가 필요하다는 견해를 나타내고 있기 때문이다.

<ol>
<li value="23">광복 60주년 국민의조사에서는 시장경제에 대한 국민들의 견해를 묻는 질문이 포함되지 않았다. 따라서 서울대학교 사회발전연구소에서 실시했던 1996년 '전환기 한국사회 국민의식조사'와 2003년 '국민의 가치관과 의식에 관한 조사', 그리고 2007년 '외환위기 10년 국민의식조사' 자료와의 비교를 통해 지난 20여 년 동안의 변화 추이를 살펴보았다.</li>
<li value="24">10점에 가까울수록 정부주도성이 강하고, 1점에 가까울수록 민간주도성이 강하다는 것을 의미한다.</li>
<li value="25">5점 척도로 측정한 것으로, 1점에 가까울수록 대기업 기여도를 부정적으로 평가, 5점에 가까울수록 긍정적으로 평가하고 있다는 것을 의미한다.</li>
</ol>

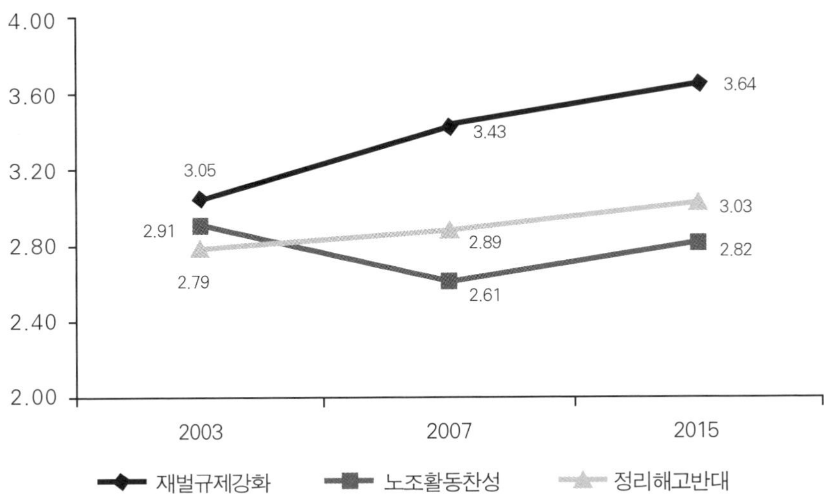

자료: 국민의 가치관과 의식에 관한 조사(2003), 외환위기 10년 국민의식조사(2007), 광복 70년 국민의식조사

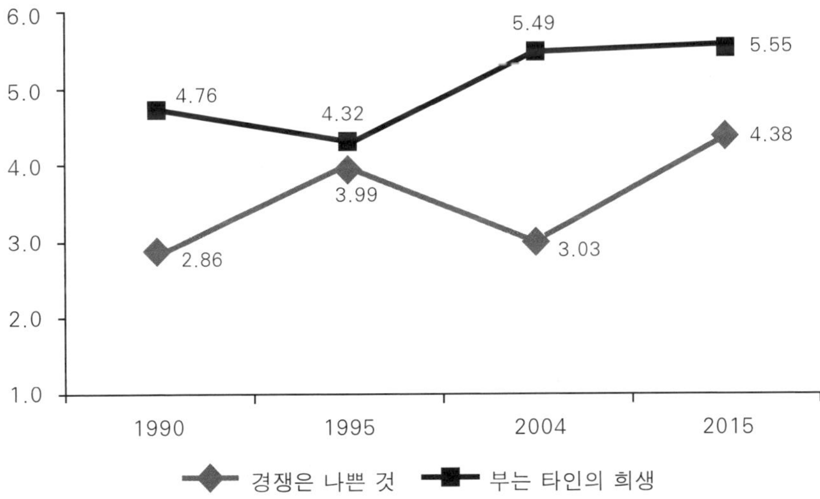

그림 10 공정한 시장경제에 대한 요구[26]

자료: 세계가치관조사(1990, 1995), 광복 60주년 국민의식조사, 광복 70주년 국민의식조사

---

[26] 재벌규제와 노조활동, 정리해고반대에 대한 견해는 5점 척도, 경쟁과 부에 대한 견해는 10점 척도로 측정했다.

우선 대기업의 경제성장에 대한 기여도를 인정하면서도 다른 한편으로는 대기업에 대한 규제도 필요하다고 보고 있다. 재벌 규제가 더욱 강화되어야 한다는 견해가 2003년 3.05에서 2007년 3.43, 그리고 2015년에 3.64로 증가해 왔다. 이것은 경제민주화에 대한 요구와 일맥상통한다. 그 동안 대기업의 골목상권 침해라든지 하청회사에 대한 납품단가 후려치기 등 대기업의 횡포는 공정한 시장경제를 가로막는 주된 장애요인으로 지적되어 왔다.

이번 조사에서도 공정한 시장경제를 위해서는 재벌규제가 불가피하다는 인식이 우세한 것을 확인할 수 있다.

정리해고를 반대하는 견해도 그 동안 계속 증가해 왔다. 정리해고를 반대하는 입장이 2003년에는 2.79에 머물렀던 반면, 2007년에는 2.89, 2015년에는 3.03으로 계속 증가하고 있다. 2000년대 초반에는 정리해고가 IMF 구조조정 프로그램에 따른 불가피한 조치라는 견해가 어느 정도 있었던 것으로 보인다.

하지만 그 이후에도 정리해고, 권고사직, 명예퇴직 등이 상시적으로 진행되다보니 아무리 경영상의 이유라고 해도 해고는 불합리하다는 견해가 증가하고 있는 것으로 보인다.[27] 노조를 바라보는 시선도 좀 더 긍정적인 방향으로 전환되고 있다. 노조활동을 찬성하는 견해는 2003년 2.91에서 2007년 2.61로 하락했다가 2015년에는 2.82로 다시 약간 상승하고 있다.

경쟁과 부의 축적을 부정적으로 보는 견해도 증가해 왔다. 일반적으로 자본주의 시장경제에서 경쟁은 좋은 것으로 여겨진다. 시장경제의 룰만 충족된다면 경쟁은 경제성장을 추동하는 동력이기 때문이다. 설문조사에서도 경쟁을 긍정적으로 보는 견해가 지배적인 것을 알 수 있다. 하지만 시계열적

---

[27] 게다가 최근에는 일반해고 도입을 둘러싸고 논란이 일고 있다. 일반해고가 도입될 경우 노사갈등과 노사분쟁은 더욱 심화될 것으로 보이며, 기업의 고용보장 노력과 사회적 책임에 대한 요구 또한 더욱 거세어질 것으로 예상된다.

으로 보면 경쟁을 부정적으로 보는 견해가 1990년 2.86에서 2015년 4.38로 빠르게 증가하고 있다. 부의 정당성에 대한 견해도 마찬가지다. 부의 축적을 부정적으로 보는 견해가 1990년 4.76에서 2015년 5.55로 증가했다.

2. 불평등의 재생산

경쟁과 부의 축적을 부정적으로 보는 견해가 증가한 것은 기회의 평등이 심각하게 위협받고 있는 한국사회의 현실을 잘 보여준다. 시장경제에서 경쟁은 공정해야 정당화될 수 있다. 반면 출발선 자체가 다르다면 그러한 경쟁은 나쁜 경쟁이라고 할 수 있을 것이다. 그런데 최근 금수저·흙수저 논란에서도 알 수 있듯이, 현재 한국 사회는 부모 세대의 결과의 불평등이 자녀 세대의 기회의 불평등으로 이어지는 것에 대한 우려와 불만이 크다. 기회의 평등이 부모세대의 경제적 능력에 의해 심각하게 침해받고 있다고 생각하는 것이다.

그 동안 한국사회는 국가복지가 미흡했기 때문에 이를 메우기 위한 다양한 수단들이 발전해 왔다. 그 중에서 가장 중요했던 것이 주택을 비롯한 부동산이었다. 국가가 노후보장이나 실업수당 등을 충분히 보장해 주지 않았기 때문에 사람들은 각자 알아서 만일의 상황에 대비해 왔다. 그런데 이러한 대비수단으로서 가장 선호되었던 것이 주택을 비롯한 부동산 자산이었다. 부동산 가격이 계속 상승하는 상황에서 부동산만한 안전자산이 없었던 것이다(김도균 2013).

하지만 이렇게 부동산이 복지대체재의 역할을 하다 보니 부동산 보유 여부에 따른 불평등이 심각해지고 있는 상황이다. 강남에 집 한 채를 보유하고 있느냐 아니냐에 따라 자녀의 교육수준이 달라지는 것은 물론 평균수명까지 차이가 나는 상황이다. 그래서 혹자는 한국사회를 부동산 계급사회라고 부르기도 한다(손낙구 2008).

그래도 외환위기 이전까지는 노동시장 상황이 양호했기 때문에 부동산 격차가 심해도 이것이 기회의 불평등 문제를 심각하게 초래하지는 않았다. 열심히 노력하면 노동시장을 통한 계층 상승도 어느 정도 가능했던 것이다. 하지만 앞에서도 살펴보았듯이 일자리가 불안정해지고 노동시장 양극화도 심해지면서 이제는 이러한 가능성마저도 줄어들고 있다. 즉 출발선 자체에서부터 차이가 나는 자산불평등 문제를 스스로의 노력을 통해 따라잡기가 점점 더 어려워지고 있다. 부동산에 대한 의존성과 노동시장 양극화가 겹쳐 불평등의 대물림 현상이 심각해지고 있는 것이다.

더욱이 불평등을 완화할 수 있는 최후의 보루인 복지라는 수단마저 미흡해서 불평등의 재생산이 심각해지고 있다. 그 동안 부의 불평등이 빠르게 증가해 오긴 했어도 우리나라의 경우 아직까지 서구 선진국만큼 부의 불평등이 심각하진 않았다(김낙년 2015).[28] 그런데 서구 유럽이 부의 불평등이나 이로 인한 기회의 불평등 문제를 복지국가를 통해 완화해 왔다면 우리나라는 아직 공공복지가 취약해 이러한 불평등을 완화시키는데 어려움을 겪고 있는 실정이다. 즉 노동시장 불평등과 부동산 의존성, 복지국가의 저발전이 합쳐져서 공정성이 심각하게 손상 받고 있으며, 불평등의 대물림 현상이 심각해지고 있는 실정이다.

28　부의 축적에서 상속 등의 이전 자산이 차지하는 비중을 보면, 프랑스의 경우 1970년대 34%에서 2010년 55%로 상승하고, 독일은 22%에서 50%로 상승한 반면, 우리나라는 1980~1990년대 27-29%에서 2000년대 들어 42%로 상승한 것으로 추정된다(김낙년 2015: 19).

Ⅴ. 맺음말

광복 70주년을 맞아 실시한 이번 조사는 일자리 불안과 노후 불안이 증가하는 상황에서 사람들이 미래를 낙관하지 못하고 있다는 사실을 잘 보여주고 있다. 미래의 계층소속감에 대한 전망이 10년 전이나 20년 전에 비해 매우 조심스러워졌다는 사실이 이러한 현실을 잘 반영한다. 그리고 세대별로 보면 특히 사회진출을 앞둔 20대들과 은퇴를 앞둔 베이비붐 세대들이 미래를 어둡게 전망하고 있음을 알 수 있다.

이러한 미래에 대한 불안은 공정한 경쟁에 대한 요구로 나타나고 있다. 소득의 공평한 분배라든지 공정한 경쟁, 기회의 평등에 대한 요구가 점점 강해지고 있는 것이다. 국민들은 노동시장에서의 분배의 불공평성이 심각한 수준에 이르렀다고 보고 있으며, 아무리 노력해도 불평등을 벗어날 수 없는 현실을 비판적으로 바라보고 있다.

대체적으로 사람들은 자본주의 시장경제를 긍정하지만, 다른 한편으로는 현재의 시스템이 더욱 공정한 방식으로 운영되기를 바라고 있다. 민간주도 시장경제를 지지한다는 점에서 경쟁 자체를 나쁘게 본다고 해석하기는 어렵다. 하지만 경쟁이 공정하지 않다고 보는 것은 분명하다. 또한 나쁜 경쟁이 초래되는 주된 이유가 부의 불평등에 있기 때문에 부의 축적에 대한 견해도 부정적으로 바뀌고 있다.

이러한 조사결과들을 놓고 볼 때 우리는 시장경제를 중시하는 가운데 사회 안전망과 공정성을 갖추는 것이 앞으로의 중요한 시대적 과제임을 확인할 수 있다. 최소한 공정한 경쟁에 대한 보장과 '공정으로서의 정의(Rawls 1971)'가 그 어느 때보다도 중요한 과제임을 알 수 있다. 사람들은 현재 출발선 자체가 다르게 주어지고 있는 현실에 뭔가 문제가 있는 것 아닌가하는 근본적인 질문을 던지고 있으며, 이것이 결과의 불평등보다 더욱 심각한 문제라고 인식하고 있다.

또한 시장경제를 여전히 선호하지만 무한경쟁보다는 공정성과 투명성에 보다 큰 가치를 부여하고 있다. 만약 이러한 최소한의 정의마저 한국 사회가 유지할 수 없다면 심각한 사회해체에 직면할 가능성이 높다. 그리고 비록 복지에 대한 요구는 약화된 것처럼 보이지만, 복지를 통한 재분배도 여전히 중요한 과제라고 할 수 있다. 왜냐하면 자녀세대의 기회의 불평등이 부모세대의 결과의 불평등에서 기인하는 것이라면 결과의 불평등을 완화시킴으로써 기회의 불평등도 완화시킬 수 있기 때문이다.

문제는 공정성과 정의, 재분배를 둘러싼 사회적 합의를 어떻게 이룰 수 있는가하는 점이다. 적어도 지난 십여 년 동안 복지를 둘러싼 논쟁과 갈등은 한국 사회에서 새로운 사회적 합의를 달성하는 것이 매우 어려운 과제라는 사실을 잘 보여주었다. 어찌되었든 중요한 사실은 사람들이 공정한 게임의 룰이 지켜지는 시장경제를 원하고 있다는 사실이다.

참고문헌

금재호, 2015, "비정규직법과 근로자 임금 및 정규직 전환,"『1-17차년도 한국노동패널 학술대회 논문집』, 한국노동연구원, 451-484.

김광석, 2015, "청년 니트족(NEET) 특징과 시사점,"『현안과 과제』15-03, 현대경제연구원.

김낙년, 2015, "한국에서의 부와 상속, 1970-2013," 낙성대경제연구소 working paper 2015-07호.

김도균, 2013, "한국의 자산기반 생활보장체계의 형성과 변형에 관한 연구-개발국가의 저축동원과 조세정치를 중심으로," 서울대학교 사회학과 박사논문.

김도균, 2015, "자영업 부채의 이중성과 외환위기 이후 자영업 부채 증가,"『경제와 사회』,(통권 제108호), 73-107.

김유선, 2015a, "청년 고용실태와 대책,"『KLSI ISSUE PAPER』제10호, 한국노동사회연구소.

김유선, 2015b,『한국의 노동 2016』, 한국노동사회연구소.

김일광·유정완, 2012, "개인사업자 창·폐업 특성 및 현황 분석,"『KB 경영정보리포트』, 2012-12호, KB 금융지주 경영연구소.

김태일·김도균, 2016, "자영업자와 조세부과의 형평성,"『정부학연구』제22권 1호.

남재량, 2008,『노동시장의 동태적 특성에 관한 연구』, 한국노동연구원.

남재량, 2011, "최근 청년 니트(NEET)의 현황과 추이,"『월간 노동리뷰』, 2011년 3월호. 한국노동연구원.

박진희·박세정·윤정혜, 2012, "베이비부머의 취업 및 임금구조와 시사점,"『고용이슈』제5권 제5호, 한국고용정보원.

방하남, 2012, "기업 인력의 고령화와 내부노동시장의 변화," 방하남·어수봉·유규창·이상민·하갑래 편, 『기업의 정년실태와 퇴직 관리에 관한 연구』, 한국노동연구원, 18-36.

손낙구, 2008,『부동산 계급사회』, 후마니타스.

우명숙·남은영, 2014, "공적 제도 인식이 친복지태도에 미치는 영향: 한국과 독일을 중심으로,"『사회보장연구』제30권 1호, 167-195.

이준협, 2013, "OECD 기준 중산층과 체감중산층의 괴리,"『현안과 과제』(13-41), 현대경제연구원.

장하성, 2015,『왜 분노해야 하는가』, 헤이북스.

장홍근, 2015, "한국의 노동시장 구조개혁 사례-노동체제 관점에서 본 9·15 사회적 대타협,"『주요선진국가의 노동시장 개혁과 한국의 시사점』, 한국노동연구원.

정이환, 2013,『한국 고용체제론』, 후마니타스.

한국노동연구원, 2008,『한국의 정년현황실태와 정년연장을 위한 여건조성 방안 연구』, 노동부 수탁보고서.

Piketty, Thomas 저·장경덕 외 역, 2015,『21세기 자본』, 글항아리.

Rawls, John 저·황경식 역, 2003,『정의론』(1971), 이학사.

Schmid, Guenter, 2013, "한국의 청년실업: 독일 및 이행노동시장의 관점에서," The HRD REVIEW, 2013년 7월호.

제6장

위축되는 정치참여*

김한나

I. 들어가며

　1945년 8월, 광복을 맞이한 한국의 시민사회는 기쁨과 혼돈으로 뒤범벅되었다. 35년 일제 식민통치가 종식되면서 해방의 기쁨을 맛본 한국인들은 이제 그토록 염원하던 독립국가 건설의 꿈이 머지않아 현실이 되리라 기대했었다. 일본의 항복으로 급작스럽게 찾아온 권력의 공백상태에서 밑으로부터 형성된 남북의 자생 조직들은 헤게모니를 선점하기 위해 바쁘게 움직이기 시작했지만, 흥분의 열기가 채 가시기도 전에 그 꿈은 맥없이 좌절되었다. 외세의 개입은 분단과 전쟁으로 이어졌다. 한국전쟁은 한반도에서 단순히 물리적인 공간의 분할만을 남겨 놓은 것이 아니었다. 남북한은 서로 다른

---

* 본 원고는 다음 논문 〈김한나, 2016, "정치참여의 다양성과 조건: 정치효능감과 정부신뢰를 중심으로," 『한국정치연구』 25(1), pp.81-110.〉의 내용을 바탕으로 재구성한 것입니다.

국제 체제에 편입되어 미소가 허용하는 범위 내에서 두 개의 국민국가를 형성해나갔고 70년이란 긴 세월이 흐르는 동안 대치하면서 이질적인 정체성을 구성하게 되었다.

미국과 소련이 만든 냉전 질서 속에서 남한의 제도 정치는 우편향된 정치적 스펙트럼 위에서 짜여 왔고 권위주의 발전국가 시절을 거치며 시민사회의 성장판은 심각한 손상을 입었다. 남한 사회는 '자유'민주주의를 표방했지만 그것은 어디까지나 남북이 살벌하게 대치하는 상황 속에서 공산주의 세력으로부터의 '자유'와 가난과 비참함으로부터의 '자유'를 의미하는 제한적인 성격의 것이었기 때문이다. '정권에 대항하여 시민들이 자유롭게 발언하고 행동에 나설 자유', '자본 세력에 맞서 노동들이 집결해 실력을 행사할 자유'까지 수용한다는 의미에는 아직까지도 미치지 못 하고 있다.

제도적으로는 정치참여의 길이 열려있었다. 하지만 분단이 고착화된 한국 사회에서 시민이 투표라는 정치 이벤트 이외에 일상의 영역에서 직접 행동을 결심하기란 쉬운 일이 아니었다. 군부독재 시절을 거쳐 오며 정부에 대항하는 정당한 시민행동조차 북한에 대한 찬동으로 몰렸고 빨갱이라 낙인찍히는 일이 빈번했기 때문이다. 사회 불의에 항거한 대가로 한 사람의 평온하던 일상이 권력에 의해 철저하게 망가지고 분쇄되는 장면을 일생 동안 수차례 목격하면서 평범한 한국인들의 마음속에는 소위 '레드컴플렉스'라 불리는 커다란 심리적 장벽이 세워졌다.

시민사회의 성장에 상당한 제약이 있었음에도 불구하고, 자유민주주의의 진정한 의미를 실천하고자 했던 대학생·청년 집단을 주축으로 하여 반정부 시위는 계속 이어졌다. 지속적인 아래로부터의 저항과 도전이 없었다면 남한 사회는 아직도 군부 쿠데타와 유혈투쟁을 반복하는 불안정한 상태로 남아있었을 것이다. 1987년 6월, 직선제 개헌이라는 절차적 민주주의의 성과는 1992년 문민정부文民政府의 탄생으로 이어졌고 이후 근 30여 년의 시간이 흐르는 동안 평화적인 정권교체가 이루어졌다. 한국의 자유민주주의는 드디어 공고화의 단계로 진입하게 되었다.

'레드컴플렉스'라는 한국인의 정신적 트라우마는 2002년 월드컵 축제를 기점으로 하여 서서히 무너지는 듯 보였다. 정치참여는 과거와 같이 대오를 짜고 최루탄을 날리는, 조직적이고 전투적인 운동권 방식에서 이전과는 다른 형태로 진화했다. 인터넷과 소셜미디어가 발달함에 따라서 정치에 참여하기 위한 문턱 값은 낮아졌으며, '지휘 체계 없는 조직', '느슨한 연결망' 속에서 놀이와 재미를 추구하는 방식으로 진화한 것이다. 2003년 미군 장갑차 여중생 사망 사건 추모집회, 2004년 탄핵 반대 시위, 2008년 광우병 쇠고기 수입 반대 시위 등 일련의 대규모 촛불 집회가 잇달았다. 그리고 그로부터 이제 10년이란 시간이 지났다.

10년 전과 지금의 정치참여는 어떻게 달라졌는가? 오늘날 누가 어떤 방식으로 정치에 참여하는가? 이 글은 광복 70주년을 맞이하여 한국 사회에서 투표를 비롯한 여러 가지 참여 행동들이 지난 10년간 어떻게 변화하였는지 그 추이를 살펴보고자 한다. 나아가 정치참여를 가능하게 하는 시민들의 심리적 기반에는 어떠한 변화가 생겼는지 알아보고자 한다. 나아가 각 참여 행동마다 필요한 시민들의 참여역량과 심리적 자원이 무엇인지 밝혀보고자 한다.

Ⅱ. 위축되는 정치참여의 양상들

1. 제도적 참여 – 투표

전통적으로 대의민주주의 사회에서 시민들의 활발한 투표 참여는 그 사회의 민주주의가 건강하게 작동함을 보여주는 징표라 알려져 왔다. 대표자가 재임기간 동안 어떻게 정치를 책임지고 수행해왔는가 시민들은 투표를 통해

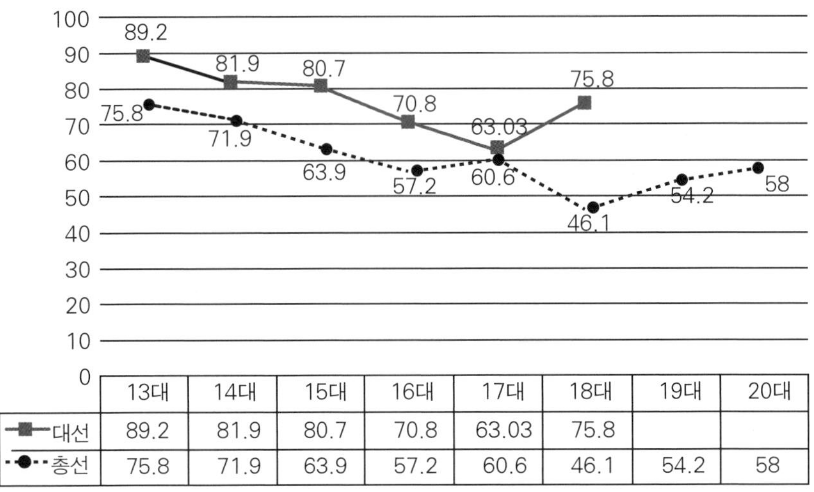

	13대	14대	15대	16대	17대	18대	19대	20대
■ 대선	89.2	81.9	80.7	70.8	63.03	75.8		
● 총선	75.8	71.9	63.9	57.2	60.6	46.1	54.2	58

그림 1 투표율 추이(1987년~2016년)

처벌하거나 보상할 수 있기 때문이다. 한 사회에서 투표가 활발하게 기능하고 있다는 것은 시민들이 민주주의 사회의 대표자를 제대로 감시하고 심판하는 데 적극적으로 참여하고 있음을 의미한다. 한국의 시민사회는 1987년 독재를 종식시키고 국민의 손으로 직접 대통령을 선출하겠다는 염원을 현실로 만들어 냈다. 1987년 12월 16일 수요일, 대통령 직선제로 개헌됨에 따라서 제 13대 대통령 선거가 16년 만에 국민 직선을 통해 치러졌다. 89.2%라는, 지금은 재현해내기 힘든 이 높은 투표율은 당시 얼마나 많은 국민들이 정치과정에 참여하기를 갈망하고 있었는지 상징적으로 보여준다.

  그러나 시대가 변했다. 아침에 대문 밑으로 들어오는 종이신문을 정치면부터 날씨면까지 차례차례 읽고 저녁에 9시 뉴스를 시청하며 현 정세를 파악하던 생활에서, 이제 눈을 뜨면 제일 먼저 스마트폰을 켜서 소셜미디어의 타임라인을 훑어 내리며 '좋아요'를 누르는 생활로 달라졌다. 미디어의 홍수 속에서 사람들은 보고 싶은 것만 보고 듣고 싶은 것만 들을 수 있게 되었고 만나고 싶은 사람들과 더 긴밀하게 소통할 수 있게 되었다. 안 그래도 고단한 한국사회에서 지역주의와 계파갈등으로 채워져 있는 정치권 뉴스에 굳이 눈길을 주지 않더라도 보고 듣고 즐길 거리는 충분히 많아졌다. 기술적으로 는 이제 우리의 눈과 귀가 무한대로 확장하여 누구와도 소통할 수 있는 환경 이 가능해졌을지도 모른다. 10년 전만 해도 이러한 변화를 감지한 누군가는 직접 민주주의 시대가 곧 다가올지도 모른다는 낙관론을 펼쳤지만, 점점 개 인화되는 미디어 속에서 사람들의 관심사는 이전 세기에 비해 보다 다양해 지고 파편화되었다.

탈냉전 시대에 진입한 서구 민주주의 국가들에서 나타나는 공통적인 특징 중 하나는 바로 투표율의 점진적인 감소 현상이라 할 수 있다. 한국도 이 현 상에 있어서 예외가 아니다. 1987년 13대 대통령 선출 이후로 한국에서 대 통령 투표 참여율은 1992년 14대 81.9%, 1997년 15대 80.7%, 2002년 16 대 70.8%, 2007년 17대 63.03%, 2012년 18대 75.8%로 꾸준히 줄어들고 있다. 이러한 투표율의 점진적인 감소 추세는 국회의원 선거에서도 나타난 다. 1988년 13대 국회의원 선거에서 75.8%에 달하던 투표 참여율이 1992 년 14대 71.9%, 1996년 15대 63.9%, 2000년 16대 57.2%, 2004년 17대 60.6%로 점차 줄어들어 2008년 18대 총선에서 46.1%로 최저점을 찍었다. 그리고 2012년 19대 54.2%, 최근 2016년 4월 13일 58%에 이르기 까지 약 간의 반등세를 보였지만 여전히 지난 30년 전에 비하면 투표 참여 양상은 꾸준히 저조해지고 있는 실정이다(그림 1 참조).

2. 비제도적 참여

그렇다면 투표가 아닌 다른 정치참여는 어떻게 달라졌을까? 민주사회에 서 시민이 정치에 참여할 수 있는 길은 다양하게 존재한다. 작게는 주변 사 람들과 정치에 관한 이야기를 나누는 것, 선거철에 자신이 지지하는 정치인이나 정당을 찍으라고 권유하는 것, 크게는 직접 선거에 나서는 일까지 여러 가능성은 열려있다. 반드시 정당이란 제도를 매개로 하지 않아도, 길을 가다 진정서에 서명을 할 수도 있고 촛불을 들고 광화문에 모여서 시민들의 성난 민심을 표출하는 방법도 있다. 쉬운 참여부터 어려운 참여까지 쏟아야 하는 노력과 비용의 차이가 엄연히 존재하기 때문에 시민들은 각자가 허락된 상황에서 저마다의 방식으로 정치과정에 개입할 수 있다. 지난 10년 동안 투표 외 비제도적 참여는 어떻게 달라졌는지 살펴본다.

2015년 서울대 아시아연구소가 실시한 〈광복 70주년 국민의식조사〉에서는 다양한 참여활동을 측정하기 위하여 다음의 문항을 사용하였다.: "사람들은 여러 가지 방식으로 정치적, 사회적 행동을 합니다. ○○님께서는 다음과 같은 행동을 지난 1년 동안 혹은 그 이전에 하신 적이 있습니까? 그러한 행동을 하신 적이 없다면 그러한 행동을 하실 가능성이 있는지 또는 전혀 없는지를 말씀하여 주십시오." 이에 대하여 "지난 1년동안 한 적이 있다."고 답하거나 "그보다 오래 전에 한 적이 있다."고 할 경우에는 참여의 경험이 있는 것으로 간주하였다. 반면 "전에는 안했지만 앞으로 할 수 있다."고 응답한 경우엔 참여의향 있음, "전에도 안했고 앞으로도 절대 하지 않을 것이다."의 경우엔 참여의향 없음으로 설정하였다.

① 쉬운 참여 - 진정서 서명, 소비자 운동, 인터넷 토론

우선 비교적 행동을 실천하는 데 큰 노력과 시간이 들지 않는, 진정서 서명이나 소비자 불매 운동, 인터넷 토론과 같은 쉬운 참여 형태부터 살펴본다. 먼저 진정서에 서명에 경험이 있다는 응답은 2004년 49.1%에서 2009년 36.4%, 2015년 25.5%로 지난 10여 년간 꾸준히 줄어들었다. 반면 진정서 서명운동에 참여할 의사는 2004년 26.6%, 2009년 34%, 2015년 31%로 약 4.4%p 다소 증가했지만 참여할 의향이 없다는 응답은 24.3%(2004)

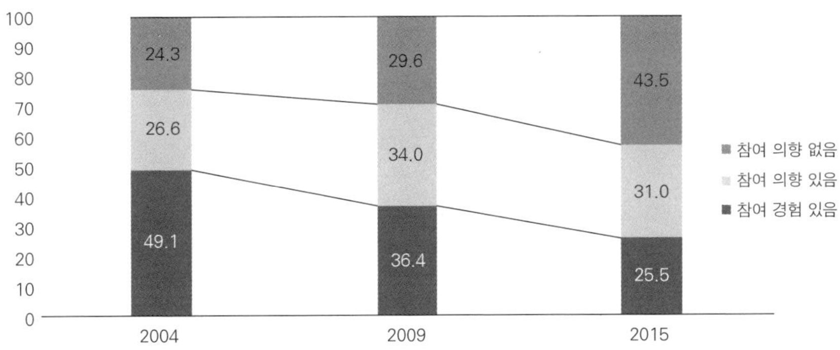

그림 2 진정서 서명

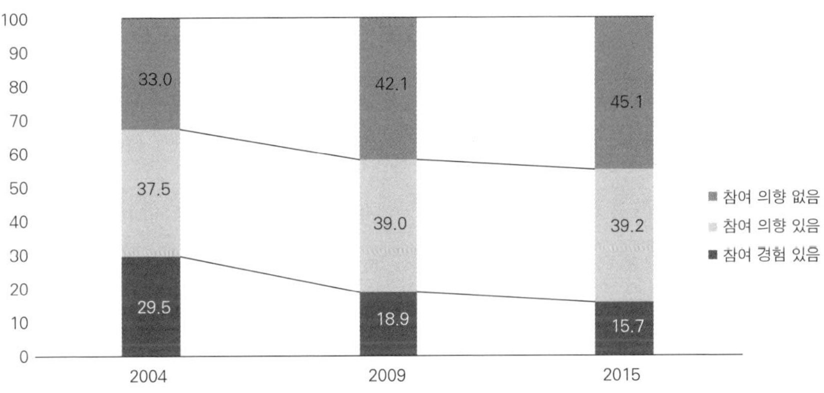

그림 3 소비자 운동

에서 29.6%(2009), 43.5%(2015)로 약 19.2%p로 더 큰 폭으로 증가했다
(그림 2). 마찬가지로 소비자 운동의 경우에도 2004년 29.5%에서 2009년
18.9%, 2015년 15.7%로 최근 참여한 경험이 있다는 응답은 약 13.8%p 줄
어들었으며, 참여할 의사가 있다는 응답에 비해 참여 의사가 없다는 응답은
더 큰 폭으로 증가했다. 참여할 의사가 없다는 응답은 2004년 33%였던 것
에서 2015년 45.1%로 약 12.1%p 늘어났지만 참여하겠다는 긍정적인 응답
은 37.5%에서 39.2%로 약 1.7%p 증가한 것에 불과했다.

　　진정서 서명이나 소비자 운동이 실제 자신의 얼굴과 이름 등의 정체성을

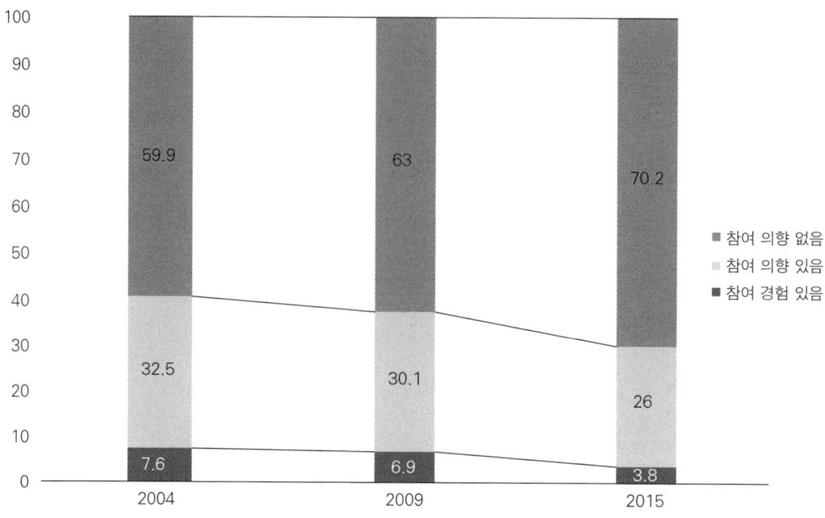

그림 4 인터넷토론

드러내기 쉬운 오프라인에서 이루어지는 활동이라면 인터넷 토론은 온라인 공간에서 익명성을 전제로 한다. 때문에 좀 더 솔직하고 날카로운 비판의 목소리를 낼 수 있고 가공되지 않은 날 것의 1인 미디어 컨텐츠가 실시간 공유되어 무한대로 확산되기 쉽다는 특징을 갖는다. 지난 2003년 미군 장갑차 여중생 사망 사건 추모집회를 비롯하여 2008년 광우병 쇠고기 수입 반대 시위에 이르기까지 다양한 대규모 오프라인 시위가 확산되는 시발점에는 인터넷 공간에서의 격렬한 토론이 있었다. 여러 형태의 정치참여 활동 중 이번 조사에서 측정한 인터넷 토론은 온라인 공간에서의 시민사회의 정치참여 수준을 가늠하게 해 주는 지표라 할 수 있다.

조사에 의하면 인터넷 토론에 최근 1년 간 참여한 경험이 있다는 응답은 2004년 7.6%에서 2009년 6.9%, 2015년 3.8%로 약 3.8%p 낮아졌으며 참여할 의향이 있다는 응답 역시 32.5%(2004)에서 30.1%(2009), 26%(2015)로 약 6.5%p 낮아진 것으로 조사되었다. 뿐만 아니라 참여할 의사가 없다는 응답도 늘어나 2004년 59.9%였던 것에서 2009년 63%, 2015년 70.2%로 약 10.3%p의 차이가 발생했다. 진정서 서명과 소비자 운동의 경우에는 적어도 앞으로 참여할 의향에 있어서는 긍정적인 응답이 늘어나는 추세였지만 인터넷 토론의 경우 참여할 의사조차 위축되는 참여의 퇴보현상이 나타났다 (그림 4).

② 어려운 참여 - 시위, 집회

그렇다면 쉬운 참여에 비해 좀 더 많은 노력과 시간을 요구하는 시위나 집회 같은 어려운 참여의 경우는 어떻게 달라졌을까? 지난 1년 간 참여한 적이 있다는 응답에 관하여 시위의 경우 2004년 18.6%에서 2009년 14.3%, 그리고 2015년에는 10.5%로 약 8.1%p 낮아졌고, 정치집회의 경우에도 마찬가지로 2004년 11.8%, 2009년 10.4%, 2015년 7.4%로 약 4.4%p 낮아지는 추세다. 다만 참여할 의사가 있다는 응답은 둘다 약간 늘어났다. 예컨대 시위는 약 4.9%p(2004년 26.7% → 2009년 26.4% → 2015년 31.6%) 증가하고, 정치 집회는 약 0.4%p(2004년 22% → 2009년 20.4% → 2015년 22.4%)로 다소 증가했다. 참여할 의사가 없다는 응답 역시 약간 증가했다. 시위의 경우 부정적인 의사가 2004년 54.8%에서 2009년 59.3%로, 2015년 57.9%로 약간 늘어났고, 정치집회의 경우에도 2004년 66.1%에서 2009년 69.2%, 2015년 70.2%로 증가하였다. 하지만 10년 전이나 지금이나 정치에 참여하겠다는 의사에 비해 참여하지 않겠다는 응답이 전체 응답에서 항상 현저하게 더 많은 비중을 차지했다.

정리하면, 투표를 제외한 비제도적 참여 중에서 '진정서 서명'이나 '소비자 운동'과 같은 오프라인을 중심으로 한 '쉬운 형태의 참여'는 '인터넷 토론'이나 '어려운 참여(시위, 집회)'에 비해 비교적 긍정적인 응답률이 높았다. 하지만 10년 전의 응답과 비교해보면 참여의 경험은 줄어들고 참여할 의사가 없다는 부정적인 응답률은 큰 폭으로 증가했음을 알 수 있다. 비교적 쉬운

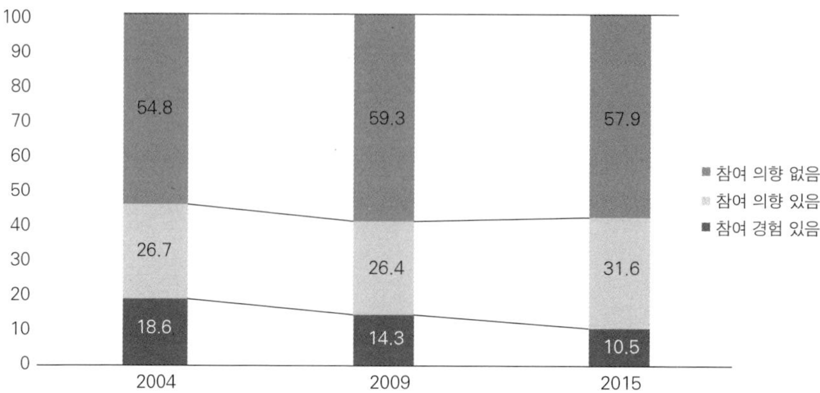

그림 5 시위

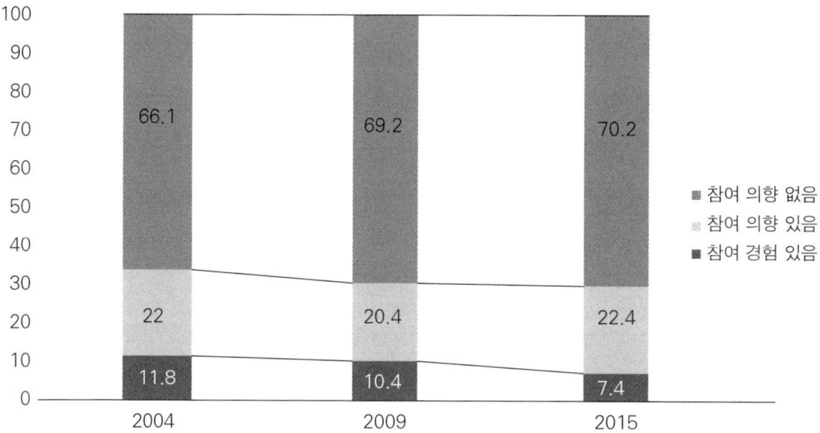

그림 6 정치 집회

형태의 참여임에도 불구하고 인터넷 토론에 대한 인식도 크게 나빠졌다. 뿐만 아니라 시간과 노력이 많이 드는 시위나 정치 집회에 관한 부정적인 인식또한 증가했다. 참여할 의사가 없다는 부정적인 인식에 초점을 두고 전반적인 양상을 요약하자면, 쉬운 형태의 참여이든 어려운 형태의 참여이든 정치참여 활동에 관한 사람들의 인식은 10년 전에 비해 심각하게 악화되었다고할 수 있다.

Ⅲ. 왜 참여가 위축되는가?

그렇다면 왜 이러한 변화가 나타났을까? 변화의 원인을 먼저 외부에서 찾아보자면, 시민들의 헌법적 권리인 집회 및 시위의 자유와 정치적 표현의 자유를 대하는 박근혜 정부와 전 이명박 정부의 부정적인 태도와 밀접한 관련이 있을 것이다. 예컨대 2008년 광우병 촛불시위와 2012년 국정원 대선 개입 사건, 2013년 서울시 공무원 간첩 조작 사건, 2014년 세월호 참사 및 2015년 국정교과서 반대 집회에 이르기까지, 보수 정권은 때마다 과도하게 경찰력을 동원하여 시위대를 진압하였고 광화문 도심에 차벽을 설치해 평화로운 집회의 권리를 제한한 바 있으며, 사이버검열로 시민들의 정치적 의사표현을 감시해왔다.

이에 따라 최근 유엔 시민적 정치적 권리규약 위원회(UN Human Rights Committee)는 시민에 대한 대한민국 정부의 억압적 처사를 우려하며 시민적 정치적 권리 전반을 보장해야 한다는 최종 권고를 내린 바 있다(참여연대 2015.11.07). 또한 국제 인권단체 프리덤하우스Freedomhouse에서도 한국의 언론과 인터넷 자유가 계속 악화되고 있다고 진단했다. 프리덤하우스에 의하면 한국은 이미 2011년 '언론 자유국' 지위를 상실하여 '부분적 자유언론국'에 해당하며, 2015년 올해 한국의 언론 자유 지수는 100점 만점 중 33점으로, 2013년 31점과 지난해 32점에 이어 3년 연속 나빠지고 있는 실정이다(중앙일보 2015.10.29). 결국 정부의 반복된 과잉진압과 사이버검열이 참여하고자 하는 시민들의 마음을 얼어붙게 만든 것이다.

정치 참여연구에서는 "개인의 정치적 행동이 정치과정에 영향을 미치거나 미칠 수 있다는 감정"을 정치효능감이라고 한다(Campbell, Gurin and Miller 1954). 정치효능감은 보통 '정치영역에서 갖는 한 개인의 효능감'과 '정치시스템의 반응성에 대한 평가' 두 차원으로 구분하여 측정되며, 일반적으로 높

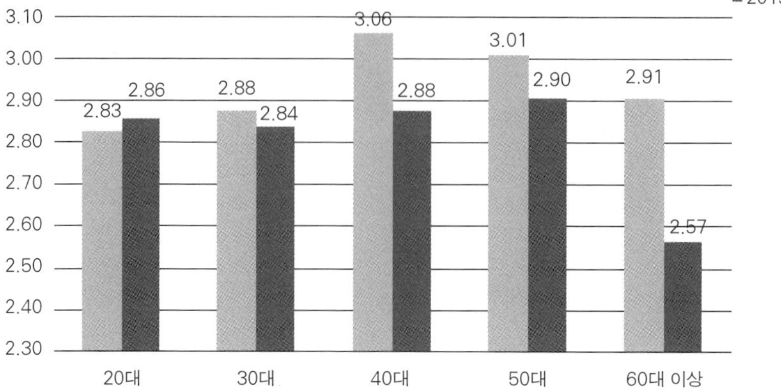

그림 7 연령별 내적효능감의 변화

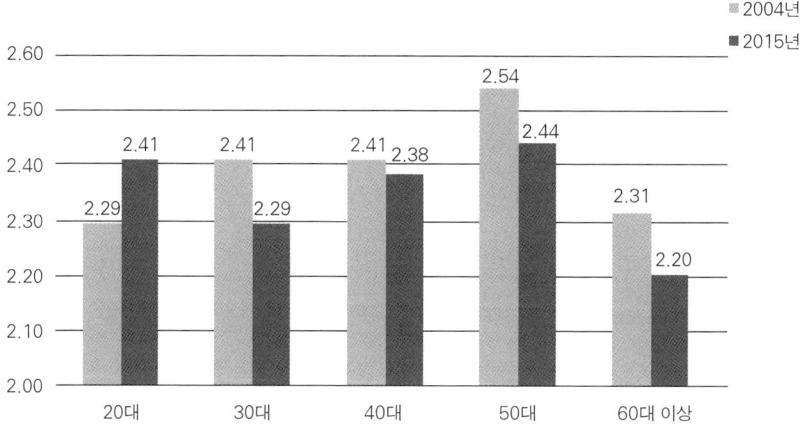

그림 8 연령별 외적효능감의 변화

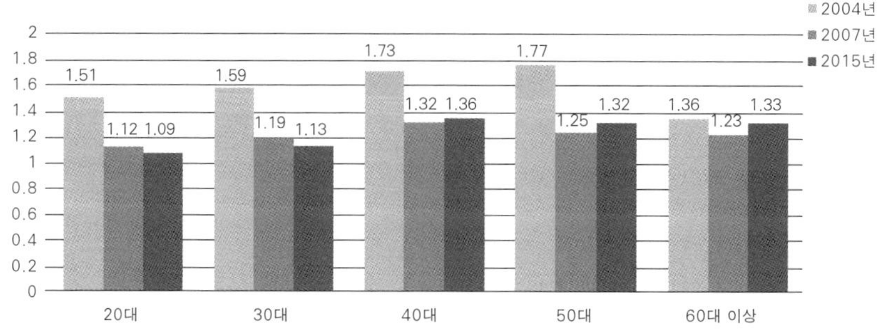

그림 9 정치관심도의 변화

은 정치효능감은 적극적인 참여 행동을 유발한다고 간주된다(Gamson 1968; Hawkins et al 1971; Paige 1971; Craig 1979; Muller 1979; Seligson 1980). 내적효능감internal efficacy이 "자신이 정치적 의사결정과정에 영향을 미칠 수 있는 필요한 자원과 기술을 가지고 있다는 개인의 주관적 지각"을 의미하는 반면에, 후자인 외적효능감external efficacy은 "시민의 요구에 대한 정치기구나 공직자의 반응성에 대한 신념"을 의미한다(Miller, Miller and Schneider 1980). 그런데 지난 10년 간 이 정치효능감은 두 차원에서 모두 확연히 줄어들었다.

그림 7과 그림 8은 5점 척도로 측정된 내적효능감과 외적효능감의 평균값을 연령별로 살펴본 것이다.[1] 20대 청년층을 제외한 전 연령층에서 내적·외적 효능감 수준이 2004년도에 비해 2015년도에 모두 감소했음을 확인할 수 있다. 특히 내적효능감의 평균값은 60대 이상의 연령층에서(2.91 → 2.57), 외적효능감의 평균값은 30대에서(2.41 → 2.29) 가장 큰 폭으로 하락했다. 그리고 두 그래프를 비교했을 때, 전반적으로 전 연령층에서 외적효능감이 내적효능감에 비해 낮은 수준임을 알 수 있다. 즉 자신이 한국사회의 정치현실을 잘 이해하고 있다는 자신감에 비해, 정부가 시민들의 요구에 반응하고 목소리를 들어주리라는 기대감은 모두 상대적으로 더 낮게 나타나는 것이다.

---

1 정치효능감은 내적효능감과 외적효능감으로 구분하여 측정되었다. 내적효능감을 묻는 질문은 "나는 한국이 당면하고 있는 중요한 정치 문제를 잘 이해하고 있다.", "대부분의 한국 사람은 정치나 행정에 대해 나보다 잘 알고 있다."를 사용했으며 5점척도로 측정되었다. 첫 번째 질문에 대해서 '매우 그렇다'고 응답할 경우엔 5점을, '매우 그렇지 않다'고 응답할 경우엔 1점을 부여했다. 반면 두 번째 질문에 대해 '매우 그렇지 않다'는 응답에 5점, '매우 그렇다'는 응답에 1점을 부여했다. 그리고 이 두 질문에 대한 응답의 평균을 구해 최솟값 1점, 최댓값 4.5점을 갖는 내적효능감 변수를 생성하였다. 마찬가지로 외적효능감에 관한 질문은 "나 같은 사람들은 정부가 하는 일에 대해 어떤 영향도 주기 어렵다.", "정부는 나 같은 사람들의 의견에 관심이 없다." 두 질문이 사용되었다. 이에 대해 '매우 그렇지 않다'는 응답에 5점, '매우 그렇다'는 응답에 1점을 부여해 평균을 구했고, 최솟값 1점, 최댓값 5점의 외적효능감 변수를 만들었다.

한편 정치효능감 뿐만 아니라 정치관심도도 활발한 정치참여와 건강한 시민사회의 심리적 조건이 된다.[2] 일반적으로 정치관심도가 높은 사람일수록 투표에 더 적극적이고 비제도적 참여에도 활발한 경향이 있다. 그러나 지난 2004년과 2007년에 비해 2015년에 측정한 정치관심도의 수준은 전 연령층에서 일제히 낮아졌음을 확인했다. 특히 그 낙폭은 30대(0.46)와 50대 연령층(0.45)에서 상대적으로 크게 발생했다(그림 9 참조). 요컨대 지난 10년 간 참여의 심리적 조건으로 간주되는 정치효능감과 정치관심도의 기반이 점점 무너지고 있다.

Ⅳ. 누가 어떻게 참여하는가?

시민들의 참여가 저조해지는 오늘날, 그렇다면 누가 어떻게 참여하고 있을까? 이 절에서는 각 참여행동마다 필요한 시민들의 참여역량과 심리적 자원이 무엇인지 밝혀보고자 한다. 구체적으로 제도적 참여로서 '투표'와 비제도적 참여 중 쉬운 참여에 해당하는 '진정서 서명', 비교적 과격한 참여에 해당하는 '시위', 그리고 표현적 참여로서 '인터넷 토론' 등 네 가지 참여행동들을 중심으로 오늘날 어떤 방식으로 각 유형의 참여가 작동하는지 살펴보고자 한다. 우선 투표의 경우 일반적으로 연령과 교육수준이 높을수록, 사회경제적 지위가 높을수록 적극적으로 참여한다는 연구자 간 합의가 존재하는 것으로 보인다. 이와 관련된 국내 연구도 공통적으로 연령, 교육수준과 소득 및 사회적 지위 등의 인구학적 요인이 투표참여와 같은 제도적 참여에 긍정적인 작용을 미친다는 점을 지적한다(박찬욱 1995; 박찬욱 2005). 또 정치효능

---

2 정치관심도는 정치에 전혀/별로 관심이 없다, 다소/매우 관심이 있다 등 0점부터 3점까지 4점 척도로 측정되었다.

감이 투표참여에 미치는 영향력에 대하여 기존 연구들은 일반적으로 밀접한 정(+)의 관계가 있음을 보여주고 있다. 정치효능감과 정치참여에 관한 국내 기존 연구들을 총체적으로 검토한 류태건(2011)에 따르면, 일부 결과를 제외하고, 거의 모든 유형의 정치효능감이 투표참여와 정적인 상관관계나 영향관계에 있는 것으로 나타났다.

그러나 정부와 정치관계자들에 대한 항의적 성격을 띠고 있는 비제도적 정치참여의 경우 투표참여와는 다른 기제가 작동한다. 이 분야에 선구적인 연구를 수행한 카아제와 마쉬Kaase and Marsh의 분석에 따르면, 네덜란드, 영국, 미국, 독일, 호주 등 네 국가에서 모두 항의 잠재력protest potential은 저연령층일수록 높았고, 시위참가자들protest은 주로 주로 청년세대, 저학력층 인구집단에서 높은 비중으로 발견되었다(Kaase and Marsh 1979). 박찬욱 역시 비통상적 참여가 저연령층에서 더 적극적으로 수용된다는 결과를 제시한 바 있으며 한국의 민주주의 경험으로 볼 때 젊은 세대일수록 변화에 대해 더 수용적이고 정치적 항의에 더 익숙하다고 설명한다(박찬욱 2005). 또 내적효능감은 높지만 외적효능감은 낮은 경우, 다시 말해서 자신이 현실 정치에 대해 잘 알고있다는 자신감은 높지만 정부가 시민들의 요구에 제대로 반응하리라는 기대감이 낮을수록, 투표와 같은 제도적 참여 보다는 진정서 서명이나 시위와 같은 비제도적인 참여행동에 더 적극적으로 임하는 경향이 있다. 박원호는 이러한 상황을 "참여의 위기"라 표현한 바 있다(Pollock 1983; 박원호 2014).

한편 표현적 참여라 할 수 있는 인터넷 토론의 경우 교육수준과 정치적 관심도가 행동을 이끄는데 중요한 자원이 될 수 있다. 일찍이 페리와 모이저, 데이(Parry, Moyser and Day)는 교육수준이 높은 사람은 한 국가 내 시민으로서의 책임감과 권한을 발전시켜 정책결정과정에 참여하게 되며, 자신들의 감정과 정치적 태도를 남들에게 표출하기 위하여 참여한다고 주장한 바 있다(Parry, Moyser and Day 1992). 또 인터넷 상의 표현은 자신의 생각과 감정을 불특정 다수에게 드러내는 것인 만큼, 자신이 정치현실에 관한 지식을 충분히 가지고 있다는 자신감, 즉 내적효능감이 충분히 있어야 할 것이다.

이러한 기존 논의를 바탕으로 이 절에서는 〈광복 70주년 국민의식조사 (2015)〉를 이용하여 최근 투표, 진정서 서명 및 시위, 그리고 인터넷 행동을 유발하는데 영향을 미치는 요인이 무엇인지 로지스틱 회귀분석을 실시해 검토해보았다. 회귀분석에서 설명변수가 되는 인구학적 변수들로서 연령은 20대부터 60대 이상까지 5점척도의 변수로 설정했다. 소득은 응답자의 월 평균소득으로 측정되었는데 그 범주는 100만원 미만, 200만원 미만, 300만원 미만, 400만원 미만, 400만원 이상으로 5점 척도였다. 교육수준은 무학부터 초등학교 졸업/중퇴, 중학교 졸업/중퇴, 고등학교 졸업/중퇴, 전문대 졸업/ 중퇴, 대학교 4년제 졸업/중퇴, 대학원 이상까지 7점척도로 측정되었다.

한편 심리적 요인이 되는 정치효능감과 정치관심도의 경우 각주 2와 각주 3에 제시하였다. 또 정당일체감은 특히 제도적 참여인 투표행위에 강한 설명력을 갖는 변수로 알려져 있고 정치참여 행동에 요구되는 공동체 의식이나 조직관여도와 관련이 있으므로 통제할 필요가 있다. 본 연구에서 정당일체감의 강도 측정은 두 번의 연속 질문을 사용하였다. 먼저 우리나라에 있는 정당 중 가깝게 느끼는 정당이 있는지의 여부를 묻고 처음 그렇다고 대답한 사람들은 2점을 주었고, 없다고 대답했던 사람들을 대상으로 "그렇다고 해도 귀하께서 조금이라도 더 선호하는 정당이 있습니까?" 재차 질문한 뒤에야 그렇다는 응답을 한 사람들에게는 1점을, 끝까지 지지 정당이 없다는 사람들에게는 0점을 주었다.

분석 결과는 표 1, 표 2와 같다. 인구학적 요인부터 살펴보면, 표 1에서 투표참여의 경우 다른 조건이 동일하다고 가정할 때 연령이 높을수록, 교육수준이 높을수록 더 적극적으로 투표에 임하는 경향이 있었다. 반면 제도적 참여가 아닌 경우 모두 연령이 낮을수록 진정서 서명, 시위, 인터넷 토론 등과 같은 참여행동에 더 적극적이었다(표 2 참조). 즉 나이가 많은 시민일수록 투표와 같은 제도권 정치에 더 적극적으로 임하는 반면, 젊은 세대일수록 더 저항적이고 자기표현을 할 수 있는 참여 수단을 이용하는 경향이 있었다.

다음 참여의 심리적 조건을 살펴보면, 우선 투표참여 모델의 경우 정치에 관심을 많이 가지는 사람일수록 투표에 더 적극적으로 참여하는 경향이 있었다. 그러나 내적이든 외적이든 정치효능감과 투표행동에는 통계적으로 유의미한 관련성이 없었다. 다만 표 1의 두 번째 모델과 같이 투표참여를 설명하는 데 가장 강력한 심리적 변수는 정당일체감의 강도로 드러났다. 다시 말해서 정치에 관심이 많고 지지정당에 대한 애착심이 강한 사람일수록 투표에 더 적극적으로 임하는 경향이 있지만, 투표에 참여하게 만드는 심리적 조건이라기에 정치효능감은 외적이든 내적이든 통계적으로 유의미한 영향력을 가졌다고 보기 어려웠다. 즉 투표참여에 있어서 행동을 유발하는 심리적 조건은, 민주주의 사회에서 시민으로서 느끼는 효능감이 아니라 강력한 당파심이었다.

투표와 달리 표 2의 비제도적 참여의 경우, 정당일체감보다는 정치효능감과 정치관심도가 행동을 유발하는 데 영향을 미치는 요인이었다. 정치관심도가 높을수록, 외적효능감이 낮을수록, 다시 말해서 정부가 시민들의 요구에 반응하리라는 기대감이 낮을수록 진정서 서명에 더 적극적인 경향이 있었다. 반면 진정서 서명과 같은 온건한 저항에는 정치현실을 잘 알고 있다는 시민의 내적자신감이 요구되지 않았다. 이와 달리 시위나 인터넷 토론의 경우에는 내적효능감이 높을수록, 즉 정치에 대해 잘 알고 있다는 자신감이 클수록 참여에 더 적극적인 경향이 있었다. 흥미로운 점은 시위의 경우 교육수준이 시위참여를 유발하는 데 통계적으로 유의미한 영향력을 가졌지만, 인터넷 토론에 있어서 교육수준은 유의미한 요인이 아니었고 내적효능감과 같은 지적 자신감이 더 중요한 요인이었다는 것이다.

표 1 제도적 참여에 미치는 요인

| | 제도적 참여 | | | |
| | Model 1 | | Model 2 | |
	Coef.	Std.Err	Coef.	Std.Err
연령	0.74	(0.08)***	0.66	(0.08)***
교육수준	0.26	(0.11)*	0.30	(0.11)***
소득	0.01	(0.07)	0.00	(0.08)
외적효능감	0.01	(0.11)	−0.01	(0.11)
내적효능감	−0.24	(0.16)	−0.33	(0.18)
정치관심도	0.80	(0.13)***	0.54	(0.14)***
정당일체감			1.14	(0.13)***
절편	−1.42	(0.57)	−1.43	(0.60)
N				1,000
Prob 〉chi2				0.000
Log likelihood		−431.71		−386.23
Pseudo R2		0.17		0.25

* p〈0.05, ** p〈0.01 *** p〈0.001

표 2 비제도적 참여에 미치는 요인

| | 비제도적 참여 | | | | | |
| | 진정서 서명 | | 시위 | | 인터넷 토론 | |
	Coef.	Std.Err	Coef.	Std.Err	Coef.	Std.Err
연령	−0.12	(0.05)*	−0.13	(0.05)*	−0.22	(0.06)***
교육수준	0.12	(0.07)	0.17	(0.08)*	0.02	(0.09)
소득	0.17	(0.05)**	0.07	(0.05)	0.07	(0.06)
외적효능감	−0.15	(0.07)*	0.02	(0.08)	0.06	(0.09)
내적효능감	−0.11	(0.11)	0.37	(0.12)***	0.42	(0.14)***
정치관심도	0.41	(0.10)***	0.19	(0.10)	0.15	(0.11)
정당일체감	−0.03	(0.07)	−0.11	(0.08)	−0.01	(0.09)
절편1	−0.22	(0.40)	1.65	(0.43)	1.99	(0.48)
절편2	1.17	(0.40)	3.54	(0.44)	4.41	(0.50)
절편3	2.84	(0.41)	6.02	(0.54)	6.48	(0.65)
N						1,000
Prob 〉chi2						0.000
Log likelihood		−1186.28		−926.10		−719.33
Pseudo R2		0.02		0.03		0.02

* p〈0.05, ** p〈0.01 *** p〈0.001

정리하면, 연령이 높을수록, 교육수준이 높을수록, 평소 정치에 관심이 많고 지지하는 정당에 강한 애착심을 가진 시민일수록 투표에 더 적극적으로 투표에 참여하는 경향이 있었다. 반면 투표참여 외의 활동에 있어서는 연령이 낮을수록 더 적극적이었다. 진정서 서명의 경우 소득이 높을수록, 외적효능감이 낮을수록, 정치에 관심이 많을수록 적극적이었지만 시위는 교육수준이 높을수록, 내적효능감이 높을수록 적극적으로 참여하는 경향이 있었다. 진정서 서명이나 시위와 달리 인터넷토론의 경우 소득 또는 교육수준과 같은 사회경제적 지위는 행동유발에 통계적 관련성이 없었다. 인터넷 토론과 같은 표현적 참여는 낮은 연령과 높은 내적효능감이 참여를 유발하는 데 영향력을 미치는 요인이었다.

Ⅴ. 마치며

건강한 민주주의 사회라면 투표 뿐만 아니라 다양한 유형의 정치참여 행동들이 공존할 수 있어야 하며 함께 균형을 맞추어 성장해야 한다. 하지만 10년 전에 비해 오늘날 한국사회에서 시민정치는 퇴보했다. 당파성에 기대고 있는 투표참여를 제외하고, 진정서 서명부터 소비자 운동, 기부 모금 운동 및 각종 정치집회와 시위, 그리고 온라인 정치참여까지 전 영역에 있어서 참여의 수준이 모두 위축되었고 활력을 잃었다. 자발적인 시민행동의 기반이 되는 정치에 대한 관심도 낮아졌고, 시민으로서 자신감과 정부가 시민의 목소리에 응답하리라는 기대감도 줄어들었다.

시민들의 정치 참여 기반이 점점 위축되고 있는 것은 한국 민주주의 발전에 대단히 우려스러운 현상이라 할 수 있다. 제도정치만이 시민들의 목소리를 모두 대변하는 길은 아니다. 제도 정당이 시민들의 현실과 유리되어 지지할 정당이 없다고 생각될 때, 제도정치로부터 소외된 시민들은 투표에 참여하기 보다 차라리 기권을 선택한다. 정치적 불만이 다양한 방식으로 해소되고 시민들의 다양한 의사가 표현될 수 있도록 길을 터주지 않는다면 한국 시민사회는 곧 위기를 맞이하게 될 것이다.

참고문헌

류태건, 2011, "정치효능감과 정치참여의 유형별 관계."『21세기정치학회보』, 21(3): 384-416.

박원호, 2014, "세대갈등: 청년의 정치적 소외를 중심으로," 고상두·민희 편『후기 산업사회와 한국정치』, 서울, 마인드탭.

박찬욱, 1995, "한국인의 정치의식과 가치정향: 1995년 세연 국민의식조사를 중심 으로,"『국가전략』제1권 2호: 81-115.

______. 2005, "한국인의 정치참여 특징과 결정요인: 2004년 조사결과 분석,"『한국 정치연구』, 14-1, 147-191.

중앙일보, 2015, "프리덤하우스 "한국 언론·인터넷 자유 작년보다 모두 악화"" http://news.joins.com/article/18962888 2015/10/29 (검색일자: 2015.11.18.).

참여연대, 2015, "유엔 인권위원회, 심각한 한국 자유권 실태에 상력한 권고 내려" http://www.peoplepower21.org/International/1372738 2015/11/07 (검색 일자: 2015.11.18.).

Campbell, A., et al., 1954, *The Voter Decides*. Oxford, England, Row, Peterson, and Co.

Craig, S. C., 1979, "Efficacy, Trust, and Political Behavior: An Attempt to Resolve a Lingering Conceptual Dilemma." *American Politics Research 7(2)*: 225-239.

Gamson, W. A., 1968, *Power and discontent (Vol. 124)*. Homewood, IL: Dorsey Press.

Kaase, M., and A. Marsh, 1979, "Political Action. A Theoretical Perspective." In Political Action. Mass Participation in Five Western Democracies, eds. *S. H. Barnes, M. Kaase, K. L. Allerbeck, B. G. Farah, F. Heunks, R. Inglehart, M. K. Jennings, H. D. Klingemann, A. Marsh and L. Rosenmayr*, 27-56. London: Sage Publications.

Hawkins, B. W., Marando, V. L., & Taylor, G. A., 1971, "Efficacy, mistrust, and political participation: Findings from additional data and indicators." *The Journal of Politics, 33(04)*, 1130-1136.

Miller, Warren E., Miller, Arthur H., and Schneider, Edward J., 1980, *American National Election Studies Data Sourcebook, 1952–1978*. Cambridge, MA: Harvard University Press.

Muller, E., 1979, *Aggressive Political Participation*. Princeton, Princeton University Press.

Seligson, M. A., 1980, "A problem-solving approach to measuring political efficacy." *Social Science Quarterly 60(4):* 630–642.

Parry, G., Moyser, G. & Day, N., 1992, *Political Participation and Democracy in Britain, Cambridge*. Cambridge University Press.

Paige, J. M., 1971, "Political orientation and riot participation." *American Sociological Review*, 810–820.

Pollock, P. H., 1983, "The Participatory Consequences of Internal and External Political Efficacy: A Research Note." *The Western Political Quarterly 36(3)*: 400–409.

제7장

증가하는 외국인, 불안한 기대

김석호

Ⅰ. 이민 국가를 목전에 두고 있다

해방 후 70년 동안 한국사회는 모든 것이 변했다. 원조에 의해 유지되던 나라 살림은 세계 10위권의 경제규모를 자랑하는 수준에 이르렀고, 1953년에 67달러였던 1인당 명목 국민총소득GNI은 2014년 2만 8,180달러로 증가했다(김석호 외 2015). 갈등과 아픔은 있었지만 어려움을 극복하고 민주주의도 성취했다. 이 모두 우리 국민이 오늘보다는 나은 내일에 대한 확신을 가지고 합심했기 때문에 가능한 결과였다. 정부의 적절한 경제발전 계획과 실행, 교육에 대한 집중적인 투자를 통한 안정적인 인재 양성, 그리고 적정한 수준의 인구 성장 등이 어우러진 결과이기도 했다. 무엇보다 이러한 성취를 가능케 한 가장 큰 자원은 꾸준한 인구규모의 성장과 우수한 인적자원의 육성이었다. 남다른 성공에 대한 의지와 교육열을 바탕으로 양질의 인력을 생산하고 이를 통해 무에서 유를 창조한 것이다.

　　그러나 2000년대 이후, 대한민국 성공의 근간이었던 인구가 성장을 멈추었으며, 이로 인해 한국의 전통적 발전모델이 흔들리고 있다. 인구는 1990년대 중반을 기점으로 증가하지 않고 있으며, 저출산·고령화의 지속적 심화는 사회의 각 부문에서 다양한 모습의 어두운 그림자를 만들어내고 있다. 통계청에 따르면, 한국 인구는 2030년 5,216만 명으로 정점에 도달한 후 감소하기 시작할 것으로 전망된다. 2060년에 이르면 2013년 인구보다 626만 명이 줄어든 4,396만 명이 될 것으로 예상된다. 인구구조도 급격히 변하고 있다. 2010년 「인구주택총조사」에 의하면, 전체인구에서 유소년(0~14세) 인구가 차지하는 비중이 1960년 40.7%에서 2010년 16.2%로 급격하게 낮아진 반면, 65세 이상 고령인구의 비중은 1960년 3.4%에서 2010년 11.3%로 높아졌다. 간단히 말해, 경제활동을 할 수 있는 생산가능인구의 비중은 낮아지고 사회적 안전망의 우산이 필요한 고령인구의 비중은 높아지는 추세가 계속되고 있다.

　　많은 사람들이 인구구조의 변화에 대한 우려를 표명하면서, 그 대안으로 이주migration를 조심스럽게 제시하곤 한다. 우리가 제대로 대응하지 못한 정책적 실패의 결과로 나타난 기형적 인구구조를 이주를 통해 해결하고, 대한민국의 성장엔진을 다시 돌리자는 것이다. 이미 인구구조 변화와 제조업 중심 성장전략의 직격탄을 맞은 농촌 총각들을 아시아 저발전 국가에서 신부를 찾게 한 전례도 있다. 한국사회 내 외국인이 증가하면서, 이제 이주 사회 또는 다문화 사회로의 전환은 선택이 아니라 필연으로 받아들여진다.

　　그렇다면 이주가 가장 이상적인 선택일까? 해외인력도입만이 가능한 해결책일까? 결혼이주여성이 한국사회에 정착하면서 내국인들도 이들의 존재를 당연한 현실로 인식하고 있은 것처럼, 부족한 노동력을 도입해 함께 살다 보면 현재 대규모 해외 인력도입에 대한 반감도 멀지 않은 미래에는 수그러들 수도 있을 것이다. 그러나 현재까지 누적으로 약 20만 여명 밖에 안 되는 결혼이주여성과 생산가능인구의 부족을 메우기 위해 도입해야하는 수백 만 명의 해외 인력을 동일 선상에서 비교하는 것은, 과거 선발 이민국가들이 겪었던 어려움들을 들여다보면, 어불성설이다. '노동력을 수입했는데 사람이 왔다'는 이주 문제에 관심을 가지고 있는 사람이라면 누구나 되새김질하는 문구처럼, 한국사회에서 증가하는 외국인의 문제는 경제적 논리로만 접근하게 되면 직면하게 될 너무나 다양하고 심각한 사회문화적 부작용이 존재한다. 사실 한국사회는 이미 이러한 문제들의 전조들을 경험하고 있다. 결혼이주여성에 대한 인권침해, 다문화 가족 자녀의 부적응, 단기체류 외국인노동자에 대한 작업장 차별, 불법체류자의 증가, 일상생활 영역에서의 중국 동포와 내국인 간의 갈등 등이 그 예들이 될 수 있을 것이다.

국내 인구구조의 변화와 세계적 인구이동의 영향으로 외국인 인구가 서서히 증가하면서 다문화 상황을 경험하기 시작하고 다문화주의에 대한 논의가 시작된 지 오래이다. 그러나 기존 논의들은 대부분 결혼이주여성과 그 가족들에 집중된다. 중국동포들을 제외하고, 한국사회에서 그나마 정착해 정주하는 사람들이 대부분 결혼이주여성이고, 나머지 이주민이 단기간 일하고 본국으로 돌아가는 외국인노동자이기 때문이다(김석호 외 2011). 그러나 최근 영주권자와 귀화자, 중국동포, 그리고 장기 체류 노동자 집단과 같은 정주자들이 증가하면서 이들의 적응과 사회통합이 화두로 떠오르고 있다. 특히 우리 국민들이 이주민들을 진정 이웃, 친구, 동료로 받아들일 수 있는가, 그리고 이를 어렵게 하는 우리 안에 있는 장벽은 무엇인가의 문제가 이주통합의 논의에서 가장 중요한 쟁점이기도 하다. 한국사회가 인종적 및 민족적 다양성이 더 높아진 상태에 도달했을 때, 우리 국민들은 어떤 태도를 취할 것인가의 문제가 논의의 핵심이 되고 있는 것이다(김석호 2013: Kim, Yang, and Noh 2015). 과연 우리는 이들과 잘 지낼 수 있을까? 우리는 이주사회에 대해 제대로 준비되어 있을까?

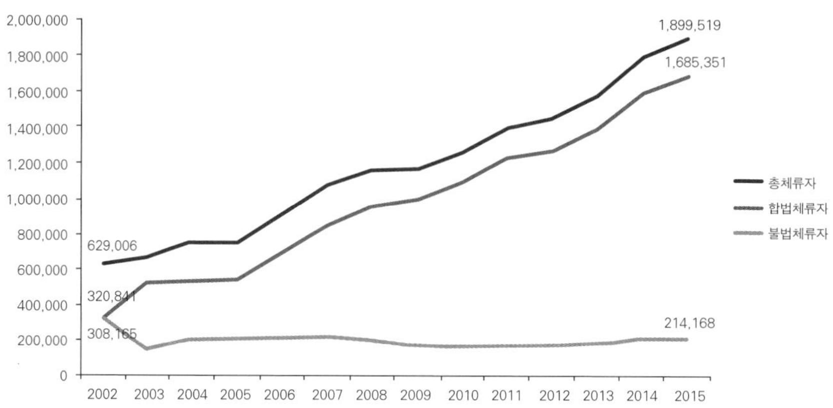

그림 1 한국사회 체류외국인 증감추이
주: 출입국·외국인정책 통계연보 2015

다문화 가족, 이주, 외국인 등 이주민 집단에 대한 기존 연구들은 주로 이들 집단을 직접적으로 다룬다. 몇몇 연구들을 제외하고는 대부분 한국사회에 뿌리내리면서 겪게 되는 한국인 또는 한국사회와의 관계와 경험에 집중한다. 그러나 이 같은 방식의 이주민에 대한 접근은 현상의 한쪽 면만을 바라보게 하여 집단 간 편견을 과장하곤 한다(Wilson 1987). 다문화 사회통합은 이주민의 문제만이 아닌 내국인의 문제이기도 하다. 그럼에도 불구하고, 한국인들이 이주민에 대해 가지고 있는 태도를 다루는 학술적인 논의는 초보적인 수준에 있다(김석호 외 2011; 김석호 외 2013; Kim, Yang, and Noh 2015). 한국인의 다문화 수용성을 조명하고 구체적으로 외국인 이주민들과 그들의 사회 통합 문제에 대해 한국인들이 어떠한 생각을 가지고 있는지 검증하는 체계적인 실증적 연구가 더 필요해 보인다.

이러한 문제의식을 바탕으로, 이 장은 한국인들이 증가하는 이주민 집단과 이주사회를 어떻게 평가하고 있는 가를 살펴보고, 그 결과를 토대로 사회통합에 있어서의 함의를 도출하고자 한다. 이를 위해 서울대 아시아연구소가 2015년 수집한 '광복 70주년 국민의식 조사'와 성균관대 서베이리서치센터가 2003년 수집한 '한국종합사회조사' 자료를 분석한다.

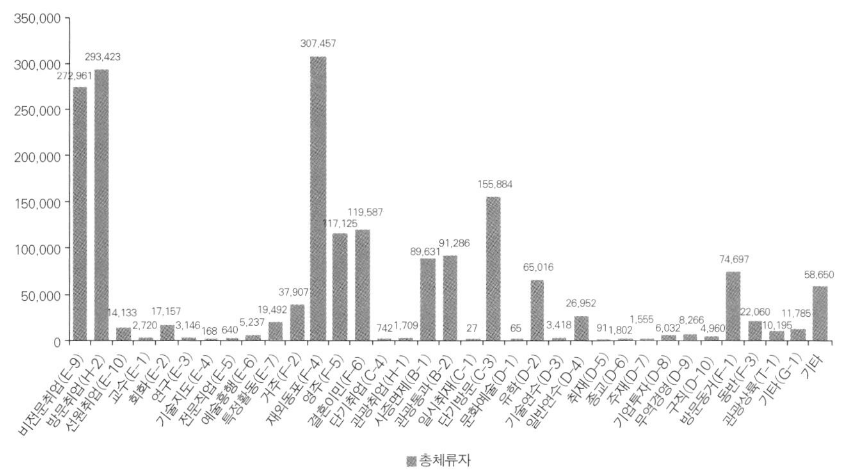

그림 2 체류자격별 외국인 현황
주: 출입국·외국인정책 통계연보 2015

Ⅱ. 정주 외국인들이 늘어나고 다양해지고 있다

두 자료를 분석하기에 앞서 한국사회의 이주 현황에 대해 살펴보자. 한국
사회에서 외국인의 숫자는 꾸준히 증가해 왔다. 그림 1은 2000년대 이후 외
국인 체류자의 증가 추이를 보여준다. 2000년대 초반 약 60만 여명에 불과
했던 것이 2015년에 약 190만 여명에 이르러 10년 새 거의 3배 정도 증가했
다. 불법체류자는 고용허가제가 시작되기 직전인 2002년에 30만 명을 넘었
던 것이 현재에는 20만 여명 수준으로 감소했다.

그림 2는 2015년 현재 한국사회에서 체류하고 있는 외국인들의 체류자
격별 분포를 보여준다. 고용허가제로 입국한 외국인노동자(E-9)와 외국국
적 동포(H-2) 등 단기 체류 외국인력과 영주비자를 소지하고 있는 재외동포
(F-4)의 수가 가장 많다. 이 두 집단이 사실상 한국사회 내 이주민을 대표한
다고 해도 과장이 아니다. 한편, 그림에는 나와 있지 않지만, 한국사회 내 외
국인체류자의 국적은 2015년을 기준으로 중국, 미국, 베트남, 태국, 필리핀,

일본 순으로 많다(법무부 출입국·외국인관리정책본부 2015).

현재 한국사회의 이주민 집단은 정주화 경향이 뚜렷하며(정기선 2013), 결혼이주여성과 그 가족(다문화 가족), 외국인노동자, 해외국적 동포 집단이 그 대부분을 차지하고 있다. 그리고 이들과 이들의 2세가 미래 이주민 사회통합과 관련된 문제들의 핵심 주체로 떠오를 가능성이 높다.

따라서 여기에서는 결혼이주여성과 그 가족, 외국인노동자, 해외국적 동포를 한국사회의 핵심적인 이주민 집단으로 설정하고, 이들의 사회적, 문화적, 경제적 특성과 어려움을 간단히 살펴보고자 한다. 그런 후에 미래 이주민 사회통합의 다른 한 축이라 할 수 있는 일반 한국 국민들이 이주민 집단에 대해 가지고 있는 태도를 기존자료의 분석을 통해 파악하고자 한다. 이는 우리의 이주사회에 대한 감수성의 수준을 점검해봄으로써 이주민 사회통합의 걸림돌은 우리 내부에 존재하고 있음을 강조하고자 함이다.

1. 결혼이주여성과 그 가족: 가난의 대물림이 우려되지만 우리는 여전히 그들에게 차갑다

한국사회에서 결혼이주여성과 그 가족(이하, 다문화가족)의 비중은 꾸준히 증가해 왔다. 다문화가족 구성원 수는 2014년 1,569,470명으로 8년 사이에 세 배 이상 증가하였다. 이들이 한국 전체 인구에서 차지하는 비중은 2006년에는 1.1%에 지나지 않았으나 2014년에는 3.1%로 증가한 것이다(여성가족부 2015). 그리고 이 추세는 쉽게 약화되지 않을 것이다. 이제 국제결혼은 한국사회에서 예외적인 현상이 아니라 일반적인 혼인방식의 하나가 되었고(여성가족부 2014), 국제결혼의 급격한 증가에는 출생성비 불균형 심화, 농촌-도시 인구이동, 양성평등 관념의 확산과 세계화 등 많은 사회적인 요인들이 영향을 미치고 있다. 매해 이루어지는 국제결혼도 거의 4만 여 건에 육박하여 전체 결혼건수의 10%이상을 차지하고 있다. 물론 이와 상반된 주장

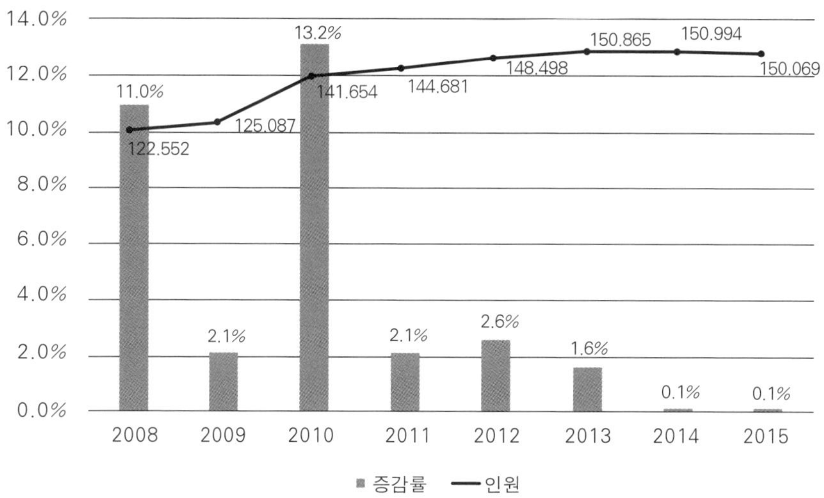

그림 3 결혼이주민 연도별 현황

주: 2009년 이전(F-1-3 및 F-2-1), 2010년 이후(F-2-1 및 F-5-2), 2011년 12월 이후(F-2-1 및 F-5-2, F-6).
주: 법무부, 출입국·외국인정책본부, 2015

을 펴는 쪽도 있다. 결혼이주가 1990년대부터 2010년경까지 결혼시장에서 배우자를 구할 수 없는 농촌 노총각들의 예상치 못한 증가로 인해 발생한 일시적인 현상이며, 남녀비율의 편중 감소, 1인 가구의 증가, 지방소멸로 대표되는 농촌인구의 감소 등을 고려했을 때, 향후 이주민의 핵심 집단은 결혼이주여성이 아니라 노동이주를 통한 외국인노동자와 그 가족이 될 것이란 전망도 존재한다(김석호 외 2015). 설사 결혼이주여성이 현재와 같은 추세로 유입된다고 하더라도, 노동력 부족을 메우기 위해 도입해야 하는 외국 인력의 규모가 수백만에 이를 것이기 때문에 결혼이주여성과 그 가족이 갖는 이주사회 논의에서의 상대적 중요성은 감소하리란 것이다. 그림 3에서 알 수 있듯이, 2011년부터 결혼이주여성의 증가세가 주춤하고 있기도 하다. 결혼이주자의 규모가 2008년 12만 여명에서 2010년 15만 여명으로 증가하는데 3년밖에 걸리지 않았으나, 2013년에 15만 여명에 도달하고 그 이후 현재까지 거의 같은 수준을 유지하고 있다.

오히려 다문화가족 자녀들의 증가세가 더 두드러질 것으로 보인다. 다문화가정 자녀의 증가 추이를 자세히 살펴보면, 2006년 25,246명에서 2009년 103,484명으로 3년 사이 75.6%가 증가했으며, 특히 베트남 등 동남아시아 출신의 부모를 둔 자녀의 수가 급격하게 증가하였다. 이러한 추세라면 2020년에는 외국인 비율이 전체 인구의 5%를 넘어서고 다문화 가정의 자녀 숫자는 16만 명에 이를 것이다(여성가족부 2015). 따라서 지금까지의 다문화가족에 대한 사회적·정책적·학문적 관심이 주로 결혼이주여성의 언어소통, 부부갈등 등 정착 초기에 주로 경험하게 되는 문제들에 향해 있었다면, 이제는 그 지평을 확장하여 한국사회 미래 세대의 상당한 부분을 차지하게 될 다문화가족 자녀의 문제를 사회통합이라는 큰 그림 아래에서 다룰 필요가 있다(김석호 외 2016). 다문화 가족 배경을 가진 자녀들이 큰 어려움 없이 일반 가정 자녀들과 마찬가지로 성장하고 있는 가를 집중적으로 파악할 필요가 있으며, 이들의 문제를 해결해줄 수 있는 장기적 시각의 다문화 정책 초점 재설정이 요구되는 시점이다.

다문화 가족 자녀와 관련해 가장 우려되는 점은 부모가 저학력·저소득에 속해 있기 때문에 자녀도 사회부적응과 낮은 교육 성취로 인해 빈곤이 대물림될 가능성이 높다는 것이다. 이는 기존 연구 결과에서도 잘 드러나는데, 다문화가족 15~17세 자녀의 6.3%가 학교를 다니지 않고 있으며, 이는 일반 가정 자녀보다 매우 높은 수치이다(여성가족부 2012). 다문화 가정 자녀의 25.3%가 학교 공부에서 어려움을 겪고 있으며, 언어 및 정서 발달 수준, 자아정체감, 친구관계 등에서 문제를 노출하고 있다(오성배 2005; 이재분 외 2008; 전홍주 외 2008; 정은희 2004). 다문화 가족 부모의 낮은 사회경제적 지위와 그 자녀의 교육 현장에서의 부적응, 그리고 노동시장에서의 실패가 반복되면, 이들은 우리 사회의 가장 낮은 위치에 자리를 잡아 인종적·민족적·계층적 소수집단으로 전락할 위기에 빠지게 될 것이다. 이러한 소수집단화

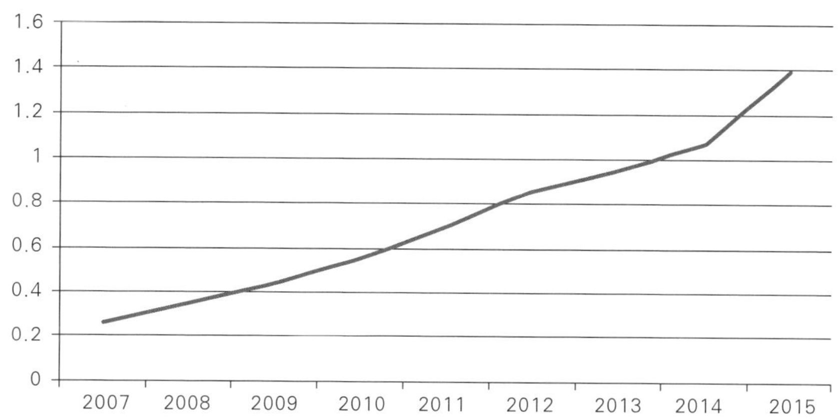

그림 4 전체 학생 대비 다문화가정 학생 비율
주: 한국청소년정책연구원 2015

는 같은 공간에 거주하는 내국인들로 하여금 이주민을 위협으로 느끼게 하고 실패자 혹은 범죄자라는 낙인을 찍게 만들어 주민으로부터 자신의 공간을 지켜야한다는 환상을 형성하게 한다. 이는 결과적으로 소수집단에 대한 편견과 폭력을 정당화하게 만들 수 있다(Heitgerd and Bursik 1987). 이 같은 맥락에서 이주민의 안정적 적응을 돕는 것과 더불어 내국인이 이주민을 어떻게 인식하고 있으며 오해에서 비롯된 편견은 없는지 유심히 관찰하고 바로잡는 노력이 동시에 이루어져야 한다.

2. 외국인노동자: 그들은 뿌리내리고 싶어 하지만 우리는 그들을 잘 모른다

한국사회에서 외국인노동자가 처음 모습을 드러낸 지도 벌써 30여년의 시간이 지났다. 이들의 초기 모습은 저숙련 노동자로 일하면서 신분은 교육생이어서 보수는 당시 비슷한 일을 하는 한국인 노동자의 절반도 안 되는 차별적 대우를 받던 산업연수생이었다. 이러한 연수취업제도가 실시되는 과정에서 작업장 차별, 저임금, 거주지 제한, 미등록 노동자의 증가 등의 문제가 지속적으로 나타났고(고용노동부 2012), 고용허가제가 2004년 8월부터 시

행되어 오늘에 이르고 있다. 현재 한국사회 내 외국인 노동자는 고용허가제
(E-9)로 입국한 사람들과 특례고용허가제 또는 방문취업제(H-2)로 입국한
외국국적 동포들로 나뉜다. 이들은 대부분 저숙련 노동에 투입되고 있으며,
3년을 체류하고 최대 1년 10개월을 더 일해 4년 10개월까지 한국에 머물 수
있다. 단기순환 노동의 원칙이 철저하게 적용되고 있는 것이다.

고용허가제와 방문취업제로 입국한 외국인 노동자는 2015년 현재 약 200
만 여명에 달하는 체류외국인 중 절대 다수를 차지한다. 그림 5에서 알 수 있
듯이, 베트남, 태국, 필리핀 등 동남아시아 국가 출신인 고용허가제(E-9) 노
동자들과 중국 국적 동포가 대부분인 방문취업자(H-2)의 수가 각각 약 27만
명과 약 29만 명으로 가장 많다. 이 두 집단에서 관찰되는 최근의 경향은 4년
10개월을 다 채우고도 출국하지 않으려 미등록 노동자가 되거나 법적으로
불가능한 가족을 형성하여 자녀를 출산하는 사람들이 증가한다는 것이다.
방문취업자로 들어온 중국 국적 동포들 사이에서도 다양한 방식으로 영주권
을 취득하여 정주를 선택하는 경향이 강해지고 있다. 그 결과 서울의 대림동
과 가리봉동은 한국 속의 중국으로 불리는 이주민 집단 거주 공동체가 자리
잡았으며, 여기에서 사업적 성공을 거둬 자본을 축적해 뿌리를 내리는 조선
족 사업가 집단이 성장하고 있다. 요약하면, 외국인 노동자의 정주화가 빠른
속도로 진행되고 있으며, 이들이 한국사회와 맺는 관계도 피고용자와 고용
주의 구도에서 같은 공간에서 생활하는 이웃으로 전환되고 있다.

한국정부도 인구절벽 현상에 대응하여 외국인 노동자, 특히 중국동포들이
한국에서 정주하도록 돕는 방향으로 나아가고 있다. 외국인 노동자에 대해
서도 '성실근로자제도'처럼 장기체류 또는 정주를 제도적으로 보장하는 방
안도 마련하고 있다. 아직 그 수가 아주 많지는 않지만 4년 10개월씩 두 번
한국에서 일할 수 있는 기회를 연 '성실근로자' 제도가 시행되면서 한국에
정주하는 외국인 노동자가 많아지고 있다. 실제 고용허가제 입국 외국인근

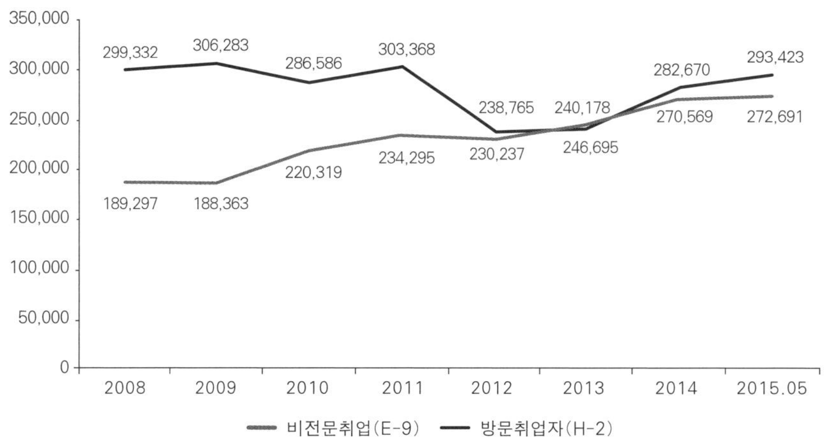

그림 5 외국인노동자 증감추이

로자의 50% 이상이 경제적인 이유로 한국에 계속 거주하기를 희망하고 있다(이정환·김석호 2012).

고용허가제와 방문취업제로 입국한 외국인노동자는 대부분 소규모 제조업체에서 일하고 있으며, 대체로 월 200만원 미만의 임금을 받고 있다. 그림 6에서 알 수 있듯이, 100만원 미만의 임금을 받는 외국인 취업자는 약 4만 여명(4.9%), 100~200만원 미만이 약 47만 7천 여 명(53.1%), 200~300만원 미만이 약 30만 8천 여 명(34.3%), 300만 원 이상이 약 7만 여 명(7.8%)이다(통계청 2015). 이는 2014년 10인 이상 사업장 한국인 노동자의 월평균 임금이 약 368만원 정도임을 감안하면 상대적으로 매우 낮은 수준이다. 외국인노동자가 낮은 임금의 문제에만 노출되어 있는 것은 아니다. 외국인노동자가 일하는 곳이 주로 소규모 영세업체이다 보니 작업장 안전, 직업 안정성, 노동 환경 등에서 보호를 받을 수 있는 제도적 장치가 없다. 외국인 고용 사업장 총 87,944개소 중에 노조가 존재하는 사업장은 전체의 1.0%에 불과하다(김석호 외 2015).

이주민의 빠른 증가가 관찰되는 시점에서 주목해야 하는 사실은 불법체류

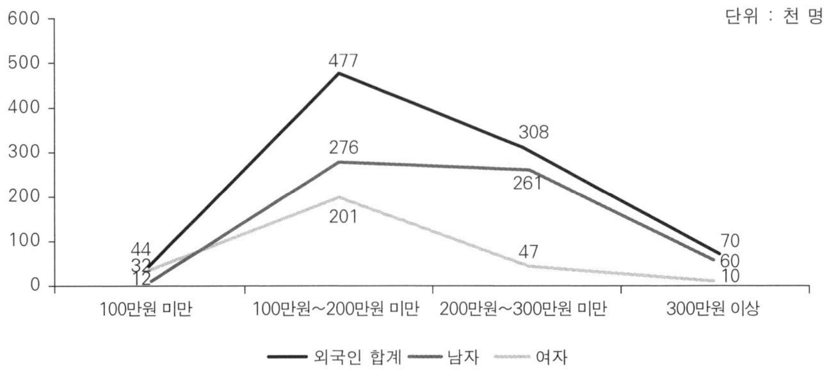

그림 6 외국인취업자의 임금 수준(2015년)

출처: 2015년 외국인고용실태조사, 통계청

자의 증가이다. 선발 이민국가들의 역사적 경험을 살펴보면, 불법체류자들은 엄청난 사회적 비용을 초래하고, 이로 인해 내국인들이 이주민에 대해 부정적 인식을 갖게 되는 원인을 제공하고 있다. 불법체류자의 수는 2000년대 초반에 30만명을 넘었다가, 2003년 총 154,342명까지 감소했다. 그러나 그 이후 꾸준히 증가하여, 2014년 12월 현재 총 208,778명에 달하고 있다(법무부, 출입국·외국인 정책본부 2014). 한편, 저숙련 외국인노동자가 가족을 동반하거나 가족을 형성해 자녀를 출산하는 것은 제도적으로 허용되지 않는다. 그러나 현재 한국에는 약 2만 명 이상의 '미등록' 이민자 자녀들이 거주하고 있는 것으로 추정되지만, 한국 정부는 이에 대해 무시로 일관한다(김석호 외 2015).

불법체류자들은 상대적으로 산업현장에서 더 많은 인권침해에 노출되어 있지만, 그들의 불법적 신분 때문에 적절한 대처가 불가능하며, 출입국관리소나 고용노동부도 이들을 차별한다(국가인권위원회 2002; 이규용·이태정 2007). 불법체류자의 자녀는 학령기 이전에는 교육기관에 가지 못한다(정기선 외 2013). 불법체류자들이 내국인의 이주민에 대한 부정적 편견을 강화하는 역할을 하지만, 노동시장에서 이들에 대한 고용차별과 2세 자녀들에 대한 무대책이 지속된다면, 역으로 이주민들이 한국사회에 대한 강한 분노를 갖게 될 수도 있다. 따라서 상당한 수의 불법체류자와 그 자녀의 존재는 한국이 다문화·다양성 사회를 지향하는 과정에서 어렵지만 우선 해결해야 하는 사회문제가 되어 가고 있다.

3. 외국국적 동포: 우리가 진정 같은 한국인으로 살 수 있을까?

이주연구에서 귀환이주return migration는 다른 사회로 이주 했던 사람이 다시 본국으로 돌아오는 경우를 의미한다. 정치 및 사회 불안이나 경제 문제로 일시적으로 나라를 떠났던 사람들이 본국으로 돌아올 조건과 계기가 만들어져 귀국하는 경우이다. 한국사회에서는 독립운동을 위해 중국과 소련으로 망명했던 사람들이 해방이 된 후 돌아온 경우, 1990년대 이후 중국 등에 거주하던 한국계 후손들이 다양한 이유로 한국에서 살게 된 경우 모두 이에 해당한다. 여기서 마지막으로 살펴보고자 하는 이주민 집단은 귀환이수를 봉해 한국에서 다시 살게 된 외국국적을 가진 동포들, 특히 중국 동포들 이다. 출입국·외국인 정책본부에 의하면, 2014년 기준으로 한국에서 거주하는 중국동포는 약 69만 여명이다. 이들 중 방문취업제로 입국한 사람들이 약 28만 여명(H-2), 재외동포가 약 27만 여명(F-4), 영주가 약 7만 여명(F-5) 등이다. 이들 중 귀화한 사람들의 수는 약 77,000명이다. 2006년에 약 27만 여명이던 것이 현재에는 약 70만 여명에 이르러 급격한 증가가 이루어졌음이 확인된다(표 1).

표 1 국내 체류 중국 국적 동포의 체류 자격   단위: 명

체류자격	방문취업 (H-2)	재외동포 (F-4)	영주 (F-5)	방문동거(F-1)	기타
689,897	283,636	276,260	71,917	16,120	41,964

출처: 법무부 출입국·외국인 정책본부(2014년 8월)

중국동포들은 91일 이상 체류하는 장기 체류 외국인 150만 여 명 중 거의 과반을 차지하고 있다. 아래 그림에서 볼 수 있는 것처럼, 이들은 상대적으로 거주비가 적게 드는 서울의 대림동과 가리봉동을 중심으로 모여 살면서 서울 속의 작은 중국인 공동체를 만들어 오고 있다. 귀환이주가 본격적으로 시작된 지 20여년 이상 지난 시점에서 중국동포는 이 지역에서 자족적이고 촘촘한 사회연결망을 구축하고 있다. 결혼이주여성이 농촌 지역에서 생소한 한국문화에 적응해 왔고, 외국인노동자들이 회사가 제공한 숙소나 회사 근처 공간을 중심으로 생활하는 반면, 중국동포는 자신들만의 물리적·사회적·경제적 공간을 확보한 것이다. 외국의 사례를 보면, 이주민들은 특정 지역에 모여 살면서 주류사회와 제한적인 범위에서만 상호작용하고 폐쇄적인 사회연결망을 유지하는 경향이 있다. 그리고 이는 기존 사회로의 통합에 장애가 된다(Edin and Fredriksson 2001).

Castles & Miller에 의하면(2009), 특정 이주민 집단의 주거지 밀집은 집값이 저렴한 지역을 찾아 개인적 연결망을 통해 시작되고, 모인 사람들이 일정 규모에 이르고 체류기간이 길어지면서 친족 네트워크를 구성하는 단계와 이민자 중심의 상점, 단체, 조직들과 관련 직업이 늘어나고, 경제적 및 사회적으로 성공한 집단이 출현해 정착사회와의 관계에 있어서 질적 변환이 일어나는 단계를 거쳐, 영구 정착지로 발전한다. 한국계 중국인들이 밀집해 있는 대림동과 가리봉동은 아직 많이 모여 살기는 하지만 한국사회와의 교류가 활발한 단계에는 이르지 못한 것으로 보인다. 다만 이들의 조직, 상점, 산업 등 자족적인 경제적 기반이 마련되었으며, 지역 내 또는 인접 지역에 거주하는 한국인들과 이웃이나 동료로 직접적인 관계를 본격적으로 맺기 시작했다(박세훈 2010).

이주민과, 특히 중국 동포, 한국인 간 접촉, 거래, 관계 등이 증가하면서 서로가 서로를 바라보는 인식에 내용에 있어서도 변화가 감지된다. 한국인

그림 7 한국 속의 중국: 서울시 대림동 모습

들이 이주민의 증가에 대해 막연한 기대와 불안을 동시에 가지고 있기는 했지만, 이는 직접적인 경험을 바탕으로 내린 판단이기 보다는 각자 가지고 있는 국가 정체성, 사회정체성, 이주민에 대한 편견 등에 따라 형성된 태도였을 것이다. 그러나 일상생활과 일터에서 이주민들을 접하게 되면서 이주민들이 증가하거나 감소했으면 한다는 추상적인 견해보다 더 구체적인 의견과 바람 또는 불만을 가지게 된 것으로 보인다. 가령 Kim et al.(2015)는 이주민과의 직접적 경험이 증가하면서, 한국인들은 이주민이 동일한 혈통, 민족, 역사 등을 공유해야 우리 국민이 될 수 있다고 생각하는 것에서 벗어나 이웃과 동료로써 정해진 법과 규칙의 테두리 안에서 함께 살아갈 수 있는 덕성과 자질을 갖추었나를 더 중요시 하게 되었다고 주장한다. 이주민의 증가, 다양성 수준의 상향, 이주사회의 도래는 먼 미래의 일이 아니다. 이미 그들은 우리 일상생활 깊숙이 다양한 모습으로 들어와 있으며, 우리도 그들이 없으면 안 될 정도로 의존적이 되었다. 앞으로 이러한 경향은 더 가속화 될 것으로 전망되며, 미처 예상치 못한 모습으로 우리 앞에 이주사회의 문제와 도전이 등장할 것이다. 따라서 한국인들이 외국인들을 인식하는 방식의 변화를 추적하는 일은 미래 사회통합의 강화와 사회갈등의 감소를 위해 꾸준히 수행해야 하는 필수적인 작업이다.

Ⅲ. 한국인의 이주민에 대한 인식과 태도의 변화

외국인노동자를 포함한 전체 이주민 집단을 고려한 사회통합 논의로 확장할 시기가 도래하고 있다. 최근 온라인 커뮤니티를 중심으로 표출되는 다문화 가족, 외국인노동자, 중국 동포 등 이주민에 대한 혐오는 우려할만한 수준이다. 이들이 잠시 머물다 갈 남이 아니라 우리와 얼굴을 맞대고 함께 생활해야 하는 미래의 이웃이라는 점에서 일부 네티즌들의 거친 언사는 이주사회의 도래에 즈음해서 우리에게 주어진 숙제가 무엇인가를 분명하게 말해준다. 온라인에서 목도하는 젊은 세대의 이주민에 대한 편견적 태도가 물론 전체 국민의 태도를 대표하지 않는다. 그러나 이주민에 대한 편견과 혐오를 상대적으로 더 가지고 있는 젊은 세대가 곧 우리 사회를 주도할 중장년 세대로 성장할 것이기 때문에 그들이 아주 일부일지라도 잘못된 것이 있다면 바로잡아야 한다. 원래 나쁘고 자극적인 것은 쉽게 확산되기 때문에 더욱 그렇다. 이러한 맥락에서 한국인이 이주민들을 어떻게 생각하고 있는가를 살펴보는 것은 매우 중요하다. 또한 이주민에 대한 태도에 있어서 세대별로 얼마나 차이가 있는 가를 확인하는 것도 필요해 보인다. 여기에서는 한국인이 이주민들에 대해 가지고 있는 인식과 태도를 이주민의 사회경제적 및 사회문화적 영향에 대한 평가, 외국인 증감에 대한 태도, 다문화주의에 대한 입장 등으로 구분해 살펴보기로 한다.

1. 이주민의 사회경제적 및 사회문화적 영향

이민의 증가가 우리사회에 미칠 영향과 관련하여 2003년과 2015년을 각각 살펴보았다(그림 8). 우선 이민의 영향에 대한 평가의 전반적 분포 결과를 살펴보면 2015년의 평가결과가 2003년에 비해 더 부정적이다. 2015년 조사 결과를 보면, "이민자들은 일반적으로 한국 경제에 도움을 준다는 질

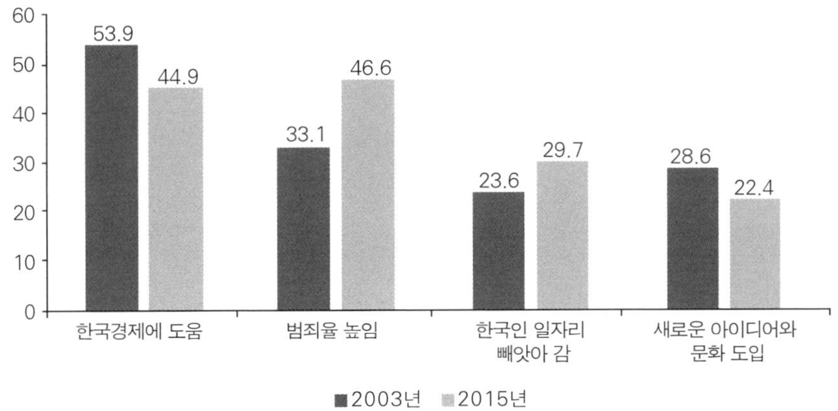

그림 8 이민자에 대한 태도

1) 2003년: 매우 찬성과 다소 찬성 / 2015년: 매우 동의와 다소 동의를 합한 값임

문"(2013년 44.9%, 2015년 53.9%)과 "이민자들은 새로운 아이디어와 문화를 가져옴으로써 한국사회를 좋게 만든다"(2013년 28.6%, 2015년 22.4%)에 대해, 2003년과 비교해 '매우 찬성'과 '다소 찬성'이 감소하였다. 반면 "외국인 이민자들이 범죄율을 높인다"(2013년 33.1%, 2015년 46.6%)와 "이민자들은 한국인의 일자리를 빼앗아 갔다"(2013년 23.6%, 2015년 29.7%)에 대해서는 2003년과 비교해 '매우 찬성'과 '다소 찬성'이 증가하여 이민자가 한국사회에 미치는 영향을 더 부정적으로 인식하고 있다. 아울러 '동의도 반대도 아님'에 답한 이주민의 영향에 대한 유보적 태도가 상당히 증가했다.

　한국인들이 이주민에 대해 가지고 있는 인식을 항목별로 살펴보자. 그림 9에서 2015년 조사 결과를 보면, 찬성 의견은 줄고, '다소 반대'와 '동의도 반대도 아님'이 증가하면서, 2003년에 비하여 한국경제에 도움을 주는 것에 대한 동의 정도가 낮아졌음을 알 수 있다. 여기서 가장 두드러진 변화는 이민자들이 한국경제에 도움이 되는지 또는 그렇지 않은지에 대해 판단을 내리지 못하는 한국인들이 가장 많이 증가했다는 사실이다. 즉 결혼이주여성, 외국인노동자, 외국국적 동포가 본격적으로 유입되던 2000년대 초반에는

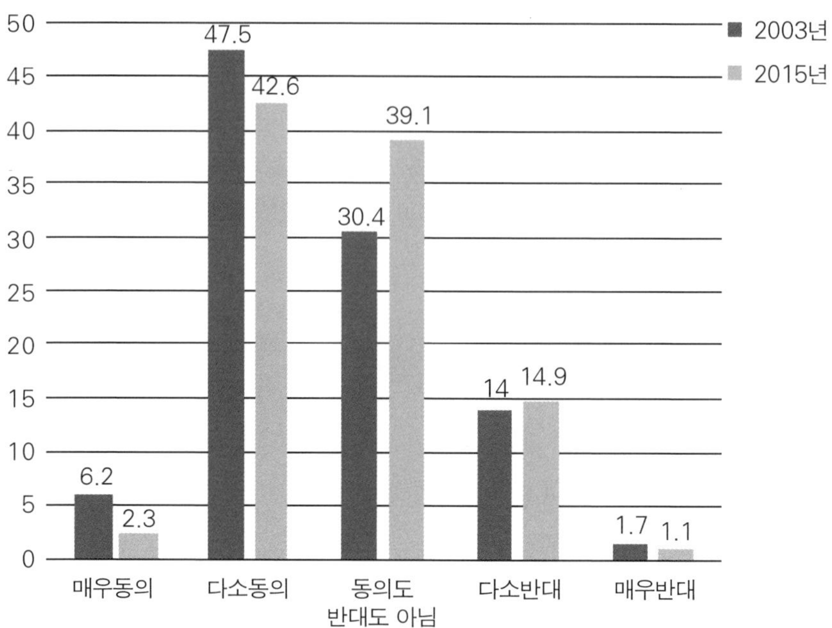

그림 9 이민자들은 일반적으로 한국경제에 도움을 준다

경제적 편익에 대한 기대가 컸지만, 이들의 체류기간이 길어지고 이주사회의 사회적·정치적·경제적 비용 증가와 같은 부정적 측면이 제기되고 한국경제도 침체를 벗어나지 못하면서 과거와는 다른 계산을 시작한 것으로 보인다. 그래도 아직 희망적인 것은 이민자들의 한국경제에 대한 평가가 긍정이 부정보다 월등히 높다는 점이다.

한국경제에 도움을 주는가에 대한 평가에 있어서 세대 간 차이도 발견된다. 그림 10은 이를 잘 보여주는데, 먼저 20대, 30대, 40, 50대에서 2003년에 긍정적 평가가 과반을 넘었지만 2015년에는 과반에 미치지 못하고 있다. 특히 30대에서 부정적 인식이 확연히 증가했고, 50대에서는 긍정적 평가 대신 유보적 평가를 선택한 사람들이 많아졌다. 재미있는 사실은 과거에 가장 부정적인 평가를 했던 60대 이상 세대의 변화이다. 이들은 2003년에는 유일하게 긍정적 평가 비율이 과반에 미치지 못하는 세대였으나, 2015년에는 과

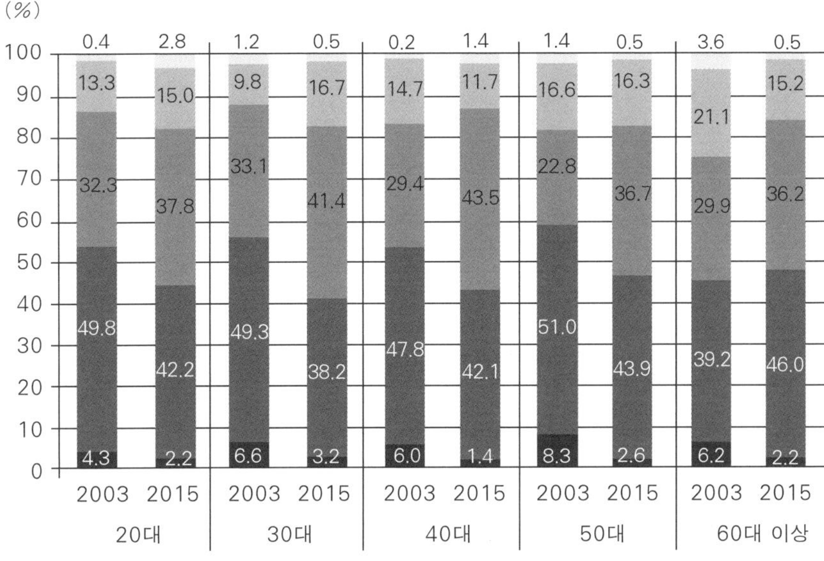

그림 10 세대 간 차이: 이민자들은 일반적으로 한국경제에 도움을 준다

거에 비해 긍정적 평가 비율이 가장 높은 세대가 되었다.

그림 11은 "외국인 이민자들이 범죄율을 높인다"에 대한 2003년과 2015년의 인식을 보여준다. 외국인 이민자들이 범죄율을 높인다는 동의 의견이 2003년에 비해 2015년에 다소 많아졌다. 구체적으로, 이민자들이 범죄율을 높인다는 평가에 동의하는 비율, 즉 부정적 인식의 비율이 32.9%에서 46.6%로 대폭 높아졌다. 경제에 대한 기여에 대한 평가에 있어서는 긍정적 평가는 줄어들고 유보적 평가가 증가했으며 부정적 평가는 큰 변화가 없었던 것에 비해 이민자가 범죄율을 높인다는 견해에 대해서는 부정적 평가가 대폭 증가한 것이 눈에 띈다. 아마도 이는 몇몇 외국인들이 저지른 엽기적이고 자극적인 흉악 범죄가 대중매체에 자주 노출되면서 이주민과 범죄를 연결 짓게 되는 일종의 편견적 태도가 형성되었기 때문으로 풀이된다. 그렇다면 외국인의 실제 범죄율은 내국인의 범죄율과 비교해 어느 수준일까? 서울

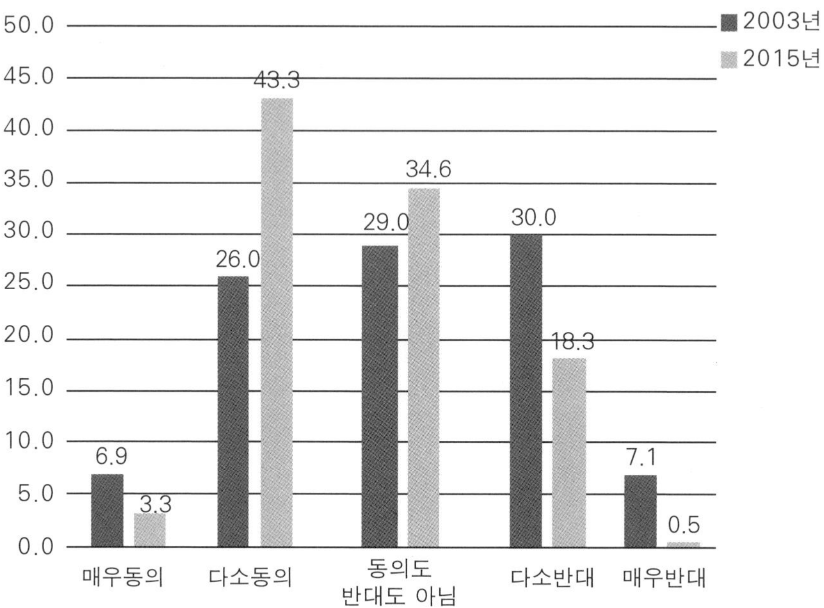

그림 11 외국인 이민자들이 범죄율을 높인다

에서 외국인 밀집지역이 있는 구로구와 영등포구의 범죄율이 가장 높은 것으로 알려져 있다. 범죄율을 낮추고 지역의 슬럼화를 방지하기 위해서는 중국동포들을 정책적으로 분산하는 방안이 필요하다는 주장도 제기된다. 그러나 통계가 보여주는 현실은 다르다. 외국인 범죄에 대한 한국사회의 민감한 반응과 달리, 2011년의 외국인 범죄건수는 27,436건으로 전체 1,815,233건의 약 1.5%이며, 체류 외국인 수는 1,395,077명으로 총인구 47,990,761의 2.9%이다. 다시 말해, 전체 인구에서 차지하는 외국인 인구 비율에 비해 전체 범죄에서 차지하는 외국인 범죄 비율이 더 낮은 것이다(민수홍 2013; 신동준 2012).

이주민들이 범죄율을 높인다는 의견에 있어서도 세대 간 차이가 드러난다. 연령이 높아질수록 이주민들이 범죄율을 높인다는 부정적 인식이 강해지는 경향은 2003년이나 2015년이나 다를 바 없다. 그러나 2015년에 나타

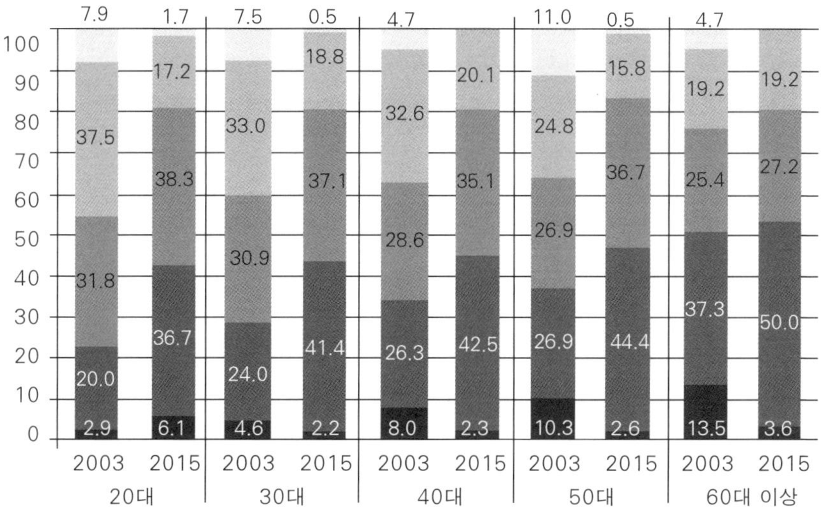

그림 12 세대 간 차이: 외국인 이민자들이 범죄율을 높인다

난 세대 산 자이는 2003년보다 상대적으로 덜하다. 전반적으로 모든 세대에서 외국인이 범죄율을 높인다는 부정적 평가가 증가했기 때문에 오히려 세대 간 차이는 줄어들었다. 모든 세대에 걸쳐 외국인을 범죄와 연결시키는 사람들이 증가한 것이 사실이지만 특히 나이가 많은 50대 이상이 가지고 있는 부정적 인식은 우려할만하다. 그림 12에서 드러난 것처럼, 2015년에 외국인이 범죄율을 높인다고 생각하는 사람들의 비율(매우 동의＋다소 동의)이 50대와 60대 이상에서 각각 46.4%와 53.6%로 높은 수준이다. 연령이 높고 낮음에 관계없이 이주민이 범죄율을 높인다는 생각을 가진 사람이 전반적으로 많아졌다는 사실과 당분간 전체 인구의 다수를 차지하게 될 높은 연령대에서 이주민에 대한 편견이 특히 심하다는 사실은 향후 한국사회의 이주민 통합이 만만치 않으리란 예상을 가능케 한다.

이러한 외국인에 대한 부정적 인식의 증가는 일자리를 둘러싼 내국인과

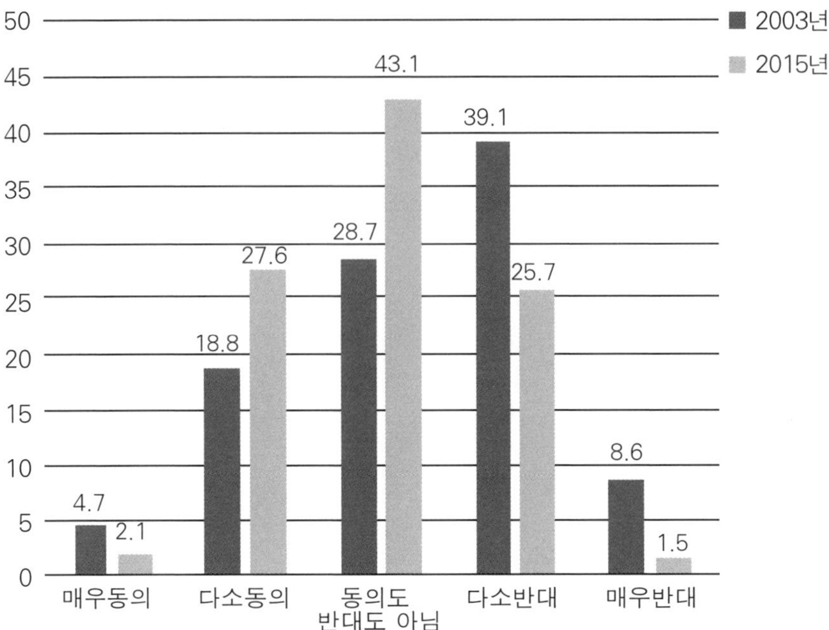

그림 13 이민자들은 한국인의 일자리를 빼앗아 간다

외국인 간 경쟁에 대한 평가에서도 그대로 드러난다(그림 13). "이민자들은 한국인의 일자리를 빼앗아 간다"고 생각하는 비율이 2003년의 23.5%에서 2015년의 29.7%로 증가했으며, 반면 그렇지 않다고 생각하는 비율은 47.7%에서 27.2%로 대폭 감소했다. 실제로 외국인노동자의 유입은 비슷한 종류의 일자리를 둘러싼 고용 경쟁을 심화시킴으로써 자국 내 노동자들의 고용안정성과 임금을 저하시키는 결과를 초래한다는 주장과 자국 내 숙련 근로자들의 경우에는 오히려 상대적 임금이 상승하는 효과의 수혜자가 될 수 있다는 주장이 맞서고 있다(Scheve and Slaughter 2001).

아직 이 문제에 대해 한국사회에서 확정적인 결론을 내리는 것은 쉽지 않은데, 그 이유는 고용허가제와 방문취업제로 입국한 외국인 노동자가 아직까지는 단기순환의 원칙에 의해 일정 기간이 경과하면 본국으로 돌아가고 있고, 정주하는 외국인들의 직업이 한국인들이 기피하는 3D 업종과 저임금

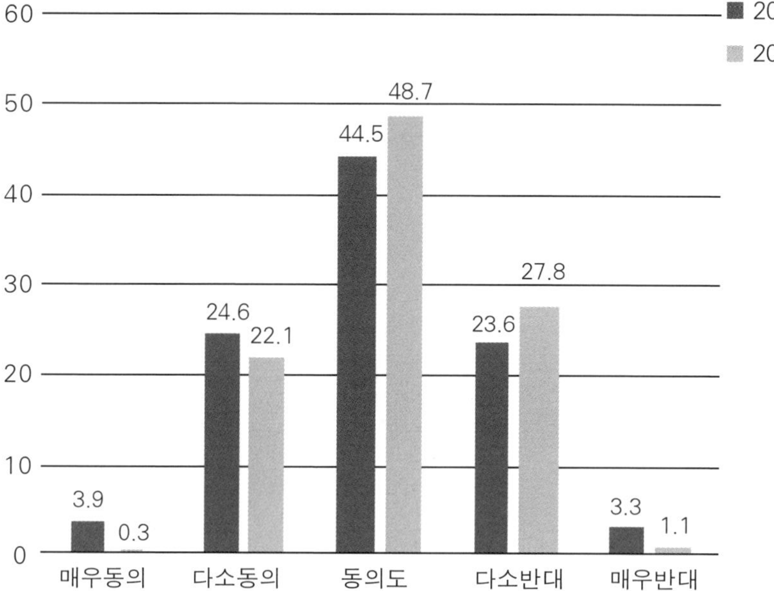

그림 14 이민자들은 새로운 아이디어와 문화를 가져와서 한국사회를 좋게 만든다

서비스업에 집중되어 있어서 내국인과 외국인 간 노동시장의 분리가 지속되고 있기 때문이다. 다만 불법 취업 또는 미등록 노동자와 중국 국적 동포 등 한국에서 정주를 목적으로 일하는 집단이 증가하고 있고, 정부와 업계에서도 어느 정도 숙련 수준을 가진 인력을 적극적으로 도입해 한국사회에 정주시켜야 한다는 목소리가 힘을 얻어가는 상황이기 때문에 이주자의 증가가 노동시장에서 어떤 결과로 이어질 것인가에 대한 평가는 시간이 더 지나야 가능할 것으로 보인다. 이민자들이 한국인의 일자리를 빼앗아 간다는 우려에 있어서도 세대 간 차이가 존재하지만 위의 다른 사안들에 비해 그 차이가 마지막으로, "이민자들은 새로운 아이디어와 문화를 가져와서 한국사회를 좋게 만든다"는 질문에 대한 의견을 살펴보자(그림 14). 이주민 증가의 긍정적 효과를 묻는 이 질문에 대해 과거와 비교했을 때 동의하는 비율이 줄어들었다. 즉 찬성 의견은 줄고, '다소 반대'와 '동의도 반대도 아님'이 증가

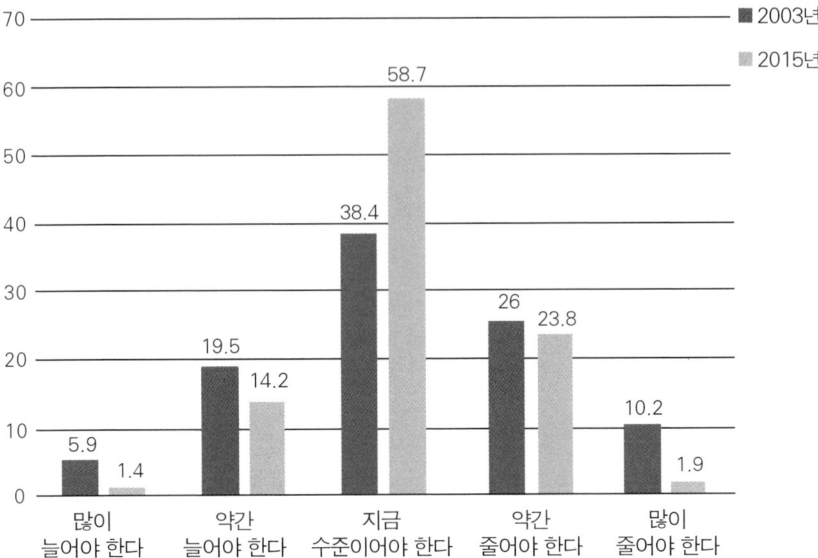

그림 15 이주민 증감에 대한 태도

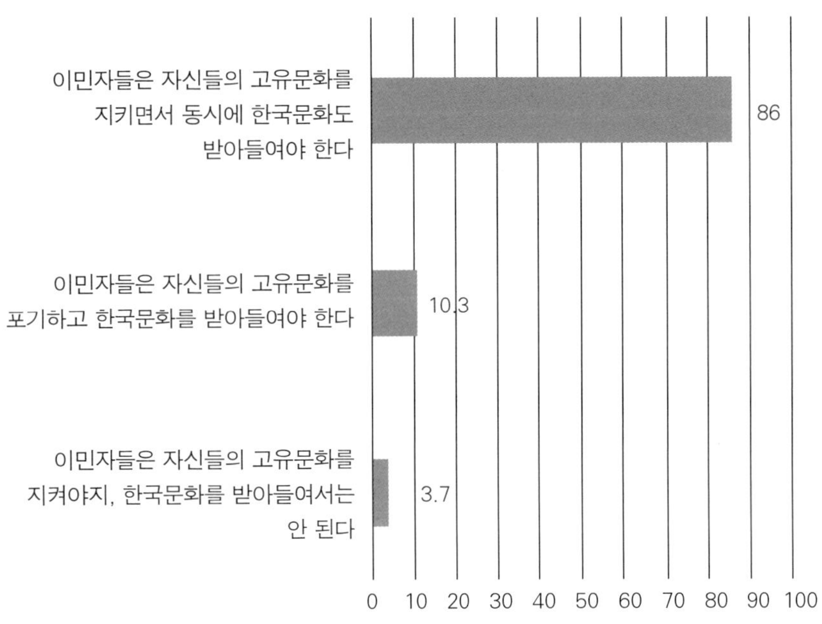

그림 16 다문화주의에 대한 태도

하였다. 그리고 위의 세 질문에서와 마찬가지로 '찬성도 반대도 아님'이라는 유보적 태도를 가진 한국인들이 증가하였다. 이러한 긍정적 태도에서 유보적 태도로의 전환은 '상징정치'나 '사회정체성이론'의 논리로 설명될 수 있을 것이다. 이민 이슈에 대한 태도를 결정하는 중요한 상징적 성향으로 국가 정체성에 대한 관념이 있는데, 연구자들은 사회적 및 문화적 특성에 있어서의 동질성을 유지하는데 위협이 되는 존재에 대해 사람들이 부정적이거나 적대적인 태도를 보인다고 주장한다(Chandler and Tsai 2001; Fetzer 2000; Sides and Citrin 2007). 마찬가지로 한국인들은 1990년대 후반과 2000년대 초반에는 농촌 총각의 배우자나 한국사회에 부족한 노동력을 채워주는 존재란 점에서 막연하고 추상적인 고마움을 느끼는 경향이 있었으나 이들의 거주기간이 길어지고 전국 곳곳에서 외국인 집단 거주지역이 생기고 내국인과 외국인 간 상호작용이 일상생활에서 빈번해지면서, 한국인들이 구체적인 수준에서 이들의 사회문화적 영향에 대해 고민하기 시작했을 것으로 추정할 수 있다(Kim et al. 2015).

2. 이주민 증감과 다문화주의에 대한 태도

한국에 살려고 들어오는 외국인 수의 증가에 대한 2003년과 2015년의 인식 차이는 그림 15와 같다. '늘어야 한다'와 '줄어야 한다'는 응답이 모두 감소한 반면, '지금 수준이어야 한다'는 응답이 20.3%p 증가하였다. 즉 현상유지에 대한 요구가 늘어난 것이다. 이는 지금까지 필요에 의해서 들어온 이주민이 한국사회에 기여하는 점은 인정하지만 이들이 초래하는 여러 문제들을 고려했을 때 현재 상태에서 최선의 방법을 찾자는 요구로도 읽혀진다.

그림 16은 다문화주의, 즉 이민자들이 고유문화를 지키면서 한국문화 수용해야 한다는 의견에 대해 가지는 입장을 보여준다. 다문화주의는 이주민

이 자신의 문화를 유지하면서 이주국의 문화를 자연스럽게 받아들이는 과정에서 사회통합을 추구한다는 점에서 상호문화주의와 함께 이주사회가 지향해야할 가치로 여겨진다. 한국인들도 이러한 다문화주의에 대한 찬성 수준이 86%로 매우 높다. 그러나 이러한 다문화주의에 대한 찬성이 실제로 이주사회의 미래를 준비할 마음에서 나왔는가에 대해서는 별도의 논의가 필요해 보인다. 특히 위의 이주민 증가에 대한 생각을 묻는 질문에 대한 답변이 대체로 부정적으로 변하고 있음을 상기하면 더욱 그렇다.

3. 외국인 집중지역 한국인의 외국인 이웃에 대한 인식

한국인들이 일반적으로 가지고 있는 외국인 유입과 증가에 대한 태도의 변화를 한국종합사회조사자료의 분석을 통해 살펴본 결과는 두 가지로 집약된다. 첫째, 한국인들의 이주민과 이주정책에 대한 태도는 과거에 비해 상당히 부정적으로 변했다. 둘째, 이주민의 증가에 대해 유보적인 태도를 취하는 한국인이 증가했다. 즉 많은 사람들이 현재 상태에서 판단을 유보하기를 원하는 것으로 보이는데, 이러한 경향은 특히 외국인의 사회문화적 영향에 대한 평가에서 두드러진다. 위에서 이 결과를 한국인이 외국인에 대해 가지고 있던 막연하고 추상적 인상에 의한 평가가 일상에서의 구체적 경험에 근거한 평가로 변하면서 의구심이 커졌기 때문으로 해석한 바 있다. 실제로 필자는 최근 학술지에 발표한 두 편의 논문을 통해 이러한 주장을 경험적으로 검증한 바 있다.[1] 그림 17은 내국인이 이주민과 일상에서 이웃으로 지낼

---

1 Kim. Seokho et al., 2015, "What Made the Civic Type of National Identity More Important among Koreans? A Comparison between 2003 and 2010" *Development and Society*와 박효민·김석호·이상림, 2016, "이주민 주거 밀집지역 내 내국인 인식 연구" 『한국정당학회보』 제15권 2호 pp.105-138를 참고.

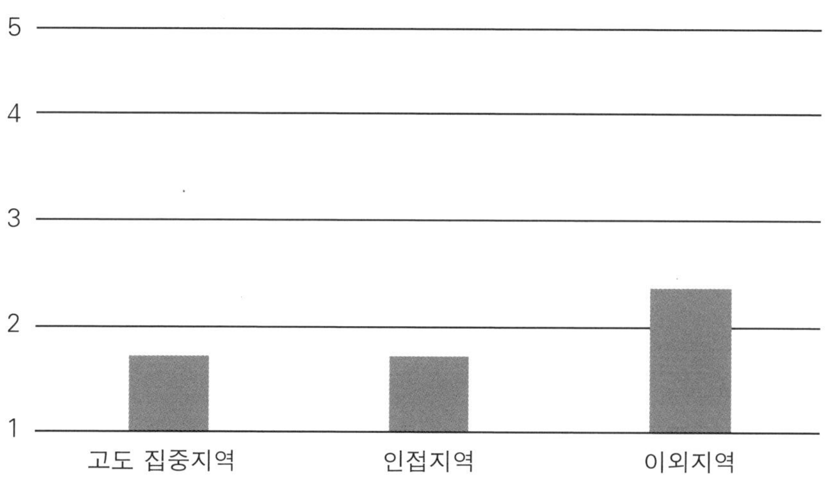

그림 17 거주 지역별 이주정책 지지

수록 그러한 구체적 불안과 걱정으로 연결된다는 점을 잘 보여주는 결과가 될 수 있을 것이다. 그림은 응답자가 거주지 밀집지역, 인접지역, 그리고 다른 지역에 사느냐에 따라 이주민 지원 정책에 대한 지지가 어떻게 달라지는가를 보여준다. 이주민 지원 관련 여러 정책에 대해 일반지역에 사는 주민들의 지지도는 4점 만점에 2.348점인데 비해 밀집지역은 1.713점, 인접지역은 1.714점으로 현저히 낮다. 이 같은 결과는 이주민과의 접촉면이 많은 사람들일수록 이주 정책과 이주민에 대한 부정적 인식이 더 강할 것이라는 추측을 확인해 준다. 10여 년 전과 비교해 2015년 한국사회의 가장 큰 변화 중의 하나는 외국인들을 거의 모든 곳에서 쉽게 만날 수 있게 되었고 그 누구도 그들의 존재를 신기한 눈으로 바라보지 않는다는 점일 것이다. 이제 외국인과의 상호작용이 우리 삶의 일부가 되어가고 있다. 그런데 실제 생활에서 서로 다른 문화적 배경을 가진 사람들과의 순간의 접촉은 그 접촉이 지속되어 장기적으로 서로 이해할 수 있는 기회가 마련되지 않는 한 좋은 기억보다는 불편하고 어색한 기억으로 남는다. 어색한 기억은 한국 문화에서 집합적으로 공유된 단일민족의 신화와 인종적 편견과 결합해 의구심과 불편한 감

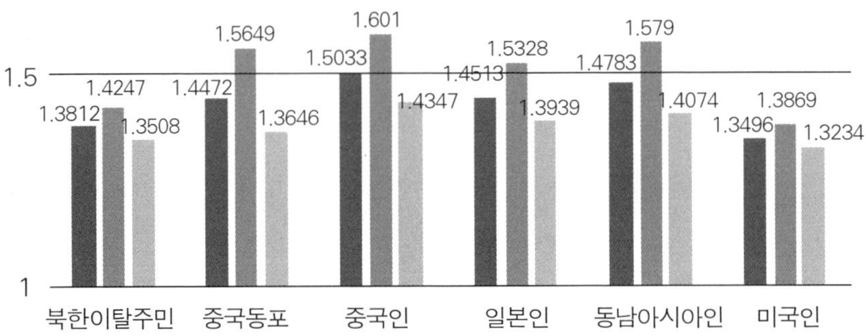

그림 18 거주 지역별 이주민에 대한 사회적 거리감

정으로 전환되었을 개연성이 높다.

그림 18도 거주 지역 유형별로 외국인에 대한 인식이 어떻게 달라지는가를 잘 보여준다. 북한이탈주민, 중국동포, 중국인, 일본인, 동남아시아인, 미국인에 대한 인식을 나누어 살펴보면, 전체 응답자들의 사회적 거리감은 미국인에 대해 1.35점으로 가장 낮으며, 북한이탈주민(새터민)이 1.38로 두 번째로 낮다. 그 다음으로, 중국동포(1.447), 동남아시아인(1.478), 일본인(1.451)의 순이며, 중국인(1.503)에 대한 사회적 거리감이 가장 높다(가장 부정적이다).[2] 이를 거주 지역별로 살펴보면, 사회적 거리감은 밀집지역에 살수록 높아진다. 특히 이주민 고도밀집지역과 그 주변지역 모두 일반 지역보다 외국인들에 대한 사회적 거리감이 높다.

---

2 사회적 거리감 점수는 각 질문에 대해 긍정적 대답을 할 경우 1, 부정적 대답을 할 경우 2를 부여해, 점수가 높을수록 대상 집단에 대한 거리감이 높은 것으로 구성하였다. 특정 민족집단에 대해 모든 질문에서 부정적이면 점수는 1점이며, 모든 질문에 긍정적이면 전체 점수는 2점이다. 즉 사회적 거리감 점수는 각 집단에 대한 응답자들의 평균 점수를 나타낸다.

Ⅳ. 불안한 기대, 그러나 그들의 문제가 아니다

이민의 영향에 대한 평가와 향후 이주민 유입에 대한 한국인들의 태도를 요약하자면, 이주민의 유입은 한국경제에 기여하고 있으며, 노동력이 부족한 직종을 채워주고 있다는 점은 인정하면서도 계속적인 이민의 증가는 사회갈등을 증폭시킬 수 있다는 염려도 상당히 하고 있다. 이주민의 유입이 한국사회에 새로운 아이디어를 가져옴으로써 사회발전에 도움이 될 것이라는 의견에 대해서는 상당수가 찬성도 반대도 아닌 유보적 태도를 취하고 있다.

우리는 지금까지 한국에 영구적으로 체류하는 외국인이라 하면 결혼을 목적으로 온 결혼이주여성이나 조상의 나라를 찾아서 고국에 정착하려는 해외국적 동포를 떠올리는 것이 일반적이었다. 특히 결혼이주여성들에 대해서는 우리와 같은 혈통을 가지고 있는 것은 아니지만 가족이 되고 한국인 배우자와 살면서 자녀를 출산하고, 이를 통해 우리와 혈연적으로 연결되는 예비 한국인으로 생각하는 경향이 강했다. 이러한 이유로 결혼이주여성 또는 다문화 가족 구성원에 대한 관심이 다른 이주민 집단보다 남달랐던 것이 사실이다. 그러나 위에서 살펴본 것처럼 한국사회 내 정주하려는 이주민들의 인종, 정주목적, 정치적 이력, 경제적 배경 등이 다양해지고 이질적으로 변하고 있으며, 이 추세는 당분간 지속될 전망이다. 그리고 이미 한국에서 뿌리내리기 시작한 이주자 집단은 공간적으로, 정치적으로, 문화적으로, 자신들만의 자족적인 공동체를 구축하고 있는 중이다. 요약하면, 한국사회에서의 외국인은 잠깐 노동력을 제공하고 떠나는 이방인이 아니라 우리의 이웃, 동료, 친구로 영원히 살아갈 가능성이 높은 정주자가 되었으며, 정주자들은 민족 집단별로 특정 지역에 거주하면서 그들의 삶의 방식을 한국사회에 서서히 착근着根하고 있다. 즉 개인적 차원의 이주가 이제 적응 과정에서 공동체 차원의 문제로 확장되고 있는 양상이다.

외국인의 정주를 바탕으로 만들어진 공동체가 증가하고 있다는 사실은 우리가 이들을 바라보는 시각 또한 과거와는 달라져야 한다는 자성을 요구한다. 이제 우리는 이들을 잠시 머물다 가는 노동력으로 간주해서는 안 되며 한국사회의 사회 구성원이라는 점을 인정하고 그에 걸 맞는 시스템과 문화를 배양해야 한다. 그리고 이제 이주민 개인의 적응이 아닌 공동체 차원의 사회통합에 대하여 고민해야 할 시기가 되었다(박효민 외 2016). 정주화를 통해 주거 밀집지역을 형성하고 자족적 공동체가 만들어졌고 현재보다 더 다양하게 증가할 것이란 인식 하에 함께 어우러져 모두 잘 살 수 있는 방법에 대해 진지한 성찰과 고민이 필요하다.

이주민 연구의 접근 방식도 달라져야 한다. 지금까지 우리는 이주민 문제를 다루면서 다양한 이유로 이주를 결정하고 한국사회에서 힘겹게 살아가는 개인 단위를 기본으로 두는 경향이 강했다. 그리고 우리의 관심은 오직 이주민이 한국인과 한국사회에 얼마나 가깝게 다가올 수 있을 것인가와 같은 이들을 대상화하는 질문에만 집착하며 철저하게 우리의 시각을 연구와 정책에 투영해 왔다. 이주민과 내국인 할 것 없이 함께 조화롭게 공존할 수 있는 상태가 궁극적으로 희구되어야 하는 방향이라면, 즉 이주민 사회통합이 한국사회가 지향해야할 방향이라고 동의한다면 지금까지의 패러다임 – 개인 단위의 이주민과 한국사회와 분리된 이주민 공동체 – 으로는 더 이상 원하는 것을 얻을 수 없다. 이주민 공동체에서는 우리가 모르는 현실들로 가득한 독자적인 사회가 이미 형성되어 있기 때문에 내재적 접근을 통한 이주민의 삶과 생각을 읽어내지 못한다면 연구 결과는 피상적 수준에 머무르고 이를 바탕으로 만들어진 이주민 사회통합 정책은 공허할 뿐이다.

이주민과 내국인이 함께 잘 살기 위해서 가장 필요한 것은 무엇일까? 가장 중요한 두 가지는 아마 이주민과 내국인 간 사회경제적 격차를 줄이고 문화적 차이를 서로 인정하는 것일 게다. 선발이민 국가들의 경험을 고려했을 때 사회경제적 격차는, 물론 이주민의 빈곤이 세대를 통해 재생산되는 문제는 항상 존재하지만, 시간이 지나고 세대가 바뀌면서 서서히 줄어든다 (Waldinger 2002). 그러나 문화적 차이는 시간이 지날수록 오히려 서로 간 철옹성을 만들어 오해와 편견을 강화함으로써 쉽게 줄어들지 않는다. 이주민 공동체가 만들어지고 그들의 경제적 자립 수준이 높아진다고 해서 내국인과 함께 어우러져 살 수 있게 되는 것은 아니다. 홀링거(Hollinger 2006)의 표현을 빌면, 공동체community의 형성이 반드시 연대solidarity로 이어지는 것은 아니다. 공동체가 인종적 또는 문화적 특성 등을 공유한 사람들의 집합적 분류의 의미만 가지고 있는데 반해, 연대는 배경에 관계없이 구성원들에게 실천과 공동체에의 헌신을 요구한다. 그렇다면 우리는 기존의 고정된 정체성을 극복하고 이주민과의 연대를 추구할 만큼 성숙한가? 소위 글로벌 시대의 시민으로서 전통적 방식의 인정의 정치politics of recognition와 분배의 정치politics of distribution의 틀을 넘어 연대의 정치politics of solidarity로 나아갈 준비가 되어 있는가? 정부와 사회제도는 이를 뒷받침할만한 역량을 갖추고 있는가?

이 질문들 중 어느 하나라도 자신 있게 '그렇다'라고 답할 수 있는 것이 있는가? 한국사회에서 정주하는 이주민이 늘어날수록 오히려 민족주의와 인종적 정체성은 강화되고 우리와 그들을 구분하는데 더 익숙하게 된다(김석호 외 2013). 이에 더하여 이주민과의 접촉면이 넓어지고 접촉의 내용이 깊어질수록 일상생활에서의 갈등 상황이 증가하고 차이에 대한 오해와 편견은 심해지고 있다. 전반적으로 낮은 한국인의 관용 수준은 이주민에 대한 의심과 우려를 확신으로 바꾼다. 무엇을 할 것인가? 단기간에 이루어지는 성과를 볼 수 있는 정책이나 프로그램은 존재하지 않는다. 주자 수용과 관련된 올바른 사회통합 정책을 성공적으로 이뤄내기 위해서는 우리사회 구성원들이 가지고 있는 이주민에 대한 편견을 해소할 수 있는 시민교육이 절실해 보인

다. 시민성을 향상과 다문화 감수성 증진에 필요한 장기적 기획이 이제 시작
되어야 한다. 특히 이러한 기획은 미래의 주역인 젊은 세대에게 더욱 중요하
다. 우리가 변해야 이주민 사회통합이 가능하다.

참고문헌

김석호·정기선·이정은·여정희·하헌주, 2011, 『노동이주 추이와 사회통합정책의 과제』, 한국여성정책연구원.

김석호·김고은·배영·한수진, 2015, "외국인근로자의 인터넷 이용 특성별 이직," 『한국인구학』 제38권 제1호, 105-124.

김석호·신인철·하상응·정기선, 2013, "지식공간이론을 활용한 사회적 거리감 척도의 한국사회에의 적용가능성 연구," 『한국인구학』, 제36권 제1호, 1-20.

김이선·이아름·이은아, 2013, 『여성결혼이민자의 사회통합 진전 양상과 정책 수요 분화에 관한 연구』, 여성정책연구원.

박효민·김석호·이상림, 2016, "이주민 주거 밀집지역 내 내국인 인식 연구," 『한국정당학회보』 제15권 2호, 105-138.

법무부, 2012, 2013, 2014, 『출입국·외국인정책통계연보』, 출입국·외국인 정책본부.

법무부, 2014, 2015, 『2014년 12월 통계월보』, 출입국·외국인 정책본부.

여성가족부, 2012, 『다문화가족실태조사』, 여성가족부.

여성가족부, 2014, 『국제결혼중개실태조사』, 여성가족부.

여성가족부, 2014, 『다문화가족실태조사』, 여성가족부.

장승진, 2010, "다문화주의에 대한 한국인들의 태도," 『한국정치학회보』, 제44권 제3호, 97-119.

정기선 외, 2010, 2012, 2013, 『체류 외국인 실태조사』, 법무부.

정기선, 2012, 체류외국인의 증가, 한국의 사회동향, 한국사회과학자료원, 통계청.

이정환·김석호, 2009, 국내 외국인근로자 실태조사, 한국산업인력공단연구보고서.

이정환·김석호, 2011, 『귀국 외국인근로자 재정착 과정 및 실태조사』, 한국산업인력공단 연구보고서.

Hollinger, David A., 2006, *From Identity to Solidarity. Daedalus 135(4):23-31*.

Kim, Seokho, Jonghoe Yang, and Minha Noh, 2015, "What Made the Civic Type of National Identity More Important among Koreans? A Comparison between 2003 and 2010" *Development and Society*.

Kim. Seokho, 2015, "Social Distance toward Immigrant among Koreans" Development and Society. *Journal of Contemporary Korean Studies Vol. 2, No. 2*, pp.45-67.

Portes, A., 1985, "Latin American class structures: Their composition and change during the last decades," *Latin American Research Review, 20(3)*, pp.7-39.

Portes, A., and Stepick, A., 1993, *City on the edge: The transformation of Miami. Univ of California Press*.

제8장

결론, '풍요의 역설'과 '민주화의 역설'을 넘어

이재열

Ⅰ. 광복 70년을 보는 시각

광복 70년, 이는 문예부흥의 꽃을 피웠던 강력한 군주 정조正祖가 서거한 1800년을 기점으로 시작된 근현대사 이백여년을 70여년짜리 세 시기로 구분한다면, 가장 최근 시기에 해당한다. 19세기 초에 시작한 첫 시기 70여년은 조선왕조의 내리막길이었다. 노론 독재와 붕당 정치로 공공성이 사라지고 형해화한 조선왕조는 명백한 쇠락기를 맞았다. 빈번한 기근과 민란, 그리고 왕토사상을 뒷받침하던 신분체제의 와해를 거친 조선은 한·중·일 동아시아 근대화 경쟁에서 가장 뒤졌다. 외부에 빗장을 건 쇄국으로 닫힌 시스템을 고수한 결과 엔트로피가 극대화됐다. 1876년 강화도조약은 닫힌 빗장을 열어젖힌 강요된 개항이었는데, 그 이후 두 번째 시기가 시작되었다. 이 시기 70년간은 민족의 암흑기였다. 뒤늦게 개화를 통해 서구의 근대적 문물과 사상을 받아들였지만, 제대로 된 근대국가를 만들기 전에 열강들 간 식민지 경쟁의 희생양이 되었다. 일본제국주의에 의해 수입된 근대성은 식민지적 지평 위에서 펼쳐졌다. 전통과 근대성의 대립이 주권적 자주와 식민지적 굴종의 대립과 중첩되면서, 우리는 식민지적 근대성이 만들어낸 변칙성을 경험할 수밖에 없었다.

착종된 식민지 시기가 끝나고 우리는 광복 70년을 기념했다. 세계사의 70년은 짧은 기간이다. 그러나 한국 현대사 70년은 남들이 수백년 걸쳐 만들어낸 변화를 압축해서 성취한 왕성한 충적기沖積期다. 그러나 '변방적 근대성'을 뒤늦게 성취하다 보니, 임혁백이 지적한 바와 같이 '한국의 현대사는 비동시적 시간들이 공존하기보다는 충돌하는 경우가 많고, 역사적 시간은 연속적이기 보다는 단절적인 경우가 많았다(임혁백 2015: 132)'. 이 시기 한국 사회는 전쟁의 고통과 장기적 평화, 고통스런 가난과 기적적인 성장, 절망과 희망, 좌절과 성취의 모든 국면을 압축적으로 경험했다. 이러한 변화의 궤적을 복기하는 일은 쉽지 않다. 그러나 향후 발전을 모색하는데 큰 도움이 될 것이다.

지난 70년간 가장 주목할 성과는 산업화와 민주화다. 전쟁의 폐허 속에 신음하던 1인당 국민소득 100불짜리 신생 대한민국이 3만 불 선진국까지 왔다. 국내총생산의 변화는 한국 경제의 고도 성장을 한눈에 보여 준다. 한국전쟁이 끝난 1953년의 명목 국내총생산GDP 규모는 477억 원에 불과했으나 2014년의 명목 GDP는 1485조 780억 원에 달했다. 한국은 원조로 지탱되던 세계 최빈국에서 세계 15위 안에 드는 경제 규모를 가진 나라가 됐다. 세계은행에 따르면 달러로 환산한 2014년 한국의 명목 GDP는 1조 4103억 8300만 달러로 세계 13위였다. 2014년 명목 GDP가 1조 달러가 넘는 국가는 15개국이다.

한국이 본격적인 경제 발전을 하기 시작한 것은 제1차 경제개발 5개년 계

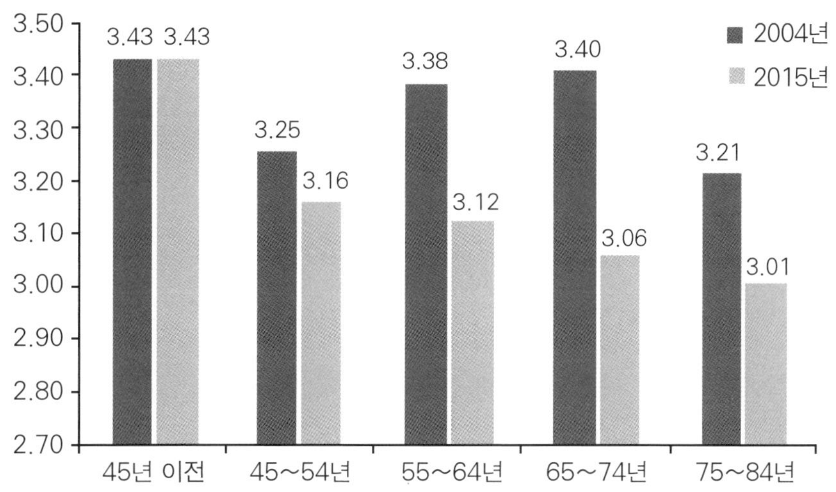

그림 1 '한국은 선진국이다'에 대한 긍정적 응답의 세대간 차이

획이 시작된 1960년대 초부터이다. 그 이전까지의 한국 경제는 미국의 무상 원조에 의지한 원조 경제였다. 1960년대 이후로 원조 방식도 무상 원조 중심에서 개발 차관으로 바뀌었고 한국 정부 주도로 본격적인 경제 개발 계획이 추진됐다. 외환 위기가 오기 직전 해인 1996년까지 35년간의 연평균 성장률은 9.4%였다. 35년간 해마다 전년보다 9.4%씩 성장한 것이다. 이러한 초고속 질주의 결과 한국은 경제규모 11위의 경제협력개발기구OECD 회원국이 되었고, 유엔개발계획UNDP의 인간개발지수로는 177개국 중 26위의 개화문명국이 되었으며, 프리덤하우스에 의하면 5등급의 독재국가에서 1등급의 자유국가로 탈바꿈했다. 경제적으로나 정치적으로 한국이 선진국이라는 데 국제사회에서는 이견이 없다.

그러나 정작 가장 큰 수혜자여야 할 국민들은 여전히 한국이 선진국이 아니라고 생각한다. 2004년 조사에서 '2010년에는 한국이 선진국이 된다'는 의견에 45.1%가 찬성한 바 있다. 하지만 2015년 조사에서는 '한국은 선진국이다는 의견에 26.5%만이 찬성하였다. 그리고 젊은 세대에서 자신감의 하락이 뚜렷하다.

걱정과 불안도 늘어났다. 불신이 증가했기 때문일 것이다. 부실한 성장이었던 탓도 있다. 속도에 집착하다 보니 '안전'보다는 '모험'을, '내실'보다는 '외형'을, '과정'보다는 '결과'를, 미래를 위한 '투자'보다는 당장의 '비용절약'을 더 중시했기 때문이다. 그 결과는 성수대교나 삼풍백화점 붕괴, 세월호 참사와 같은 대형재난으로, 기업의 줄도산을 가져온 외환위기로 나타나기도 했다. 양극화가 심해졌고 스스로를 중산층이라 여기는 사람들은 대폭 줄었으며 일자리 걱정은 오히려 늘어났다. 복지재정이나 국민연금 가입범위를 확대했음에도 고령사회의 문턱에서 노후에 대한 불안감은 도리어 커졌다. 연이어 민주정부가 들어섰지만, 정치에 대한 불신과 냉소는 더 깊어졌고, 투표율도 계속 떨어졌다.

수백만 명이 광우병의 위험을 이유로, 혹은 박근혜 대통령의 탄핵을 주장하며 거리로 쏟아져 나왔지만 정치권은 무능하기만 하다. 선거는 정책대결과 무관한 세 싸움으로 치루어졌다. 세계 최고 수준의 대학진학률에도 불구하고 조기유학과 교육이민, 그리고 사교육부담은 눈덩이처럼 불어나고 있다. 외국인 체류자 100만명 시대를 맞았고 농촌지역에서는 결혼이주여성들이 대거 안방을 차지했지만, 우리 제도와 마음의 빗장은 여전히 닫혀 있다. 입법, 행정, 사법부에 대한 불신은 위험 수준이고, 자살자의 숫자는 세계최고에 달했다. 일인당 국민소득 3만 달러를 넘보는 경제와 풍요의 양상 속에 삶은 더 팍팍해졌다. '풍요의 역설'이다. 지위재positional good를 둘러싼 경쟁은 더 치열해졌기 때문이다. 민주화 경험에도 불구하고 정치적 효능감은 줄어들고, 정치에 대한 불신과 냉소는 극대화되었다. '민주화의 역설'이다. 중산층 귀속감은 줄어들고, 행복감도 늘지 않고 있다. 산업화와 민주화 세대의 '희망의 문화'가 풍요의 시대에 성장한 젊은 세대에 와서는 '절망의 문화'로 전환되고 있다.

마치 판도라의 상자를 연 것처럼 문제가 쏟아지고 있는데, 이들은 모두 '경제성장'이나 '민주화' 처방전만으로 해결할 수 없는 것들이다. 해방 70년, 우리가 이루어낸 성공은 커다란 자부심의 원천이지만, 성공이 가져온 위기peril of success도 만만치 않다. 그러나 정부의 각종 공식 통계에는 이러한 무형의 자산손실을 가늠할 대차대조표조차 없다. 급속하게 진행되는 정보화와 세계화는 복합적 사고와 창의성을 요구하는 또 다른 도전이 되고 있다. 미래지향적인 문제인식이 절실한 이유다.

이 글에서는 이 책에서 다룬 내용들을 한편으로는 요약하면서, 다른 한편으로는 가용한 조사자료를 토대로하여 광복 70년을 관통하는 장기적 추세에 대해 해석하고, 향후 발전방향에 대하여 대안을 제시하는 방식으로 서술할 것이다. 이 글에서 주목하는 것은 지난 70년을 특징짓는 변방적 근대성이 내포하는 '압축적 성장사회'의 특징들이며, 이를 극복하기 위해서는 이제는 질 높은 성숙사회로 가야 한다고 주장하고자 한다.

II. 역사, 개인, 그리고 세대 경험

한국 현대사가 직조해낸 역사적 흐름 속 사건들은 개인의 경험과 기억 속에 강렬하고 깊은 흔적을 남겼다. 물론 그 흔적은 공간적으로나 실존적으로 매우 선택적이다. 같은 시대를 호흡하였다 해도, 전쟁의 포화나 이념적 갈등이 휩쓸고 지나간 곳이 있는가 하면, 변화한 세상을 겪을 기회가 없었던 곳도 있었다. 사건과 충격이 주는 각인효과는 감수성이 예민한 청년기에 가장 깊은 흔적을 남긴다. 그런 점에서 같은 시기를 경험했다 하더라도 어떤 세대냐에 따라 경험의 강도는 달라진다. 과거나 지금이나 세대 간 차이는 늘 존재했다. 세대 간 차이가 나타나는 이유는 출생 시기가 다르면 경험하는 바도 달라지기 때문이다. 조금 더 엄밀하게 구분한다면, 세대차가 나타나는 이유는 크게 세 가지로 나누어 볼 수 있다. 즉, 연령age, 시기period, 그리고 출생동기집단cohort효과가 그것이다.

첫 번째, 세대차는 생물학적 연령차이를 반영한다. '386세대'를 예로 들어 설명해보자. 3은 인생주기에서의 30대를 의미한다. 대개 10대의 철없음과 20대의 활발한 모험성에 비해 30대는 조금은 현실적이고 책임감 있게 행동하는 연령이다. 맹자孟子는 당시 젊은 남녀들이 담장너머로 서로 엿보는 것을 한탄하며 젊은 세대의 조급함과 버릇없음을 탓하였는데, 이처럼 젊은 세대가 버릇없다고 보는 기성세대의 관념은 수 천 년을 내려와도 크게 달라지지 않은 듯하다. 그러므로 맹자시대에 10대와 30대의 차이가 있었던 것과 마찬가지로 지금도 10대와 30대의 차이가 존재한다.

두 번째, 세대차는 경험한 시대의 차이, 혹은 사회구조의 차이를 반영한다. '386세대'에서 8은 1980년대라는 시대상황을 의미한다. 1970년대와 1980년대, 그리고 1990년대는 여러 가지 점에서 사회구조의 차이를 반영하고 있는데, 특히 1970년대가 억압된 권위주의시대였다면, 1980년대는 권위주의체제에 대한 적극적인 저항을 통해 정치적 민주화를 이루고자 했던 질풍노도의 시기였다. 따라서 세대 간 차이에는 어느 시기에 어떤 사회적 구조 하에서 성장했느냐에 따른 차이가 반영되어 있다.

세 번째, 그래서 세대개념을 가장 종합적으로 표현하는 것은 출생동기집단cohort group이라는 개념이다. 386세대에서 6은 1960년대에 태어난 집단을 의미한다. 이들은 연령과 시대를 배경으로 하여 나이가 들어가면서 특정 시기에 특정 연령대로서 사회적 경험을 공유한 집단이다. 그러므로 386세대의 두드러진 동기효과는 한국전쟁 이후 경제개발계획이 시작된 시기에 탄생해 80년대 정치적 격변과 민주화투쟁기에 청년기를 보내고 이세는 30대 성인이 된 세대라는 의미가 된다.

이러한 세대개념을 염두에 두고 본다면, 같은 역사적 사건이라 하더라도

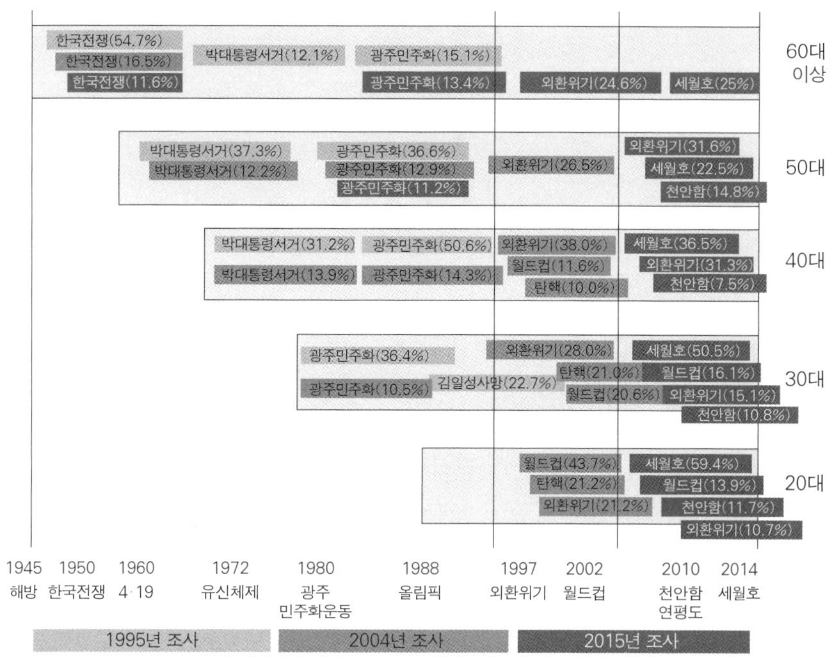

그림 2 연령대별/시기별로 기억하는 역사적 사건의 차이

세대에 따라 기억되는 사건과 그 충격은 정도를 달리한다. 압축적인 역사과 정일수록 세대 간 차이는 크고, 비동시적인 것을 동시에 경험할 가능성이 큰 것이다. 이 연구의 최대 장점은 광복 70주년 뿐 아니라 광복 60주년, 그리고 광복 50주년을 전후한 시기에 동일한 항목으로 응답자의 경험을 조사했다는 점이다. 광복된 1945년 이후 지난 70년간의 굵직한 중요 사건들만 나열하면, 1950년의 한국전쟁, 1960년의 4·19혁명, 1972년의 유신체제선포, 1980년의 광주민주화운동, 1988년의 서울올림픽, 1997년의 외환위기, 2002년 월드컵개최, 2010년 천안함 폭침과 연평도 포격, 2014년의 세월호침몰 등 다양하다.

그림 2은 1995년, 2004년, 그리고 2015년에 각각 연령대별로 응답한 본인들이 직접 경험한 중요 사건들의 분포로서, 특정 연령대의 응답자들이 각

시점에서 중요하다고 응답한 내용을 보여준다. 예를 들면 각 시기에 가장 최고령층인 60대에서는 정도의 차이는 있지만, 한국전쟁의 각인효과가 매우 컸다는 것을 보여준다. 20년전 조사에서 60대의 54.7%는 한국전쟁을 가장 중요한 사건으로 지목했고, 그 다음이 광주민주화운동(15.1%), 그리고 박정희 대통령의 서거(12.1%)였다. 20년전 50대에게 가장 충격적인 것은 박대통령의 서거(37.3%), 광주민주화운동(36.3%)의 순이었고, 그 당시 40대에게는 광주민주화운동(50.6%), 박대통령 서거(31.2%)였으며, 당시의 30대에게는 광주민주화운동(36.4%)과 김일성 사망(22.7%)이 가장 충격적인 사건이었다. 20년 전인 1995년은 외환위기가 벌어지기 직전이었고, 그 전 20여 년간 지속된 고도성장의 효과가 여전하였으면서, 동시에 1987년 직선제 개헌으로 이룩한 민주화로 인해 국민들의 직접투표로 선출된 문민 대통령이 통치하는 시기였다. 그래서 이 시기 각 세대별로 경험의 편차는 다르다고 하지만, 노년세대에게는 여전히 자신들의 10대나 20대에 경험했던 한국전쟁의 흔적이 매우 강하게 남아 있었고, 그보다 젊은 세대에게는 1980년에 광주에서 벌어진 민주화 항쟁의 기억이 매우 강렬했고, 또한 유신체제의 종언을 고한 박정희 대통령의 서거 역시 아주 강한 기억을 남기고 있음을 확인할 수 있다.

그러나 관찰의 시점을 10년 후로 넘겨 2004년을 기준으로 하여 각 연령대별 기억에 대해 질문하면 그 내용은 급격히 달라진다. 당시 50대에게는 한국전쟁은 더 이상 중요한 역사적 사건이 아니다. 가장 중요한 사건으로 1997년의 외환위기 경험(26.5%)이 지목되었다. 광주민주화항쟁이나 박정희대통령의 서거는 각각 12.9%와 12.2%의 중요성을 가진 것으로 인식되었다. 당시 40대에게도 외환위기의 경험은 충격적이었다. 압도적인 38.0%가 외환위기의 경험을 언급한 반면, 광주민주화운동(14.3%)과 박정희 대통령 서거(13.9%)는 그 중요성이 밀려났고, 새롭게 2002년 월드컵의 기억

(11.6%)과 노무현대통령의 탄핵(10.0%)이 중요한 계기로 인식되었다. 반면에 2004년 당시의 30대에게는 외환위기(28%)와 노무현대통령의 탄핵(21.0%), 2002년 월드컵의 기억(20.6%)이 중요했고, 광주민주화의 기억은 10.5%로 미미해졌다. 당시 10대였던 이들에게 20여년 지난 후의 광주는 이미 역사로 자리 잡은 것이다. 가장 극적으로 달라진 것은 20대였다. 월드컵 세대라고도 불릴 수 있는 이들이 기억하는 가장 큰 사건은 역시 2002년 월드컵(43.7%)이었고, 그 다음이 노무현 대통령의 탄핵(21.2%)과 외환위기(21.2%)였으며, 그 이전의 사건들은 큰 기억을 남기지 않았다.

그렇다면 가장 최근 2015년을 기준으로 하면 각 세대별 기억은 어떻게 다를까. 가장 고령인 60대에게도 한국전쟁(11.6%)보다 세월호 침몰(25%)과 외환위기(24.6%), 그리고 광주민주화운동(13.4%)이 크게 부각되었다. 그만큼 노년세대도 한국전쟁의 기억을 지닌 이들은 사멸하고, 새롭게 부상한 신노년세대가 중심을 차지하게 되었음을 의미한다. 신중년으로서 광복70주년을 맞는 2015년의 50대에게도 외환위기(31.6%), 세월호 침몰(22.5%), 천안함 침몰(14.8%)이 광주 민주화운동의 기억(11.2%)보다 훨씬 생생하다. 이러한 경험은 40대 이후로 가면 더 가속화된다. 40대나 30대, 그리고 20대에게 기억되는 과거, 즉 한국전쟁이나 박정희대통령 서거, 혹은 광주민주화항쟁이나 외환위기, 그리고 노무현 대통령 탄핵이나 월드컵의 기억은 그저 과거에 불과하다. 자신이 직접 겪은 경험으로 보면 40대, 30대, 20대를 불문하고 세월호의 충격이 가장 컸다. 특히 20대의 59.4%, 30대의 50.5%, 40대의 36.5%가 세월호 침몰을 가장 충격적인 사건으로 꼽았다는 점에서 젊은 세대에게 세월호의 참사가 얼마나 충격적이었는지, 그리고 그것이 과거 한국전쟁의 충격보다 얼마나 더 광범하고 심각하게 인식되었는지를 잘 보여준다. 이러한 기억의 차이는 세대 간에 극단적으로 다른 경험의 지평을 잘 보여준다. 그 다음으로 외환위기의 기억은 40대에서 31.9%인 반면, 30대에서

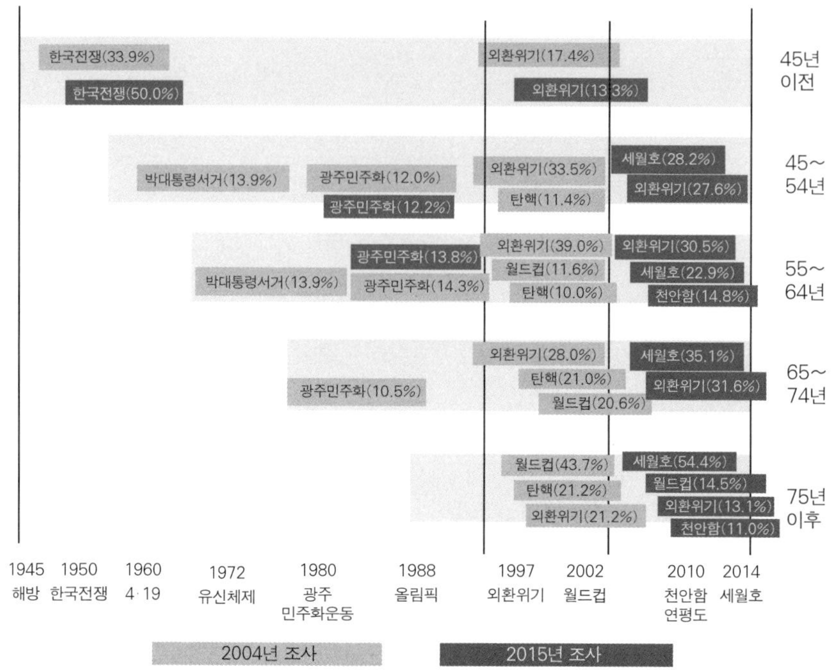

그림 3 코호트별/시기별 직접 체험의 차이

는 15.1%, 20대에서는 10.7%로 낮아지고 있어서, 기억의 퇴색과 윤색작용이 이루어지고 있음을 알 수 있다.

보다 구체적으로 시간에 따른 퇴색효과를 보기 위해서는 같은 시기 태어난 동기 집단cohort group의 태도 변화를 추적할 수 있어야 한다. 다행스럽게도 그림 3에서 보여주는 바와 같이 이번 조사는 10여 년 전과 같은 설문을 사용하였기 때문에, 출생코호트를 통제하여 보면 같은 출생동기집단이 10년이라는 시간이 지난 후에 어떻게 자신의 경험을 달리 이야기하는지를 검증할 수 있는 유사실험설계를 가능케 한다.

먼저 1945년 이전에 출생한 해방이전세대에 주목해보자. 이들은 10년 전에는 이미 최소 60대였고, 2015년에는 70대를 넘긴 최고령세대다. 이들에게 시간은 큰 변화를 가져오지 않은 것으로 보인다. 가장 고통스런 기억은 한국전쟁이었는데, 10년 전 33.9%에서 2015년에는 50.6%로 오히려 증가했다. 그 다음은 외환위기로서 10년 전에는 17.4%가 현재는 13.3%가 충격적인 사건이라고 응답했다. 이보다 더 급격한 기억의 퇴색효과는 1945년부터 1954년 사이에 태어난 해방둥이 세대라고 할 수 있는데, 이들은 10년 전에는 50대, 그리고 현재는 60대에 해당하는 신노년세대라 할 수 있다. 이들은 연령의 특성상 1950년의 한국전쟁을 생생하게 기억하지 못한다. 대신, 1970년대의 억압적인 권위주의, 1980년대의 민주화운동, 그리고 1990년대 후반의 외환위기를 인생의 각 시기마다 경험하며 성장한 세대다. 이들은 10년 전 조사에서는 외환위기(33.5%)를 가장 충격적인 사건으로 기억했고, 그 다음으로 박정희 대통령 서거(13.9%), 광주민주화운동(12.0%), 노무현 대통령 탄핵(11.4%) 등의 순으로 기억했지만, 2015년 조사에서는 외환위기(30.5%)와 광주민주화운동(13.3%)의 충격은 유지했지만, 최근에 경험한 세월호 침몰(22.9%)과 천안함 폭침(14.8%)을 새로운 경험에 추가하였다.

이보다 더 최근의 경험에 민감한 것은 1965년과 1974년 사이에 태어난 민주화운동세대이다. 이들은 10년 전에는 자신들이 사회에 진출해서 겪은 외환위기(28.0%), 노무현대통령의 탄핵(21.0%), 외환위기(20.6%) 외에도 청년기에 경험한 광주민주화운동(10.5%)을 기억했지만, 2015년 조사에는 대다수인 35.1%가 세월호 참사를, 그리고 31.6%가 외환위기를 충격이라고 응답하여, 빠르게 변화하는 경험의 양상을 잘 보여준다.

그러나 이러한 변화가 가장 두드러지는 것은 포스트 민주화세대라고 할 수 있는 1975년 이후 출생자들이다. 이들은 민주화가 이루어진 1990년대에 대학을 다녔고, 외환위기의 와중에 사회에 진출했다는 점에서 과거의 세대와는 전혀 다른 경험의 지평을 공유하는 이들이다. 이들에게 20대였을 2004년의 기억은 월드컵의 열정(43.7%)과 노무현대통령의 탄핵(21.2%)과 외환위기(21.2%)가 가장 큰 흔적을 남긴 기록이다. 반면에 2015년 조사에서는 세월호 참사의 충격이 54.5%로서 압도적이고, 천안함 폭침의 충격이 11.0%로서 새롭게 부각되었다. 반면에 월드컵 4강의 추억은 14.5%로, 그리고 외환위기의 충격은 13.1%로 약화된 것을 알 수 있다. '응답하라' 시리즈로 널리 알려진 것은 가장 젊은 세대일 것이다. 이들은 전쟁을 겪은 해방둥이나 386으로 대표되는 민주화세대와는 전혀 다른 시대적 경험을 했음을 잘 보여준다.

이상의 분석은 우리가 동일한 시간대에 동일한 한국사회의 경험을 공유하고 있지만, 사실상 전혀 다른 기억의 단층 위에 존재하고 있다는 것을 보여준다. 정도의 차이는 있지만, 각국에는 모두 독특한 시대적 체험을 바탕으로 하는 신세대들이 늘 새롭게 등장하곤 하였다. 대표적인 것이 히피문화로 일컬어지는 미국의 전후세대들이다. 이들은 2차대전 이후 풍요로운 사회에서 성장해 물질지향적인 기성세대와 보수적인 정치의식에 반기를 들었다. 비슷한 시기에 독일, 프랑스, 일본 등의 68세대는 기성의 가치관을 전면적으로 부정하고 반란을 기획하기도 하였다.

최근 들어 등장한 신세대들은 X세대로 불리기도 하였다. 70년대 후반 신소비와 정보화시대로 진입하면서 생겨난 독특한 이 세대를 미국은 'X세대', 일본은 '신인류', 독일은 '키취세대'라 한다. 우리나라에도 신세대의 독특한 문화가 형성돼 신세대 혹은 X세대라는 용어는 일상적인 언어가 되었다.

그런데 정보화시대에 들어 세대 간 차이는 그 양상이 이전과 크게 달라지고 있다. 무엇보다도 먼저 지적할 것은 정보통신기술의 발달이 가져온 속도감이다. 사회 변화의 속도가 빨라질수록 세대 간 차이도 커진다. 정보통신기술의 발달은 기하급수적으로 많은 변화를 낳고 있다. 따라서 흐르는 시간은 과거보다 훨씬 압축적으로 다가온다. 흔히 우스갯소리로 '요즘은 쌍둥이도 세대차를 느낀다'고 하는데, 아마 이러한 속도감이 반영된 탓일 것이다. 달리 말하면 과거의 10년 차이보다 요즘의 1년 차이가 더 크게 느껴진다는 의

미일 것이다.

오늘의 새로운 세대들은 철저한 상품의 논리와 자유의식을 가지고 있다. 이들은 인스턴트식품에 길들여져 있고, 집단보다는 자유로움을 갈망하며 '나'를 중심으로 생각하고 자신을 표현하는데 능숙하다. N세대로 불리는 이들은 문자매체보다는 컴퓨터나 영상매체에 더 익숙하며, 인기스타를 모방하고 갈망한다. 휴대폰이나 인터넷 등으로 서로 연결되어 있으며, 가상공간을 적극적으로 활용할 수 있는 능력을 가진 집단들이다. 이들은 연예인의 말과 행동, 옷차림 등을 그대로 모방하고, 심지어 연예인 될 수 있다면 성형수술도 마다하지 않는다.

바야흐로 우리는 한 시대에 비동시적인 세대들의 공존을 경험하고 있다. 그리고 세대 간 차이는 점차 커지고 있다. 20세기의 교실에서 19세기의 사고방식을 가진 교사들이 21세기의 사고방식을 가진 학생들을 교육하는 것과 같은 어색함이 발견되곤 한다. 특히 우리사회는 매우 강한 연령지배체제 gerontocracy의 특성을 가지고 있다. 어느 조직이나 연령의 위계와 직급의 위계가 포개지는 매우 강한 수직적 구조를 가지고 있는 것이다. 그래서 세대간 차이가 다른 어느 사회보다 강한 갈등양상으로 드러날 가능성을 내포하고 있다.

그러나 돌이켜 보면 인류의 역사는 끊임없는 세대의 교체로 이루어졌다. 정도의 차이는 있을지언정, 젊은 세대가 기성세대의 자리를 대체하면서 그 사회의 진보와 발전이 이루어졌던 것이다. 우리 사회에서도 다양한 영역에서 새로운 세대의 등장을 긍정적으로 받아들이고 이들의 생동감과 활력을 사회변화의 원동력으로 받아들일 수 있을 때 비로소 바람직한 사회발전을 기약할 수 있을 것이다.

Ⅲ. 정치체제와 변화하는 국민 인식

현대사의 흔적은 집합적 노력에 의해 이루어졌지만, 가장 큰 영향을 미친 것은 주도적 역할을 한 행위자, 즉 정치지도자다. 역대 정부, 즉 이승만 정부로부터 시작하여, 장면 정부, 박정희 정부, 전두환 정부, 노태우 정부, 김영삼 정부, 김대중 정부, 노무현 정부, 이명박 정부, 박근혜 정부로 이어지는 리더십의 성격과 내용을 달리하는 정권들은 다양한 흔적을 남겼고, 시간이 지나면서 이들에 대한 역사적 평가도 달라졌다. 그래서 각각의 정권에 대한 국민들의 인식이 어떻게 변화했는지를 비교해 보는 것도 매우 의미 있는 일이 될 것이다.

정치적 변화의 가장 바닥에는 식민지의 경험을 통해 해체된 전통시대의 흔적들이 자리 잡고 있다. 그리고 그 위에는 국가형성이 채 마무리되기 전에 전쟁이 할퀴고 간 깊은 상흔이 새겨졌다. 이승만 정부는 신생국가로 제대로 뿌리내리는 데도 벅찬 환경 속에 놓인 위태로운 시기를 넘겼다. 한국전쟁 속에서 험난한 국제관계의 난관을 딛고 신생국가의 독립성을 지켜냈다. 그러나 제대로 된 국가경영의 토대를 신속하게 갖추고 미래에 대한 비전을 제시하는데 실패했으며, 독재로 회귀했다. 이 시기 본격적인 산업화 이전에 고등교육부터 팽창했다. 우골탑으로 상징되는 대학교육의 팽창으로 인해 고학력 실업자가 양상되었다. 대학교육의 팽창으로 고급 인적자원이 배출되었지만, 이들은 당시의 취약한 경제사정으로 인해 취업하여 경제적으로 기여하지는 못했으나 정치민주화의 첨병으로 활동했다. 대학교육 팽창이 가져온 중요한, 그러나 의도치 않은 결과는 민주주의에 대해 예기사회화된 세대를 대거 배출한 것이다. 교과서에서 배운 민주주의가 실현되지 않는 현실에 분노한 학생들을 중심으로 터져나온 4·19혁명은 서구의 시민혁명에 비준된다. 서구의 시민계급과는 달리 교육받은 지식인과 학생들이 중심이 된 시민혁명은 이상적인 내각책임제 개헌을 가져왔지만 민주주의를 감당할 생활 속 추동세력으로서의 부르주아를 형성하지 못한 나라에서 빠르게 이루어진 민주화는 실질적 주도세력을 만나지 못했고, 결국 군부의 쿠데타로 귀결되었다.

그럼에도 불구하고 한국의 군부정권은 직접 군복을 입고 통치한 남미나 동남아의 군사정권과 달랐다. 박정희는 형식적으로는 민간인 신분으로 국민의 직접 선거를 통해 대통령에 당선되고 재선에 성공했다. 또한 경제성장과 국민소득 증대 등과 같은 매우 구체적이고 실질적인 성과를 통해 정당성을 확보하고자 택했다.

그 후 유신체제의 성립으로 인해 민주주의가 후퇴했고, 1980년 민주화의 열망이 전두환정권의 철권통치로 좌절되면서 우리는 고도성장과 정치적 억압이 결합된 부조화의 시기를 경험했다. 그러나 1987년 민주화 이후 진보정권과 보수정권의 연이은 교체를 통해 다른 나라들과 비교하면 유례를 찾기 힘들만큼 평화적인 전환을 이루어냈다.

저명한 정치학자이자 사회학자인 찰스 틸리Tilly에 의하면 국가는 특정 영토 내에서 다양한 정치집단과 지배권을 다투며 서서히 독점적 지배권을 확보해 나가는 과정을 거쳐 성립됐다고 한다. 최종호가 집필한 2장 역대정권 이미지 비교연구는 정치적 차원과 경제적 차원에서 이루어진 역대정부에 대한 매우 흥미로운 평가 결과들을 보여준다. 대한민국 형성과정은 평탄치 못했다. 전통적인 왕조가 무너지고 일본의 식민지를 거친 이래, 일본의 패전을 계기로 정부를 수립하는 과정에서 남북은 분단되었고 북한정권과 정통성 경쟁을 벌여야 했다. 모름지기 정상적 국가라면 법과 질서를 유지하고 영토 밖 경쟁자를 무력화시키는 능력을 갖추어야 하는데, 처음부터 이 기능에 심각한 위협이 존재했던 것이다. 또한 국가의 실체적 기능으로서 경제발전과 복지 제공 등의 능력을 갖춰야 하는데, 1960년대 초반까지 외국의 원조에 의존해 경제를 지탱해 왔다. 그래서 이승만 정권과 장면정권은 정치적 자유와 경제적 성장이 모두 결여된 시기였다(이 책의 3장 그림 1 참조).

박정희 정권 시기는 강한 정치적 억압과 높은 경제성장이 결합한 대표적인 권위적 발전국가 시기라는 인상을 준다. 정도는 약하지만 전두환 정권은 강화된 권위주의와 약화된 경제성장이 결합한 때였다. 경제적인 성장이 정치적 자유의 희생 위에서 이뤄졌다는 점에서 심각한 불균형 성장이었다고 할 수 있는 것이다.

그러나 노태우 정권 이후의 시기에 대해 국민들은 민주화는 신장됐으나, 과거와 같은 고도성장은 더 이상 이루지 못했거나 오히려 경제적으로 퇴보한 시기라고 인식한다. 그러한 이미지가 생겨난 이유는 외환위기와 같은 경제침체를 경험한 탓도 있지만, 시대적인 변화에 따라가지 못하는 시스템의 문제도 반영돼 있다고 봐야 할 것이다. 민주화가 정치적 자유를 급속히 확대시켰지만 실질적인 복지의 성장을 가져올 만큼 내실 있는 정책적 심화와 실천능력을 갖추지 못했기 때문이다.

오히려 민주화 이후에 다양한 이해집단들 간의 명시적이고 노골적인 이익갈등이 첨예하게 나타나, 사회전반의 문제해결 능력은 급격히 소진되는 양상까지 나타났다. 국민들은 한국이 절차적 민주화는 이루었지만, 실질적인 민주주의의 내용이 아직 채워지지 않았고, 경제성장의 과실이 복지로 이어지는 경제적 내실화도 이뤄지지 않은 것으로 인식한다.

또 하나 흥미로운 사실은 지난 20여 년간 국민들의 역대 정부에 대한 인식에서 별 변화가 없는 부분과, 큰 변화를 나타낸 부분이 극적으로 갈렸다는 점이다. 인식상 큰 변화가 없는 것은 이승만정부에서 노태우 정부까지의 기간으로서 이승만과 장면 정부는 모두 정치적으로는 속박이, 경제적으로는 퇴보가 더 두드러지는 미약한 형태의 약탈국가로 인식되었다. 같은 기간 세 차례에 걸쳐 이루어진 조사에서 박정희 정부는 강력한 권위적 발전국가의 이미지가, 그리고 전두환정부는 약한 권위적 발전국가의 이미지가 유지되었다. 그러나 노태우정부의 경우에는 20년 전과 10년 전 조사에서는 절차적 민주주의의 이미지가 강했지만, 이번 조사에서는 약탈국가의 이미지가 강화되었다.

김영삼 정부에 대한 평가는 재임 시기인 1995년 조사에서는 정치적으로나 경제적으로 많은 진전을 이룬 실질적 복지국가로 인식되었으나, 외환위기를 거치고 퇴임한 후 평가에서는 정치적 자유화에도 불구하고 경제적으로는 퇴보한 시기로 인식되었다. 반면에 김대중 정부에 대한 인식은 퇴임 직후인 2004년에는 정치적 자유에도 불구하고 경제적으로는 퇴보한 '절차적 민주주의' 시기로 인식되었다면, 2015년 조사에서는 정치적인 자유가 급증하고 경제적으로도 발전을 이룬 '실질적 복지국가'의 시기로 인식되었다. 이보다 더 극적인 반전은 노무현 정부에 대한 인식의 변화이다. 지난 2004년 집권 초에는 경제적인 퇴보와 정치적 자유가 결합된 '절차적 민주국가'의 이미지였다면, 이번 조사에서는 높은 정치적 자유와 경제적 발전을 이룬 '실질적 복지국가'로 이미지가 반전되었다.

지난 10년간 집권한 이명박 정부와 박근혜 정부에 대한 인상은 '절차적 민주주의'에 가깝다. 그러나 이들 정권에 대한 평가가 향후 어떻게 바뀔지는 관심의 대상이다. 특히 박근혜정부에 대한 평가는 최근의 촛불시위나 탄핵 정국의 논란이 보여주듯이 매우 급격하게 부정적인 측면으로 바뀔 가능성이 있다.

지난 광복 60년 기념 조사와 비교해 이번 광복 70년 조사에서 두드러지는 변화는 현대 한국의 대표적인 정치지도자로 간주되는 박정희, 김대중, 노무현 정권에 대한 이미지가 체계적으로 바뀌었다는 점이다. 최종호의 분석은 출생코호트별로 어떤 변화가 나타났는지를 잘 보여준다. 즉, 같은 시기에 출생한 동기집단인 코호트별로 나누어 본다면, 1945년부터 1954년 사이에 출생한 해방둥이세대와, 1955년부터 1964년 사이에 출생한 신노년세대, 그리고 1965년부터 1974년 사이 출생한 민주화운동세대, 그리고 1975년 이후 출생한 신세대로 구분한다면, 놀랍게도 모든 세대에서 박정희 정부에 대한 평가는 과거에 비해 훨씬 정치적으로는 부정적 평가가 늘어났고, 김대중 정부와 노무현 정부에 대한 긍정적 평가는 늘어났다는 점이다. 경제적인 발전-퇴보의 차원 평가에서도 그러한 양상은 반복된다. 즉 박정희정부에 대한 평가는 과거 10년 전에 비해 훨씬 부정적인 평가가 늘어났다. 김대중 정부와 노무현정부에 대한 평가는 10년전 부정적 평가로부터 이제는 긍정적 평가로 반전되었다.

Ⅳ. 풍요의 역설

1. 증가하는 불평등, 불안한 미래

그렇다면 지난 10년간 진보적 정권 10년에 대한 평가가 매우 긍정적인 방향으로 전환되었다는 것을 어떻게 이해해야할까. 한 정권의 성취를 평가하려면 시대적 추세에 비추어 해석해야 할 필요가 있다. 지난 20여 년간 가장 두드러진 추세는 경제적 활력의 저하에 따른 양극화의 심화이다. 경제 활력의 저하는 노무현정부나 김대중 정부만의 실책이라고 보기 힘든 부분이 존재한다. 외환위기 이후 드러난 경제문제를 풀어가기 위해 시행했던 경기부양 정책들의 후유증은 시차를 두고 나타난 경우가 많았다. 외환위기 이후 실업자가 누적되고 장기지속형 실업자 층이 퇴적되었다. 그리고 소득분배구조의 악화로 인해 중산층의 숫자가 객관적으로 감소하였을 뿐 아니라, 중산층 귀속감도 크게 감소하였다. 특히 문제가 되는 것은 중산층에서 하락을 경험한 '새로운 빈곤층'이 등장했다는 점이다. 문화적으로는 고도 성장기를 특징짓던 '상승에의 기대와 열망의 문화'가 외환위기 이후 '하강에의 두려움과 좌절의 문화'로 전환되었다. 이는 특히 젊은 층을 중심으로 경제우선의 물질주의적 가치관이 대두하게 된 것과 떼어 놓고 생각할 수 없다. 대학생들은 취업난이 심화되면서 졸업을 한 두 해씩 미루는 것이 점차 일반화되고 있다. 거기에 전통적인 빈곤층을 포함한 차상위층의 비중이 증가하는 것도 큰 문제다. 그래서 분배와 성장 간 선순환을 이끌어갈 정책 마련이 시급한 처지가 되었다.

중산층이 왜 자신감을 잃었나. 그것은 경제 불안, 청년실업의 증가, 그리고 빈부격차 등의 악화를 우려하기 때문이다. 이 책 5장 김도균의 분석이 잘 보여주듯이, 지난 10년간 향후 한국사회에 대한 예측에서 실업에 대한 두려움이 급증하였다. 지난 10년간 직업의 불안정성에 대한 두려움이 크게 증가했는데, 세대별로는 20~30대와 노년세대에서 그 증가세가 두드러졌다. 반면에 전 연령층에서 은퇴를 늦추고 더 일하고 싶어하는 경향도 두드러졌다. 기대하는 은퇴연령은 2004년 63.1세에서 2015년에는 65.8세로 늘어났다. 그런데 퇴직 이후 소득을 보장할 마땅한 제도적 수단이 매우 부족하다보니, 불안감은 더 커지고 있다. 국민연금이 전국민을 포괄할 수 있게 되고 기초연금이 도입된 것은 다행이지만, 소득 보장의 수준이 매우 낮다 보니, 미래에 대한 불안감은 크게 증가하고 있다.

이러한 불안한 미래, 그리고 점차 심각해지는 청년실업의 문제로 인해 지난 10년간 중산층 귀속감은 노년층을 제외하고 모든 세대에서 감소하였다. 그리고 향후 5년간 계층적 지위는 낮아질 것으로 모든 세대에서 인식하고 있다.

2. 가족의 해체와 재생산의 위기

두 번째 심각한 문제는 사회의 해체이다. 사회해체는 사회적 연대의 기초인 가족의 해체로 나타난다. 가족이 해체되는 이유는 이혼율이 높고 결혼과 출산을 미루기 때문이다. 이미 세계 최저 수준에 이른 출산율은 사회적 재생산을 걱정해야 할 수준에 도달했음을 보여준다. 또한 세계에서 가장 빠른 속도로 고령화가 진행되고 있어서 조만간 전통적인 가족의 모습은 급격히 바뀔 전망이다. 거기에 보태서 자살률과 강력범죄의 증가는 미시적 수준에서 진행되는 사회해체에 대응할 새로운 통합모델이 필요함을 말해준다.

더 이상 효孝를 명분으로 맺은 세대 간 신사협정은 작동하지 않는다. 또한 여성들의 자기결정권이 커져서 전통적인 가족개념도 바뀌고 있다. 이 책의 4장 남은영의 분석이 잘 보여주는 바와 같이 부모부양의 의무는 더 이상 당연한 덕목이 아니다. 특히 젊은 세대일수록 부모부양을 의무라고 생각하는 이들은 지난 10년간 급속히 줄어들었다. 고도성장기에 성장의 혜택을 마음껏 누린 부모세대를 부양한다는 것은 공정하지 못하다는 생각도 있고, 늘어나는 청년실업의 영향으로 스스로 경제적으로 독립적 생활을 하지 못하는 젊은 세대의 위축된 현실을 반영하는 것이기도 하다.

이러한 변화의 가장 대표적인 사례는 남아선호 사상의 퇴조다. '아들 하나는 꼭 있어야 한다'는 데에 '매우 찬성'한 비율은 1996년 22%에서 2004년에는 13%, 그리고 2015년 7%로 급격히 감소하였다. 더 이상 아들을 낳아야 한다는 생각은 주류가 아니다. 결혼이 필수라는 생각도 사라지고 있다. 자식을 위해 희생하는 것도 더 이상 지지받는 아이디어가 아니다. '부부사이가 나쁘더라도 자식을 위해 이혼하지 말아야 한다'고 생각하는 사람들이 10년 전에는 3명 중 2명이었다면 현재는 3명 중 1명으로 감소한 것이다.

이는 한국사회가 심각한 재생산의 위기에 직면하고 있는 현실을 반영한다. 남은영의 분석이 잘 보여주는 바와 같이 지난 30여 년간 이상적이라고 생각하는 자녀의 숫자는 2명 이상으로서 큰 변화가 없다. 그리고 이상적인 자녀수는 세대 간에도 큰 차이를 보여주지 않는다. 그럼에도 불구하고 실제 합계출산률이 지속적으로 하락하여 1981년 2.66명에서 2013년 1.21명까지 떨어진 이유는 출산과 육아가 점차 어려워지는 현실을 반영하는 것이다. 아이를 낳아 기르기 어렵게 하는데는 여러 가지 이유들이 있을 것이다. 남성 중심의 가부장적 문화로 인해 육아와 가사부담이 전적으로 여성에게 부여되기 때문에 일과 가정을 양립하기 어렵다. 현재까지 우리가 누려온 인구보너스는 더 이상 가능치 않다. 고령화로 인해 피부양인구가 급증하면 경제활력이 급격히 줄어들 것이다.

3. 노동시장의 이중구조 심화

세 번째는 노동시장 내에서 심화되는 이질성이다. 외환위기 이후 보호받는 대기업 정규직과 보호받지 못하는 비정규직간의 양극화가 심각해졌다. 더구나 보호받는 대기업 정규직 중심 노조들은 한편으로는 강경투쟁과 지나친 정치화로, 다른 한편으로는 특권을 이용한 비리로 인해 국민적 비난을 받고 있다. 고용불안정성이 높은 비정규직 노동자의 비중은 빠르게 늘어나고 안정적인 직업의 숫자는 줄어들고 있는데, 노동시장의 불안정성을 낮출 적극적인 노동시장정책의 시행은 매우 지체되고 있다. 특히 실업대책, 교육훈련, 취업알선, 노사관계개선 등을 통합적으로 운영할 수 있는 종합적 정책비전은 아직도 제시되지 않고 있다.

Ⅴ. 민주화의 역설

1. 갈등구조의 변화

참여정부의 등장 이후 절차적 민주주의가 확산된 결과 다양한 이익집단의 요구가 분출되고 있다. 그러나 합리적 협상과 이익의 조화보다는 감정적 대립과 집단의 이익을 우선하는 모습이 많이 눈에 뜨인다. 때로는 정당과 정치권의 수용능력을 넘어서 관리되지 않는 요구의 과잉으로 나타나는 경향도 있다. 이러한 '과잉 참여'와 제도화되지 않는 갈등은 사회발전에 긍정적이기보다는 부정적 효과를 미치게 된다. 더구나 사회갈등의 심화는 단기적이고 정치적인 대립전선에 국민들의 시선을 집중시켜 상대적으로 거시적이고 구조적인 문제를 간과하게 하는 차단효과를 발생시킨다.

사회갈등이 누적되면서 그 양상이 복합적으로 전개되고 있는데, 이는 권위주의에서 민주주의로 이행됨에 따라 갈등양상이 '억압형→잠재형→표출형→확산형'으로 바뀌는 것과 궤를 같이 한다(서문기 2004). 또한 과거와 달리 정부가 갈등의 중재자보다는 갈등의 당사자로 부각되어 사회 전반적인 갈등조정 역할이 취약해지는 경향도 나타났다. 경인운하건설사업, 새만금 간척사업, 부안 핵 방폐장 건설, 천성산 터널공사 등 대규모의 토목사업에서 이러한 경향이 두드러졌다. 이제는 사회적 갈등을 제도화하고 체제내화 하는 전략이 절실하다.

사회 갈등의 양상을 그 쟁점을 기준으로 하여 가치관을 둘러싼 갈등인지, 이해관계를 둘러싼 갈등인지로 나누어 보고, 또한 정부가 조정자이며 중재자인지, 아니면 갈등의 당사자인지를 기준으로 하여 갈등의 내용을 구분해 보면 그림 4와 같은 유형화가 가능해진다(대통령자문 지속가능발전위원회 2004).

그렇다면 지난 10년간 사회갈등에 대한 국민들의 의식은 어떻게 변화했을까. 정치적 측면에서 보수와 진보 간 갈등은 10년전 89.8%가 심각하다고 응답했지만, 현재는 68.9%로 감소했다. 기성세대와 젊은 세대 간 갈등도 같은 기간 81.96%에서 53.4%로 급감했다. 그러나 가장 심각한 갈등인 여야 갈등은 조금 줄어들었다고는 하지만, 여전히 가장 심각한 갈등으로 인식되고 있다. 시대의 흐름에도 불구하고 정치권의 정파적 갈등의 양상은 가장 퇴행적인 것으로 인식되고 있는 것이다. 제도권정치의 갈등수준이 높다는 것은 또한 사회적 갈등을 승화시킬 제도적 통로가 제대로 작동치 않는다는 것을 의미한다. 이에 비하면 영호남간 갈등, 빈곤층과 중산층간 갈등, 기업가

이해 ← 쟁점 → 가치

	이해	가치
조정 중재자 ↑ 중앙 정부 ↓ 당사자	집단간 이해갈등 -노사갈등(임금) -소지역주의 갈등	집단간 가치갈등 -영호남 지역갈등 -이념갈등 -계층갈등
	정부-사회집단간 이해갈등 -노사갈등(제도개설, 공공부문)	정부-사회집단간 가치갈등 -환경갈등(새만금 사업) -고속철도 천성산 · 금정산 구간

그림 4 쟁점과 정부역할에 따른 갈등의 분류

와 근로자간 갈등, 대기업과 중소기업간 갈등 등 경제적인 갈등은 모두 유의 미하게 줄어든 것으로 나타난다.

2. 권위주의 타파가 가져온 권위 실종

민주화는 권위주의를 타파했다. 그러나 정당한 권위도 모두 실종되는 딜레마를 낳았다. 기관이나 제도의 권위는 사회적 정당성을 확보하는 토대이다. 검찰, 언론, 대학, 심지어 청와대 등 과거 권위주의 유산을 과감히 비판하여 과다한 결정력을 가진 특권집단을 없앤 것은 민주화의 큰 성과라고 할 수 있다. 그러나 문화적 특성으로나, 경험적인 관찰로 보면 권위주의와 권위 간에는 상관성이 존재한다는 것도 부인하기 힘들다. 급속한 권위주의 타파를 보완할 정당한 권위 형성이 지체되는 "권위 지체현상"이 발견된다. 그 대표적인 것은 대통령의 리더십이다. 대통령의 권위주의적 리더십은 국민 모두가 원하지 않는 문제이지만, 대통령의 '권위 없는 리더십'은 더 큰 문제를 낳을 수 있다. 권위주의의 대안인 합리적-법적 권위의 형성은 사회적 합의와 오랜 기간의 실험을 필요로 하기 때문에, 권위주의는 타파하는데는 성공했으나, 모두가 존중할 수 있는 대안적인 법적, 합리적 권위는 쉽게 만들지 못

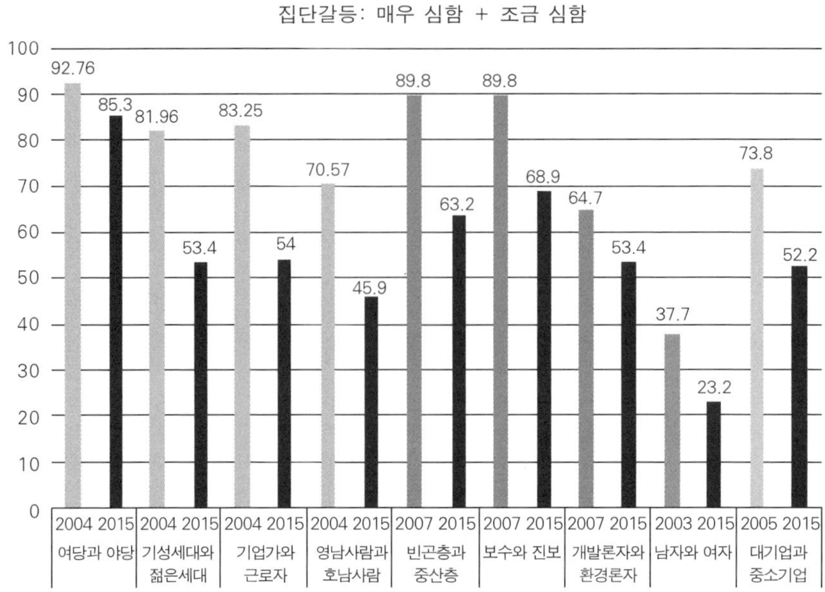

그림 5 집단갈등의 변화

하고 있다.

경쟁의 정당성을 지탱해 줄 공정한 규칙이 보이지 않기 때문에 거버넌스 위기가 생겨났다. 심판역할을 해야 할 각종 기관에 대한 불신이 늘었고, 경쟁을 둘러싼 갈등은 더 깊어졌다. 기관별로 보면 대학이나 시민단체, 종교단체 등 비영리단체에 대한 신뢰가 높고 정당, 국회, 행정부, 검찰, 사법부 등의 권력기관에 대한 신뢰는 낮다. 그리고 대부분의 기관에 대한 신뢰는 지난 10년간 계속 낮아지고 있다.

기관에 대한 신뢰의 위기는 참여와 제도화 간의 딜레마를 낳는다. 대체로 제도화되어 수렴되지 않는 과잉 참여는 사회갈등을 고조시키는 경향이 있다. 참여의 폭이 확대될수록 의견조정과 합의도출에 소요되는 시간과 비용이 기하급수적으로 증가한다. 그래서 '참여'를 강조하는 언어적 수사가 증가할수록 체제가 부담할 제도화의 비용이 증가하게 되는 것이다. 그리고 이렇

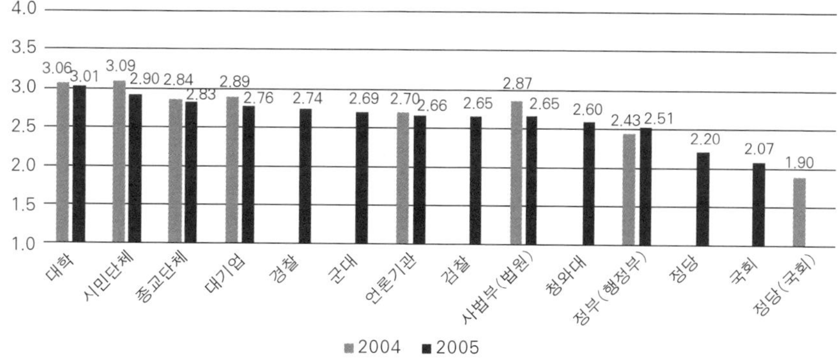

그림 6 기관 신뢰의 변화

게 제도화되지 않은 '갈등의 정치'는 합의의 기반을 소진시켜 사회통합을 저해하게 된다.

또한 권위의 소멸로 인해 이념성과 실행 전문성간의 딜레마가 발생한다. 역대정부 내에서 정치적이고 이념적인 주도세력과 실행을 담당한 관료집단 간의 이질성이 존재했다. 특히 진보적인 정권에서는 과거 민주화운동에서 변혁적 사회운동의 경험을 가진 젊은 정치인들을 중심으로는 매우 진보적인 정치적 수사와 개혁성을 강조하는 분위기가 발견되었다. 다른 한편 과거 발전 국가적 경험에 익숙해 있는 관료들은 경제사회정책의 집행을 담당하는데 이 두 집단은 어색하게 공존해왔다. 즉, 이념적 주도세력이 선명한 개혁성을 표방하게 되면 전문가 인재군을 배제하는 의도치 않은 결과를 초래하고 전문가 집단내부의 냉소 분위기를 초래할 가능성이 많다. 반면에, 개혁성과 무관한 과거 유형의 관료들에 의지할 경우에는 개혁적 이념들의 선명성을 유지하기 힘들어지는 딜레마가 존재한다. 따라서 민주화 이후의 정치에서 개혁적이고도 전문적인 인재군을 대규모로 확보하지 못하는 한, 이러한 딜레마는 해소되지 않는 경향이 두드러졌다.

3. 장기적 과제와 단기적 정책간의 딜레마

　5년 단임 대통령제의 문제도 심각하다. 고도성장이 끝나고 탈산업화를 경험하는 한국이 겪는 문제는 복합적이고 구조적이며 고질적이다. 저출산과 고령화, 청년실업, 통일 문제 등 모두 일관성 있는 장기 처방과 근본적 구조조정이 필요한 난제들이다. 그런데 대선 후보들은 임기 내 성과를 낼 묘안에 매달린다. '재미 좀 보았다'는 수도 이전, '경제성장의 비방秘方'이라는 대운하 건설, 미래를 저당 잡은 '공짜 복지' 등은 모두 근시안적 한 방 공약이다. 더구나 단임제 아래에서 대통령은 취임선서를 하는 순간부터 '미래 권력'으로부터 호시탐탐 거리두기의 대상이 된다. 심지어 같은 정당이 재집권해도 이전 정권의 것은 흔적 지우기의 대상이 되니 아무리 좋은 정책도 지속되기 힘들다.

　민주화 이후 5년 단임제 정권이 지속되면서, 우리가 겪고 있는 문제와는 무관한 단기적 정책추구로 인한 왜곡이 지속되는 경향도 나타났다. 그런데 역대 장관 임기는 2년을 훨씬 밑돈다. 주요 부처 장관 재임 기간은 박정희 정부 시절 19.4개월로 최장이었고 노무현 정부에서는 11.4개월에 불과했다. 경제장관들 임기는 14개월, 교육장관들은 1년 남짓이다. 이나마 개선된 것이다. 조선시대 관료에 관한 통계에 따르면 지금의 장관에 해당되는 육조 판서들의 평균 임기는 5.6개월, 서울시장에 해당하는 한성판윤의 임기는 5.4개월에 불과했다. 국가 정책을 명 짧은 장관들이 맡을 때 미래 비전을 정교화하고 정책의 일관성을 유지하기 어려워진다. 지식과 경험도 축적되지 않는다. 디테일한 것을 챙겨 임기 내 성과를 내려는 장관들이 많아질수록 누적된 장기 효과는 부정적이 되는 '노력의 역설'이 발생한다. 생색나지 않는 난제 해결은 후임에게 떠넘기는 폭탄 돌리기도 성행한다.

　매번 발표된 소소한 개선책들이 수십 년 쌓인 결과 내성 강한 돌연변이 괴물로 변한 입시경쟁은 대표적 사례다. 단순한 틀을 일관성 있게 지킨 미국이나 일본의 입시가 오히려 안정되고 적정 수준의 대학진학률을 유지하는 것과 대비된다. 고위 공직자에게 긴 임기를 보장하지 못한 이유는 자리 나눠주기와 투명성 부족 때문이다. 챙겨야 할 인물이 많아질수록 보직 순환의 속도는 빨라졌고, 임기는 짧아졌다. 방산비리로 구속된 해군참모총장들의 사례에서 보듯 이권을 둘러싼 부패의 가능성이 크다 보니, 조직자원의 통제권을 가진 이들의 임기를 짧게 하는 것이 유착의 가능성을 줄이는 대안이 되기도 하였다.

Ⅵ. 성숙사회로 가는 길

1. 한국의 현재 위상

풍요의 역설과 민주화의 역설을 해소하는 방법은 더 이상의 성장이나 민주화의 심화로는 해결되지 않는 문제들이디. 광복 70년만에 선진국의 길목에 선 한국, 급속한 성장과 민주화를 동시에 달성해 온 지난 70년, 특히 최근 20여년의 변화과정에서 한국사회의 성취와 직면하고 있는 문제 중에 가장 심각한 문제는 무엇인가.

현재 한국의 위상을 객관적 지표를 통해 확인할 수 있는 방법 중 하나는 신뢰받는 국제기관에서 공표하는 지표를 비교해 보는 것이다. 국가경쟁력에 대해 스위스 로잔에 있는 국제경영개발원(IMD:International Institute for Management Development)이 발표한 바에 따르면, 2016년을 기준으로 한국은 29위로서, 2015년에 비해 4단계나 밀려났다. 특히 눈에 뜨이는 것은 같은 아시아권에서도 일본이 26위, 중국이 25위, 말레이시아 19위, 대만 14위, 카타르 13위 등으로서, 한국에 비해 경제적으로는 뒤진 나라들도 경쟁력에서 앞서는 경우가 흔하다는 점이다. 세계경제포럼WEF도 매년 순위를 발표하는데, 국가경쟁력 관련 가장 최근 데이터를 보면 우리나라는 2007년 전세계에서 11위를 기록한 이후에 지속적으로 하락하여 2011년에는 24위로까지 밀렸다. 2012년에는 19위로 약간 반등했으나, 다시 떨어져 2015년에는 26위까지 밀려났다.

영역별로 살펴보면 거시경제환경(5위), 인프라(13위), 시장규모(13위) 등의 측면에서는 비교적 좋은 성과를 거두었다. 특별히 경쟁력이 뛰어난 것은 거시경제환경 중에 특히 인플레이션을 잘 통제한 점(1위), 해외시장을 잘 개척한 점(6위), 초고속인터넷(5위)과 이동통신(7위)의 기술수용성이 최고인 점, 혁신역량 중 인구대비 특허신청(8위)이 많은 점, 고등교육 중에는 대학진학률이 높고(2위), 학교인터넷 보급이 잘된 점(10위) 등이 꼽혔다.

보건 분야에서는 HIV감염율은 최저수준(1위)인 것이 강점이었다. 혁신(19위), 보건과 초등교육(23위), 고등교육과 훈련(23위), 기업활동성숙도(26위), 상품시장효율성(26위), 기술수용적극성(27위) 등도 한국의 전체 경쟁력 순위 29위를 고려하면 그다지 나쁘지 않은 편이다. 반면에 제도 요인(69위), 노동시장의 효율성(83위), 금융시장의 성숙도(89위) 등은 심각하게 경쟁력을 끌어내리는 요소들이다. 조금 더 구체적으로 살펴본다면, 고등교육의 경우 교육시스템의 질이나 경영대학의 질은 각각 73위로 매우 낮았고, 보건분야에서 결핵환자가 급증했으며(95위), 상품시장의 효율성 측면에서도 시장지배자가 많고(120위), 투자촉진세제가 부족하며(106위), 비관세장벽이 높은 점(104위)이 문제로 제기되었다.

노동시장 효율성 측면에서 특히 문제가 되는 것은 노사협조가 잘 안되는 것(132위), 대체비용이 많이 드는 것(120위), 근로촉진세제가 잘 구비되지 않은 것(113위) 등이 부각되었다. 전반적으로 금융시장 성숙도가 뒤지지만, 특히 금융서비스 접근이 어렵고(100위), 대출이 용이하지 않으며(120위), 벤처캐피털이 발달하지 않았고(107위) 은행건전성이 뒤지는 점(122위)이 문제로 드러났다.

그림 7 IMD 세계 경쟁력 순위, 2016년

WCY 2016	국가	WCY 2015	변동	
1	중국 홍콩	2	+1	↑
2	스위스	4	+2	↑
3	미국	1	−2	↓
4	싱가포르	3	−1	↓
5	스웨덴	9	+4	↑
6	덴마크	8	+2	↑
7	아일랜드	16	+9	↑
8	네덜란드	15	+7	↑
9	노르웨이	7	−2	↓
10	캐나다	5	−5	↓
11	룩셈부르크	6	−5	↓
12	독일	10	−2	↓
13	카타르	13	−	
14	대만	11	−3	↓
15	아랍	12	3	↓
16	뉴질랜드	17	+1	↑
17	호주	18	+1	↑
18	영국	19	+1	↑
19	말레이시아	14	−5	↓
20	핀란드	20	−	
21	이스라엘	21	−	
22	벨기에	23	+1	↑
23	아이슬란드	24	+1	↑
24	오스트리아	26	+2	↑
25	중국	22	−3	↓
26	일본	27	+1	↑
27	체코	29	+2	↑
28	태국	30	+2	↑
29	대한민국	25	−4	↓
30	리투아니아	28	−2	↓
			변동	

WCY 2016	국가	WCY 2015	변동	
31	에스토니아	31	−	
32	프랑스	32	−	
33	폴란드	33	−	
34	스페인	37	+3	↑
35	이탈리아	38	+3	↑
36	칠레	35	−1	↓
37	라트비아	43	+6	↑
38	터키	40	+2	↑
39	포르투갈	36	−3	↓
40	슬로바키아	46	+6	↑
41	인도	44	+3	↑
42	필리핀	41	−1	↓
43	슬로베니아	49	+6	↑
44	러시아	45	+1	↑
45	멕시코	39	−6	↓
46	헝가리	48	+2	↑
47	카자흐스탄	34	−13	↓
48	인도네시아	42	−6	↓
49	루마니아	47	−2	↓
50	불가리아	55	+5	↑
51	콜롬비아	51	−	
52	남아프리카	53	+1	↑
53	요르단	52	−1	↓
54	페루	54	−	
55	아르헨티나	59	+4	↑
56	그리스	50	−6	↓
57	브라질	56	−1	↓
58	크로아티아	58	−	
59	우크라이나	60	+1	↑
60	몽골	57	−3	↓
61	베네수엘라	61	−	변동

취약한 제도요인 내에서도 특히 공공부문성과가 낮고(104위), 기업윤리가 자리잡지 않았으며(95위), 책임성이 낮다는 점(98위)이 두드러지는 취약점이었다.

OECD 국가들과 대비했을 때 한국은 대체로 하드웨어 측면에서는 좋은 성적을 얻고 있고, 양적 투입 부분에서도 괜찮다. 반면에 소프트웨어나 질적 측면에서는 매우 뒤떨어진다. 양적인 투입은 괜찮은 반면 경제를 작동시키는 제도에 있어서는 문제가 많은 것이다. 특히 두드러지는 요소들은 투명성이나 신뢰와 같은 사회적 규범이나 규칙의 준수에 해당하는 부분이며, 또 다른 두드러진 요소로는 자살률, 산업재해 등의 위험과 관련된 부분, 그리고 복지재정이나 대학교육의 질, 고용의 질 등 사회적인 수준의 질과 관련된 차원들이다.

2. 뒤지는 사회의 질

이러한 요소들은 모두 낮은 사회의 질과 관련되어 있다. 한 개인을 평가할 때 재산이나 권력 외에 인품이 중요하듯이, 한 국가에도 경제성장이나 민주화만으로는 포착하기 어려운 품격이 있다. 김진현 전 과기부 장관은 일찍이 진정한 힘은 강强과 경硬과 규모規模와 무력武力 같은 유형자산 보다 질質과 격格과 매력魅力 같은 무형자산에 있다는 점에서 GNP 대국 대신 '선'진국'善'進國을 발전대안으로 제시한 바 있다. 하버드대학 조셉 나이Joseph Nye 교수의 연성의 힘soft power개념과도 일맥상통한다.

고도성장을 구가해온 중국에서는 최근 조화和諧사회를 모토로 하여 딩샤오핑鄧小平이 제안한 샤오캉小康의 이념을 구체화하기 위한 노력을 본격화하였고, 캐나다에서는 세계 최초로 국민웰빙지수CWI를 개발하여 생활의 품격을 높이려 하고 있다. OECD에서는 경제위주의 지표GNP 대신 진정한 발전지표로 국민행복지수GNH를 만들고 있다. 사회학자들은 사회의 성숙도를

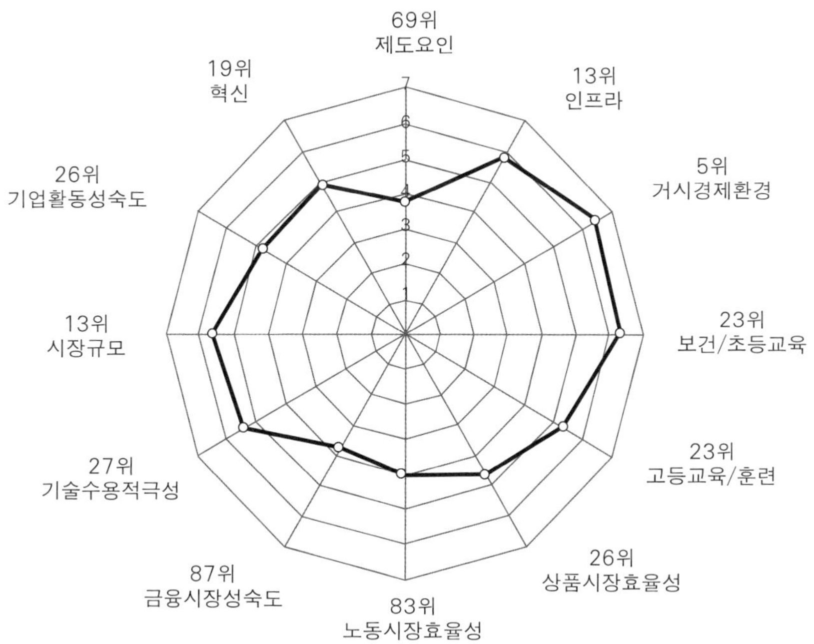

그림 8 국가경쟁력의 영역별 순위 (WEF, 2015)

가늠하기 위해 '사회자본social capital' 개념을 사용해왔다.

우리가 아는 선진국들의 공통점은 구성원들 간에 신뢰가 깊고, 법치주의가 잘 작동하는 투명한 사회라는 점이다. 실제로 세계은행은 2006년 보고서에서 선진국의 국부國富 중 3%는 천연자원, 17%는 기계나 설비, 그리고 사회간접자본과 같은 생산자본이며, 29%는 인적자본인 반면, 가장 큰 덩어리인 46%는 사회자본의 효과라고 분석한 바 있다.

이러한 맥락에서 유럽의 학자들은 '사회의 질social quality' 개념을 제안한다. 살기 좋은 사회는 물질적으로나 환경적으로 안심할 수 있게 풍부한 자원을 제공하고(안전성), 공통의 정체성과 가치규범 속에서 사회적 관계를 유지하며(응집성), 다양한 제도나 관계에서 배제되는 사람이 없고(포용성), 개인의 역량과 능력이 잘 발휘되는(역능성) 사회여야 한다는 것이다. 이러한 내용을 담은 1997년 암스테르담 선언에는 1000명 가까운 학자와 정책 입안가들이 서명한 바 있고, 유럽의회의 공식의제로도 채택된 바 있다.

최근의 한국사회의 변화과정을 매우 도식적이기는 하지만, '사회의 질'이라는 관점에서 구성요소별로 요약한다면 다음과 같다(이재열 2007: 2013: 2015).

첫째, 사람들의 물질적, 환경적 자원에 대한 접근 가능성의 정도가 사회경제적 안전socio-economic security을 구성한다. 이 개념은 폭넓게 정의하자면 사회의 질을 확보하기 위한 기본 토대가 되는 조건이라고 할 수 있다. 지난 60년간 외부의 군사적 위협으로부터의 안전, 그리고 절대빈곤으로부터의 안전은 지속적으로 개선되었음에 틀림없다. 건강보험의 확대와 국민연금 가입률의 증대, 그리고 산업재해 사망률의 감소 등은 사회의 안전성이 개선되는 징표로 보아도 무방하다.

둘째, 사람들 사이의 관계가 얼마나 공통의 정체성과 가치규범에 기반을 두고 있는가를 파악하는 것은 사회적 결속과 응집성을 측정하는데 중요하다. 그런데 지난 30여년간 각종 제도에 대한 신뢰도를 추적해 보면, 입법, 사법, 행정부를 포함하여 종교, 대학, 언론, 시민단체, 노조 등 거의 대부분의 제도와 조직에 대한 신뢰도는 지속적으로 하락했다. 특히 국회와 정당에 대한 불신은 매우 심각한 상황에 놓여 있어서 가히 총체적 불신사회라고 할 만한 단계에 이르렀다. 더구나 부패로부터의 투명성을 재는 국제투명성기구의 발표에 따르면 한국의 투명성은 측정대상국들 중 40위권으로 지난 20년간 거의 개선되지 않은 것으로 나타나고 있다.

셋째, 사회적 포용성의 영역에서는 뚜렷한 두 가지 경향이 나타난다. 남녀간 평등과 관련하여 성별격차는 다양한 지표에서 지속적으로 개선되고 있고, 여성의 권능점수는 OECD국가중 최하위에 머물고 있지만, 다행히 여성에 대한 차별은 점차 줄어들고 있다. 그러나 노동시장의 포용성은 감소해 노동시장에서 배제되는 실업자와 비자발적 장기적 실업자, 그리고 소득불평등도는 증가해 일할 기회에서 배제되는 집단의 크기가 줄어들지 않고 있다.

넷째, 개인의 역량이나 능력을 발휘할 수 있도록 사회적 구조가 짜여져 있는가를 보는 역능화empowerment의 차원에선 두 가지 다른 흐름이 감지된다. 먼저, 신문구독률의 감소에도 불구하고 정보화에 따른 다양한 매체의 활용도와 평생교육기회의 확대, 그리고 변호사수의 증대, 고충민원의 증가 등으로 자신의 능력을 계발하고 적극적으로 일상적 문제를 해결하고자 하는 의지는 지속적으로 증가하는 것으로 나타난다.

광복 70주년, 한국사회는 놀라운 성취에도 불구하고 전반적으로 취약한 사회의 질이 적나라하게 드러났으며, 이것이 사회의 선진화와 경제적 성장의 발목을 잡는 단계에 도달했다. 왜 이러한 변화가 일어나게 되었을까? 이것은 그동안 한국사회의 성장을 이끌어온 패러다임이 심각한 위기상황에 봉착하였음을 보여주는 것이다.

국가 주도에 의한 일사불란한 발전모델은 더 이상 유효한 모델이 되지 못하고 있으며, 과거 사회발전의 추진력이었던 권위주의적 동원과 아시아적 가치에 기반을 둔 인격주의적 윤리와 가족주의적 경영, 그리고 암묵적인 계약은 새로운 변화과정에서 더 이상 유효성을 주장하기 어렵게 된 것이다. 고도성장기에는 '경제의 가치', 민주화시기에는 '정치의 가치'가 주된 논의의 핵심이 되었다면, 앞으로는 '사회적인 것'의 가치가 주목을 받을 것임을 암시하는 결과이다.

성숙사회로 가려면 경제적인 성장과 더불어 문화적으로 세련된 시민의식, 그리고 신뢰와 합의에 기반한 정치시스템, 높은 수준의 시민의식 등이 함께 구축돼야 한다. 그런 의미에서 선진국의 시스템적 특징은 다양한 요소들 간의 균형이 유지되면서도 성장의 활력을 잃지 않는다는 점에서 '역동적 균형'이라고 할 수 있다. 성장과 분배, 이상주의와 현실주의, 대기업과 중소기업, 미래세대와 현세대, 인간과 자연, 남성과 여성 등의 대립 항들이 역동적으로 균형을 이루는 사회가 되어야 한다. 그러한 균형이 이루어지는 '성숙한 사회'는 '사회의 질social quality'이 높은 사회다. 이를 위해서는 우리 사회의 투명성, 안전성, 포용성, 그리고 역능성을 가늠하고 업그레이드하는 전략이 필요하다. 경제성장은 그 자체로 목적이 될 수 없다. 방법론에 불과하기 때문이다. 결국 높은 사회의 질을 얻기 위해 성장이 필요하다는 인식의 전환이 있어야 한다.

다행히도 그동안 국민들의 인식은 미미하기는 하지만 물질주의적 태도는 감소하고, 혼합주의적 가치관은 점차 늘어나는 것으로 나타난다. 일방적인 경제성장위주의 가치관 대신 공존과 타협, 그리고 지속가능성에 대한 관심이 젊은 세대를 중심으로 점차 확대되고 있는 것이다.

그리고 또한 발견되는 현상은 대한민국 시스템을 내부적으로 개선하고자 하는 태도가 증가하고 있다는 점이다. 한때 경쟁의 우회적 탈출구로 이민이나 조기유학이 활발했던 적이 있다. 그러나 이민이나 조기유학 의사는 점차 줄어들고 있다. 이탈exit의 출구가 차단된 사회에서 경쟁을 받아들일 수밖에 없다. 그리고 문제를 인식한다면 목소리를 높여voicing 개선을 촉구할 수 밖에 없다.

국민들의 자유시장경제에 대한 수용성도 높아지는 경향이다. 이번 조사에서 국민 59.3%가 자본주의를 긍정적으로 평가했다. '자본주의'하면 떠오르는 이미지를 물었더니, '물질적 풍요(45.8%)', '효율성(7.5%)', '풍부한 기회(6.0%)'라는 긍정적인 단어를 꼽아서, 국민의 25.8%는 자본주의를 부정적으로 인식했다. 반면에 '빈부격차(14.6%)', '부정부패(10.9%)', '착취(0.3%)'와 같은 부정적 이미지를 떠올린 이들은 소수였다. 응답자의 14.9%는 '경쟁'이 연상된다고 답했지만, '경쟁은 개인과 사회를 위해 좋은 일'이라는 응답은 74%로, 10년 전 조사 때(89.9%)보다 줄어들어서, 청년 실업과 양극화 확대로 인한 좌절감을 반영한다. 대기업의 국민 경제 기여에 대해서는

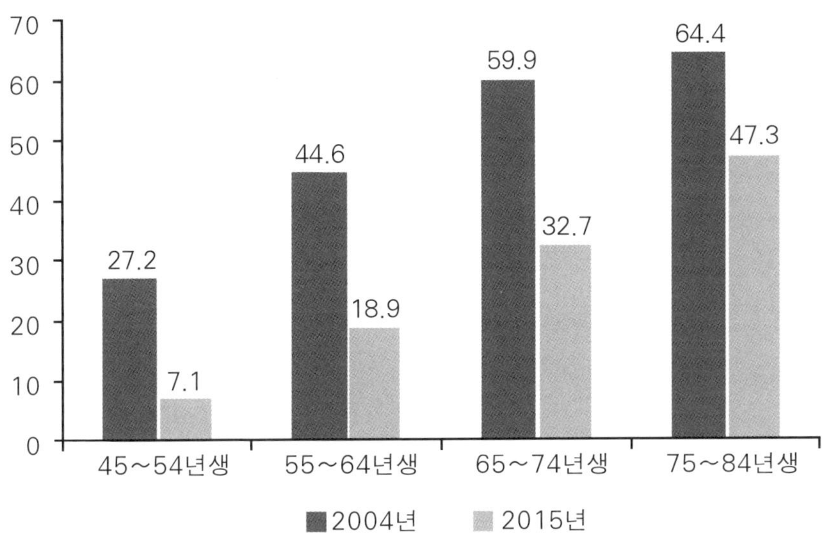

그림 9 출생코호트별 이민의사의 변화

54.4%가 '긍정적'이리고 평가했는데, 이는 1996년 비슷한 조사에서 14.9%만 '긍정적'이라고 답했던 것보다 크게 좋아진 것이다. 특히 세계적으로 활동하는 대기업의 위상과 역할에 대해 긍정적인 것이라 생각된다. 하지만 대기업을 '신뢰한다'는 응답은 27.3%(2005)에서 18.8%(2015)로 낮아졌고, 재벌 규제를 '강화해야 한다'는 의견은 52.4%(2007)에서 63.7%(2015)로 높아졌다. 그리고 기업 소유와 경영의 분리 필요성에 찬성하는 의견은 53.9%에 달했다.

다만 대기업 개혁 주체에 대해서는 '시장 원리에 따라 주주 주도로 이뤄져야 한다'는 의견이 압도적이었다. 구체적으로 '기업 경영을 누가 감독, 참여해야 하나'란 설문에서 '최대 주주'라는 응답이 54.8%(2005)에서 56.9%(2015)로 늘어났고, '채권자'도 11.2%에서 17.0%로 늘었다. 반면 '직원'이라는 응답은 57.6%에서 32.0%로 크게 줄었다. 이는 주주의 권리와 책임을 강조하는 영미식 자본주의에 대한 공감대가 확산되는 현상과 관련 있

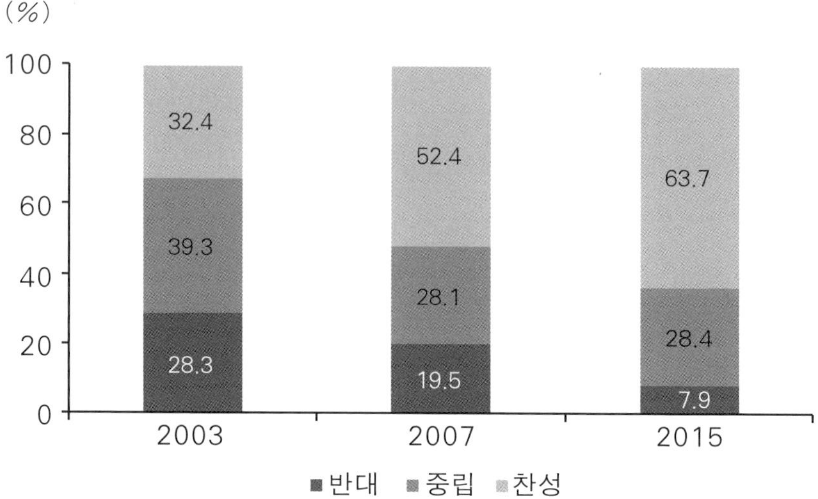

그림 10 재벌규제강화에 대한 의견

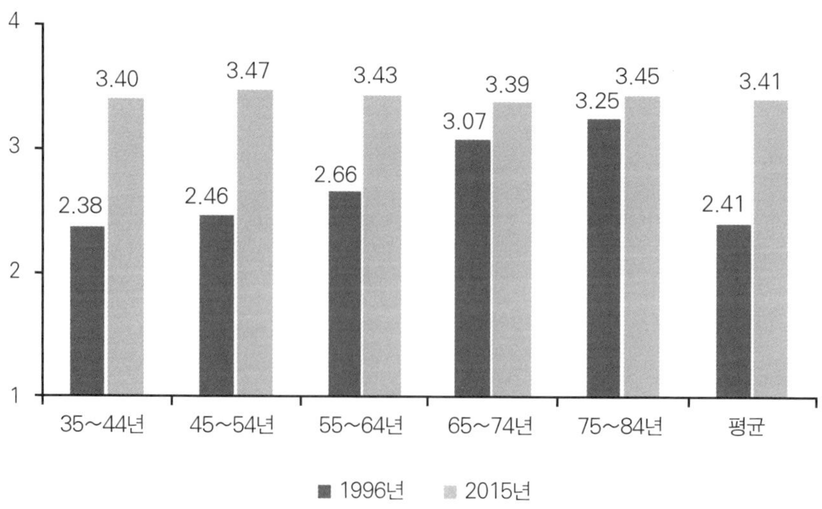

그림 11 대기업의 국민경제 기여도

어 보인다. 2005년에는 유럽형 모델(이해관계자 중심)이 31.0%로 가장 높은 지지를 받았지만 올해는 18.5%로 축소됐다. 반면 영미형 모델(주주 중심) 선호는 25.0%에서 33.2%로 확대됐다. 경제 운용을 정부가 아닌 민간이 주도

해야 한다는 의견이 무려 73.8%에 달했지만, 동시에 정부의 기업 경영 감독에 대해서도 찬성 의견이 16.6%(2005)에서 20.6%(2015)로 늘었다.

국민은 보편적 복지를 선별적 복지로 전환해 부담을 줄이고, 증세는 되도록 피해야 한다고 생각하는 것으로 나타났다. 복지가 '정부 책임'이라는 의견은 10년 전 79.6%에서 59.5%로 줄었고, '개인책임'이라는 답이 20.4%에서 40.5%로 늘었다. 선별적 복지에 반대(보편적 복지에 찬성)했던 47.5%가 30.1%로 줄었다. 동시에 복지 확대를 위한 증세에 반대하는 의견이 33.0%(2007)에서 41.6%(2015)로 높아졌다.

3. 공화共和와 공공성公共性

사회의 질을 높이기 위해 가장 시급한 일은 OECD 최하위 수준에 머물고 있는 부패인식도를 획기적으로 개선하여 투명한 사회로 만드는 것이다. 선진국 수준의 법과 원칙의 준수 없이는, 특히 윗물부터 맑아지지 않고는, 더 이상의 경제성장도 국가경쟁력 제고도 불가능한 한계에 달했기 때문이다. 공적인 신뢰의 토대는 궁극적으로는 사회적인 규칙을 생산하고 집행하는 입법, 사법, 행정부의 정책의 일관성과 예측가능성에서 찾아진다. 한국사회에서 공적인 신뢰의 기반이 취약하다는 것은 바로 규칙의 생산과 적용을 담당하는 정치인과 관료, 사법부에 대한 불신이 다른 어느 사회집단보다도 크다는 점에서 명백하게 드러난다.

그래서 한국사회에서 혁신을 심화시키기 위해서는 법치주의 확보가 최우선 과제이다. 법치주의가 확보되지 않으면 사회적 행위자들은 미래에 대한 높은 불확실성 때문에 고통을 받으며, 피해를 최소화하고 동시에 이익을 극대화하기 위해 강한 사적인 신뢰관계를 형성하고 유지하려는 경향이 강화되는 악순환이 지속되기 때문이다. 신뢰는 담론만으로 되지 않고, 장기적으로 정책적 일관성을 유지할 때 형성된다. 그것은 기계적 일관성이 아니라, 실질적인 일관성을 유지하는 데서 가능해진다. 예를 들면, 시장이나 사립학교에 대한 '개입'은 줄이고 '감독' 기능은 보다 철저히 하는 것이다.

두번째 중요한 것은 사회적 위험을 관리할 시스템을 정비하는 일이다. 위험을 흡수해줄 전통적 시스템은 와해되었다. 1인 가구와 독거노인이 늘어나고 전통적 가족관계나 이웃관계가 해체되면서 '각자도생'이 거의 유일한 해법이라고 여기게 됐다. 이 책 남은영의 분석이 보여주듯이, 부모를 부양해야 한다고 생각하는 젊은이의 비중은 지속적으로 하락하였다. 향후 자녀와 같이 살고 싶다고 하는 응답도 지속적으로 줄어들었다.

'개인주의'로 대표되는 서구사회에서는 빈번한 전직에 따른 훈련이나 가족해체로 인해 고립된 이들에 대한 돌봄의 필요성 증가 등의 복지와 위기관리 시스템으로 위험관리를 사회화시켰다. 새로운 사회적 위험을 복지와 안전 시스템으로 풀기 위해선 신뢰와 투명성을 바탕으로 새로운 거버넌스를 구축해야 한다.

실업과 질병, 범죄와 재난, 노후의 불확실성으로부터 안심할 수 있는 사회가 되어야 한다. 성장의 군불이 윗목까지 데울 수 있는 선순환의 구들장을 섬세하게 설계해야 하고, 배제되거나 차별받는 집단이 없도록 제도를 챙기고 배려해야 한다. 그리고 미래에 대한 꿈조차 상실한 계층의 규모가 커지는 소위 '희망격차'의 시대에 비전과 꿈을 줄 수 있는 리더십을 발휘해야 한다.

물질적 수준의 연대와 통합은 '배제된 집단'이 없는 '사회의 질' 제고를 의미한다. 이것은 자연과 인간의 조화로운 공존, 그리고 환경과 경제의 조화를 통한 지속가능한 발전이라고 바꾸어 말할 수도 있다. 물질적으로 배제exclusion된 집단이나 계층이 없도록 하기 위해서는 경제적 양극화polarization를 극복하는 것이 중요하다. 또한 '사회적 약자'에 대한 분명한 정의 및 보호 의지를 천명해 무의탁 노인, 저소득층 아동, 노숙자, 차상위층에 대한 보호 대책을 만들고, 고령화 사회에 대비하여 의료의 사회적 보장성을 증진시키는 노력이 절실하게 필요하다.

사회적 수준의 연대와 통합은 사회적 갈등conflict과 가족 및 사회의 해체 disintegration를 막는 일을 의미한다. 사회적 수준에서의 상생과 통합을 위해서는 분배와 성장의 선순환을 통해 경제적 양극화를 극복하고 다양한 계층 간 상생의 기반을 마련하는 것이 시급하다. 양성평등사회를 실현하기 위해선 남녀평등정책을 일관성이 있게 추구하고, 사회적 차별을 해소하기 위해서는 여성, 장애인, 비정규직, 이주노동자 등에 대한 보호대책을 만들 수 있어야 한다.

또한 국제기준의 노사관계 제도와 관행을 마련하여 협력적 노사관계를 구축하고 노사간 갈등과 폭력발생의 가능성을 감소시킬 수 있어야 하는데, 사회적 조화와 협력의 잠재력을 증대시키기 위해서는 이해관계 당사자, 전문가 집단, 시민단체 등의 참여를 통한 갈등관리가 필요하다.

광복 70년. 산업화로 '성장'을, 민주화로 '자유'를 구현한 한국이 지향할 다음 단계는 복지사회를 통한 '공화共和'의 구현이다. 파국적 위험에 대비한 공익적 제도, 공정한 규칙, 높은 신뢰와 개방성, 그리고 시민적 참여의 확대를 통해 우리는 '각자도생'을 넘어 '함께 사는 안심사회'로 나아갈 수 있을 것이다. 효율성 못지않은 정당성에 대한 관심, 결과 못지않은 과정에 대한 관심, 성장 못지않은 배분과 배려를 소중히 여기는 사고방식으로 전환하지 않고는 발전의 병목지점을 넘을 수 없고, 설사 소득이 향상되더라도 사회의 품격을 유지할 수 없다.

참고문헌

김병연, 2014, "한국의 시장경제: 제도의 부정합성과 가치관의 혼란," in 이영훈 엮음,『한국형 시장경제체제』, 서울대학교 출판문화원.

김승현, 2006, "사회적 신뢰의 결정요인에 관한 비교역사적 연구," 국제지역연구 15권 4호 겨울, 123-147.

김중수, 2007, "經濟 制度와 倫理意識: 持續可能한 成長과 經濟先進化의 基盤,"『경제논집』Vol.46(4), 215-251.

대통령자문 지속가능발전위원회, 2004, 갈등관리시스템 구축방안 연구보고서.

서문기, 2004, "한국의 사회갈등 구조 연구: 갈등해결 시스템을 모색하며," 한국사회학 제 38집 6호.

이재열, 2007, "외환위기 10년, 한국사회의 질은 어느 수준까지 왔나," 정운찬·조홍식 편,『외환위기 10년, 한국사회 얼마나 달라졌나』, 서울대학교 출판부.

이재열, 2013, "사회의 질 비교를 통해 본 한국형 복지모델: 독일, 스웨덴 복지는 우리가 따라가야 할 표본인가?," 최병호 외,『한국형 창조복지의 탐색을 위한 기초연구』, 한국보건사회연구원 수시보고서 2013-11.

이재열, 2014, "중산층이 사라진 서민사회의 등장," 강원택 김병연 안상훈 이재열 최인철 공저,『당신은 중산층입니까』, 파주: 21세기북스.

이재열, 2015, "인격주의와 아산의 한국적 경영," 이재열 편『아산, 그 새로운 울림: 미래를 위한 성찰 (2권) 살림과 일』, 푸른 숲.

이재열 외, 2015a,『한국사회의 질: 이론에서 적용까지』, 한울아카데미.

이재열, 2015b, 이중으로 위험한 불안사회, 한국, 임현진·손열 엮음『광복 70주년 대한민국 7대 과제: 21세기 일류 국가를 위한 정책제언』, 진인진.

이영훈, 2016,『한국경제사 I: 한국인의 역사적 전개』, 일조각.

이영훈, 2016,『한국경제사 II: 근대의 이식과 전통의 탈바꿈』, 일조각.

임혁백, 2015, "비교역사정치학의 관점에서 바라본 한국 근대화의 정치,"『현대사광장』vol 5, 130.

장덕진 외, 2015, 압축성장의 고고학: 사회조사로 본 한국사회의 변화, 1965-2015, 파주: 한울아카데미.